税收从基础到精进

企业经营全流程涉税实务与案例

霍志远◎主　编　唐建国◎副主编

中国财经出版传媒集团
中国财政经济出版社
北京

图书在版编目（CIP）数据

税收从基础到精进：企业经营全流程涉税实务与案例 / 霍志远主编 . -- 北京：中国财政经济出版社，2024.1

ISBN 978-7-5223-2631-3

Ⅰ. ①税… Ⅱ. ①霍… Ⅲ. ①企业管理—税收管理—中国 Ⅳ. ① F812.423

中国国家版本馆 CIP 数据核字（2023）第 246205 号

责任编辑：陈志伟　　责任印制：史大鹏

责任设计：MXK DESIGN STUDIO Q:1765628429　　责任校对：胡永立

税收从基础到精进

——企业经营全流程涉税实务与案例

SHUISHOU CONG JICHU DAO JINGJIN

——QIYE JINGYING QUAN LIUCHENG SHESHUI SHIWU YU ANLI

中国财政经济出版社 出版

URL：http：//www.cfeph.cn

E-mail：cfeph @cfemg.cn

社址：北京市海淀区阜成路甲 28 号　邮政编码：100142

营销中心电话：010-88191522

天猫网店：中国财政经济出版社旗舰店

网址：https：//zgczjjcbs.tmall.com

北京时捷印刷有限公司印刷　各地新华书店经销

成品尺寸：170mm × 240mm　16 开　21.5 印张　300 000 字

2024 年 1 月第 1 版　2024 年 1 月北京第 1 次印刷

定价：96.00 元

ISBN 978-7-5223-2631-3

（图书出现印装问题，本社负责调换，电话：010-88190548）

本社质量投诉电话：010-88190744

打击盗版举报热线：010-88191661　QQ：2242791300

本书编委会

主　　　编： 霍志远

副　主　编： 唐建国

编委会成员：（按照姓氏笔画排序）

马振宇　王　英　田　爽　刘　旭

刘　爽　郭晓亮　席　伟

推荐序一

难得的税收读本，便捷的工具精品

张连起

我国宋代学者朱熹说："为学之道至简至易，但患不知其方。"写税收实务的书籍汗牛充栋，然而，大多千书一面矣。

最好的方法通常是最简单的。这本《税收从基础到精进——企业经营全流程涉税实务与案例》，之所以具有系统性、独特性、普及性，就在于首先是"全而精"，一册在手既是知识读本，又是速查工具书，把18个税种都讲清楚说明白了；其次，作者从税收征管者的视角切入，融税收政策于企业全生命周期，基于全流程、全链条、全方位，删繁就简三秋树，领异标新二月花；最后，示范业务有案例，总体把握有图表，细节之处有阐释，关键节点有提示。

这是一本从"税务小白"到资深专业人士都适用的实操型指导工具书。目录清晰，速查方便，画龙点睛；一看就懂、一学就会、现查现用。简约而不简单，务实而有精进，既帮助使用者了解掌握税收要素等知识点，同时具备了财务税收工作的自我培训性能。

斯是为序。

张连起（全国政协常委、中国税务学会副会长）

2023年8月25日于福连运起斋

推荐序二

税收作为国家财政收入的重要来源之一，对企业来说是一项非常重要的成本和负担。因此，了解税收常识、税收政策及其实务操作，掌握税收管理技能，对于促进企业的生产经营并保障企业健康发展至关重要。

《税收从基础到精进——企业经营全流程涉税实务与案例》一书正是为了帮助企业各级管理层人员、财税人员以及税务系统的业务干部和基层人员等更好地了解和系统掌握中国税收常识、税收政策及其实务操作而撰写的。本书的特点在于，其以企业业务为主线，将现有的18个税种政策（含企业关联交易税务管理）融入企业生产经营的业务全流程中。这种方法使得读者能够更加直观地理解涉税环节，并更好地管理和申报纳税，从而切实做到纳税合规，有效防范纳税风险。

我认识本书的作者老霍（志远先生）是在他担任省级税务局的国际税收管理处处长期间，那时老霍把国际税收业务条线的业务搞得“红红火火”，同时老霍还一直笔耕不辍，总有大作常见于《国际税收》《税务研究》等税收重点期刊，后来接触多了才得知老霍是税务系统一位难得的“业务全能型”领导。他从基层税务业务干起，对每个税收业务条线的政策和实务操作都了如指掌，如数家珍。老霍是一位真正经验丰富的税务专家，他在税务领域拥有广泛的知识和实践经验。在本书中，他分享了自己多年的实践经验和研究成果；以简洁明了的语言和丰富的案例，为读者提供了一份税收政策和实务操作的“饕餮大餐”。无论是初学者还是有经验的税务从业者，都能从本书中获得实用的知识和技能。

首先，本书介绍了中国税收体系的基本框架和税收政策的发展历程，为读者提供了全面的背景知识。中国现存的18个税种为：增值税、消费税、企业所得税、个人所得税、资源税、城市维护建设税、印花税、车辆购置税、车船税、烟叶税、环境保护税、房产税、城镇土地使用税、土地增值税、契税、耕地占用税、关税、船舶吨税。本书详细介绍了各个税种的基础知识、政策解读及重点难点问题，例如增值税的计算方法、免税政策、进项抵扣等，为读者提供了全面系统的讲解。

其次，本书将企业业务线和18个税种"纵横交错"地"串联"起来，结合丰富实用的案例对18个税种进行了详细系统的分析。每个章节都包含了相关法规、政策解读、实务案例和操作流程，非常适合读者学习和参考。例如，在增值税章节中，本书详细阐述了增值税发票管理、增值税纳税申报、增值税减免、兼营与混合销售行为、销售价格明显偏低、出口货物（劳务）免抵退税、金融资产销售等实务操作，同时在企业所得税和个人所得税章节中对企业境外所得税收抵免、个人股权代持、无偿借款、认缴和实缴注册资本的税收差异、购货无发票的处理等重点难点问题的实务操作以及诸如餐费是否都是招待费等税收争议问题进行了详细分析；此外，本书结合实务案例对企业各个业务流程中的纳税处理进行了系统的分析解读，如企业设立登记、清算注销业务流程中的纳税处理等。

最后，除了基础税收业务外，本书还结合企业业务线重点介绍了关联交易转让定价税务管理等复杂的税务问题。目前，这些问题在企业集团的国内外经营活动中非常普遍，对企业来说如何做到合规并有效防范纳税风险具有重要意义。从税收角度来说，关联交易是企业关联方之间的交易，由于是关联方之间的交易，可能存在定价上的不公允，进而存在操控利润和避税的可能性，而关联交易主要包括有形资产使用权或者所有权的转让、金融资产的转让、无形资产使用权或者所有权的转让、资金融通、劳务交易五大类型，这些交易可能会涉及转让定价、服务费用、利息扣除及资本弱化等方面的税务合规和风险防范，因此必须进行有效管理。本书详细介绍了各类型关联交易转让定价管理的基础知识和实务操作，例如如何确定适当的转让定价、如何进行关联交易文档备案等。

总之，本书是一本非常实用的税收指南，既包含了基础知识，又涵盖了复杂问题，非常适合初学者以及有经验的税务从业者阅读和参考。我相信本书将成为学习中国税收管理的权威指南，也将成为企业管理者和税务从业者不可或缺的参考书。最后，我非常荣幸为《税收从基础到精进——企业经营全流程涉税实务与案例》撰写序言，同时我要祝贺作者出版这本非常实用的著作，并对作者的辛劳付出和贡献表示敬意。

深圳市思迈特财税咨询有限公司

高级合伙人　张学斌博士

2023年8月15日于昆明

前言

PREFACE

在税务系统工作了几十年，从税务所当专管员做起，后到县、市、省局，大多数时间主要从事税收业务工作，对税收业务不能说不熟悉不了解，但仔细想想，也只能是对专门从事过的税收部分工作和税种略知一二，对有些自己没有直接接触的税收业务和税种最多只能算是了解，一想实感遗憾。所以一直想如果有一本小册子，一定不要太厚，就能把目前中国18个税种都能说清楚讲明白，内容不需要多么的精深，体例上不需要分别介绍各个税种，而是把现有的税种政策融入企业从筹资组建到生产经营再到最后注销清算的全生命周期里，以便学习参考，对自己或者对有些读者应该很有帮助。因为作为企业的财务人员或者负责税收的人员，他们不是按税种分工管理的，应该是按照企业生产经营流程进行管理和申报纳税。税务系统的人员，特别是基层的管理人员也不是按税种进行分工管理的，之前的专管员，或者现在叫税收管理员、稽查人员，管理服务和稽查的对象是每个企业、纳税人，不是单独对哪个税种进行管理，而是对全税种进行管理与服务和检查稽查，是对企业生产业务流程的各个涉税环节进行服务管理。基于此，组织几位税收业务专家利用业余时间共同编写了这本小册子，希望对部分读者，特别是中小企业的管理者、财务人员，税务系统的部分业务人员和基层人员有所帮助。

把中国整个繁杂的税收简单化，说起来容易，但编写起来又倍感困难，几易其稿、反复修改也未全随初心，先编印出版，不足之处如有需要再修编。

编写过程中得到中国大企业税收研究所常务副所长、中国税务报记者部主要负责人张剀的热心指导，吸纳了税务系统任鹏飞、刘剑、冯重阳、付建美等部分领导和基层人员的宝贵意见，以及清华大学李帮喜博士团队、厦门国家会计学院薛伟副教授、思迈特张学斌博士、华永信和吴永建总经理、科信税务集团周文成所长、中汇合伙人陶国军老师等部分税收专家的建议，在此一并表示感谢。

参加本书编写的有霍志远、唐建国、王英、郭晓亮、刘旭、刘爽、马振宇、田爽、席伟。

霍志远

2023年8月28日于石家庄

目录

CONTENTS

第三篇

第一篇

我国现行税种简介

我国现行税种共有18个，按照征收环节和对象可以将其划分为以下五大类：

1. 在生产、流通或服务业务中，按照取得的收入征收的税种：增值税、消费税、关税、城市建设维护税。

2. 按企业或个人取得的利润或收入征收的税种：企业所得税、个人所得税。

3. 与房屋、土地相关的税种：土地增值税、房产税、契税、耕地占用税、城镇土地使用税。

4. 与车船相关的税种：车辆购置税、车船税、船舶吨税。

5. 其他税种：印花税、烟叶税、环境保护税、资源税。

第一章

与货物、劳务相关的税种

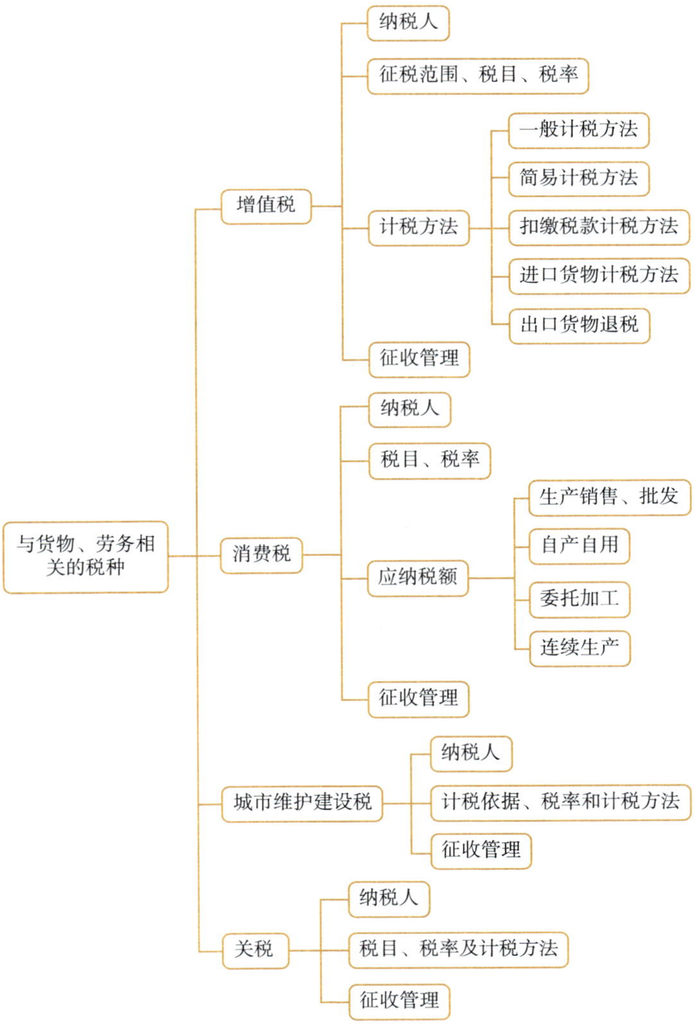

图 1-1　与货物、劳务相关的税种的思维导图

1.1 增值税

我国的增值税以销售货物、劳务、服务、无形资产、不动产等过程中增加的价值及进口货物的价值为征税对象。增值税由税务机关负责征收管理，进口环节的增值税由海关代为征收管理。

1.1.1 纳税人

1.1.1.1 定义

增值税的纳税人，包括在中国境内销售货物或者加工、修理修配劳务，销售服务、无形资产、不动产及进口货物的企业、行政单位、事业单位、社会团体、其他单位、个体工商户和其他个人。

若中国境外的单位、个人在中国境内销售劳务、服务、无形资产和中国境内的不动产，如没有在中国境内设立经营机构的，其应纳增值税以其中国境内的代理人为扣缴义务人；在中国境内没有代理人的，以购买方为扣缴义务人。

1.1.1.2 一般纳税人和小规模纳税人

增值税纳税人分为一般纳税人和小规模纳税人，以年应征增值税销售额为标准，超过500万元以上的为一般纳税人，不超过500万元的为小规模纳税人。

年应征增值税销售额指什么？

这里的销售额指连续不超过12个月的经营期内累计销售额，包括纳税申报销售额、稽查查补销售额、纳税评估调整销售额；不包括纳税人偶然发生的销售无形资产、转让不动产的销售额。

1.1.2 征税范围、税目、税率

1.1.2.1 征税范围

增值税的征税范围包括在中华人民共和国境内销售货物或者加工、修理修配劳务，销售服务、无形动产、不动产及进口货物。

除一般情况外，增值税还对单位或者个体户的以下10项行为视同销售行为进行征税：

（1）视同销售货物。

①将货物交付其他单位或者个人代销；

②销售代销货物；

③设有两个以上机构并实行统一核算的纳税人，将货物从一个机构移送其他机构用于销售，但相关机构设在同一县（市）的除外；

④将自产、委托加工的货物用于集体福利或者个人消费；

⑤将自产、委托加工或者购进的货物作为投资，提供给其他单位或者个体工商户；

⑥将自产、委托加工或者购进的货物分配给股东或者投资者；

⑦将自产、委托加工或者购进的货物无偿赠送其他单位或者个人；

（2）视同销售服务、无形资产或不动产。

⑧向其他单位或者个人无偿提供服务，但用于公益事业或者以社会公众为对象的除外；

⑨向其他单位或者个人无偿转让无形资产或者不动产，但用于公益事业或者以社会公众为对象的除外；

⑩财政部和国家税务总局规定的其他情形。

1.1.2.2 税率及征收率

我国现行增值税属于比例税率，根据应税行为一共分为13%、9%、6%三档税率及零税率，增值税税率主要适用于一般纳税人（见表1-1）。

表 1-1 增值税税率表

税率	征税对象
13%	销售或者进口货物（另有列举的货物除外）
	加工修理修配劳务
	有形动产租赁服务（属于现代服务）
9%	粮食等农产品、食用植物油、食用盐
	饲料、化肥、农药、农机、农膜
	图书、报纸、杂志、音像制品、电子出版物
	自来水、暖气、冷气、热水、煤气、石油液化气、天然气、二甲醚、沼气、居民用煤炭制品
	不动产租赁服务（属于现代服务）
	销售交通运输服务（陆路、水路、航空运输服务和管道运输服务）
	销售不动产（建筑物、构建物等）
	建筑服务（工程服务、安装服务、修缮服务、装饰服务和其他建筑服务）
	转让土地使用权
	邮政服务（邮政普通服务、邮政特殊服务和其他邮政服务）
	基础电信服务
6%	销售无形资产（转让补充耕地指标、技术、商标、著作权、商誉、自然资源、其他权益性无形资产使用权或所有权）
	增值电信服务
	金融服务（贷款服务、直接收费金融服务、保险服务和金融商品转让）
	现代服务（研发和技术服务、信息技术服务、文化创意服务、物流辅助服务、鉴证咨询服务、广播影视服务、商务辅助服务、其他现代服务）
	生活服务（文化体育服务、教育医疗服务、旅游娱乐服务、餐饮住宿服务、居民日常服务、其他生活服务）
0%	纳税人出口货物（国务院另有规定的除外）
	境内单位和个人跨境销售国务院规定范围内的服务、无形资产
	境内的单位和个人销售适用增值税零税率的服务或无形资产的，可以放弃适用增值税零税率，选择免税或按规定缴纳增值税。放弃适用增值税零税率后，36个月内不得再申请适用增值税零税率

1.1.2.3 征收率

增值税征收率主要是针对小规模纳税人和一般纳税人适用或者选择采用简易计税方法计税的项目。我国目前有5%、3%两档征收率（见表1–2）。

表 1–2 增值税征收率表

征收率	征税对象
3%	小规模纳税人销售货物或者加工、修理修配劳务，销售服务、无形资产 例如：提供建筑服务、有形动产租赁服务；转让土地使用权、提供劳务派遣服务、安全保护服务未选择差额纳税的；提供融资租赁服务，提供人力资源外包服务
	1. 一般纳税人发生按规定适用或者可以选择适用简易计税方法计税的特定应税行为，但适用5%征收率的除外 2. 从事再生资源回收的增值税一般纳税人销售其收购的再生资源，可以选择适用简易计税方法依照3%征收率计算缴纳增值税，或适用一般计税方法计算缴纳增值税（自2022年3月1日起执行） 3. 自2022年4月1日至2022年12月31日，增值税小规模纳税人适用3%征收率的应税销售收入，免征增值税；适用3%预征率的预缴增值税项目，暂停预缴增值税（政策依据：财政部 税务总局公告2022年第15号《关于对增值税小规模纳税人免征增值税的公告》）
3%减按2%	小规模纳税人（不含其他个人）以及符合规定情形的一般纳税人销售自己使用过的固定资产 一般纳税人可以放弃减税，按照简易办法3%征收率缴纳增值税，可开具增值税专用发票
	纳税人销售旧货（指进入二次流通的具有部分使用价值的货物，含旧汽车、旧摩托车和旧游艇，不包括自己使用过的物品）
3%减按0.5%	自2020年5月1日至2023年12月31日，从事二手车经销的纳税人销售其收购的二手车
5%	销售不动产、不动产经营租赁、土地租赁
	转让2016年4月30日取得的不动产及土地使用权
	房地产开发企业一般纳税人销售、出租自行开发的房地产老项目
	符合条件的不动产融资租赁：以2016年4月30日前取得的不动产提供的融资租赁服务选择适用简易计税的；2016年4月30日前签订的不动产提供的融资租赁合同选择适用简易计税的
	一般纳税人提供的人力资源外包服务选择适用简易计税的
	劳务派遣、安全保护服务（含武装守护押运服务）选择差额纳税的
	中外合作油（气）田开采的原油、天然气按实物征收增值税
	收取试点前开工的一级公路、二级公路、桥、闸通行费

续表

征收率	征税对象
5%减按1.5%	个人出租住房
	住房租赁企业 （1）增值税一般纳税人向个人出租住房 （2）增值税小规模纳税人向个人出租住房
1%	自2020年3月1日至2022年3月31日，2023年1月1日至2023年12月31日，增值税小规模纳税人适用3%征收率的应税销售收入，减按1%征收率征收增值税

1.1.3 计税方法

增值税的计税方法包括一般计税方法、简易计税方法、扣缴税款计税方法和进口货物计税方法。

增值税的销售额为纳税人发生应税销售行为收取的全部价款和价外费用（不包括收取的销项税额）。

1.1.3.1 一般计税方法

一般纳税人销售货物、劳务、服务、无形资产和不动产，适用一般计税方法计税。一般纳税人在计算应纳增值税税额时，先计算当期销项税额和进项税额，然后按如下公式计算应纳税额：

当期应纳增值税额=（当期销项税额－当期进项税额）×适用税率

（1）销项税额。

当期销项税额=销售额×税率

增值税的销售额为纳税人发生应税销售行为收取的全部价款和价外费用（不包括收取的销项税额）。

（2）进项税额。

准予从销项税额中抵扣的进项税额包括准予抵扣的从销售方取得的增值税专用发票等上注明的增值税额、可计算扣除的增值税额、凭证上注明的税额。

①增值税专用发票、海关进口增值税专用缴款书、收费公路通行费增

值税电子普通发票、机动车销售统一发票上注明的增值税额；

②需计算扣除的进项税。

农产品收购发票和销售发票，按“买价 ×9%”计算；

桥、闸通行费发票，按“发票注明金额 ÷（1+5%）×5%”计算；

注明旅客身份信息的航空电子客票行程单，按“（票价+燃油附加费）÷（1+9%）×9%”计算；

注明旅客身份信息的铁路车票，按“票面金额 ÷（1+9%）×9%”计算；

注明旅客身份信息的公路、水路等其他客票，按“票面金额 ÷（1+3%）×3%”计算。

③购进国内旅客运输服务取得增值税电子普通发票的，为发票上注明的税额；从境外单位或者个人购进服务、无形资产或者不动产，从税务机关或者扣缴义务人取得的代扣代缴税款的完税凭证上注明的增值税额。

不可抵扣的情形包括：

①用于简易计税方法计税项目、免征增值税项目、集体福利或者个人消费（如交际应酬）的购进货物、加工修理修配劳务、服务、无形资产和不动产。

②非正常损失的购进货物，以及相关的劳务和交通运输服务。

③非正常损失的在产品、产成品所耗用的购进货物（不包括固定资产）、劳务和交通运输服务。

④非正常损失的不动产，以及该不动产所耗用的购进货物、设计服务和建筑服务。

⑤非正常损失的不动产在建工程所耗用的购进货物、设计服务和建筑服务。纳税人新建、改建、扩建、修缮、装饰不动产，均属于不动产在建工程。

⑥购进的贷款服务、餐饮服务、居民日常服务和娱乐服务。

⑦购进国际旅客运输服务。

⑧国务院、财政部和国家税务总局规定的其他情形。

1.1.3.2 简易计税方法

小规模纳税人销售货物、劳务、服务、无形资产和不动产，适用简易计税方法计税。在计算应纳增值税额的时候，按如下公式计算：

当期应纳增值税额=销售额（含税）÷（1+3%）×3%（销售、出租不动产等时，税率为5%）

另：一般纳税人销售旧货、人力资源外包服务、不动产融资租赁等业务允许适用简易计税方式计税，也适用征收率计算。

1.1.3.3 扣缴税款计税方法

中国境外的单位、个人在中国境内销售劳务、服务、无形资产和中国境内的不动产，没有在中国境内设立经营机构的，扣缴义务人应按如下公式计算应当扣缴的增值税额：

应扣缴税额=购买方支付的价款÷（1+适用税率）×适用税率

1.1.3.4 进口货物计税方法

纳税人进口应税货物，应当以组成计税价格为计税依据，按照法定的适用税率，计算应纳税额，公式为：

应纳税额=组成计税价格×增值税适用税率

组成计税价格=关税完税价格+关税

1.1.3.5 出口货物退税

纳税人出口适用零税率的货物，可以按照规定向税务机关申报办理该项出口货物的增值税退税。除财政部、国家税务总局根据国务院的规定明确的增值税退税率以外，一般出口货物的退税率为其增值税适用税率。

1.1.4 征收管理

1.1.4.1 增值税纳税申报表

（1）一般纳税人单独适用“增值税及附加税费申报表”（一般纳税人适用）、“本期销售情况明细”“本期进项税额明细”“服务、不动产和无形资产扣除项目明细”“税额抵减情况表”“附加税费情况表”。

（2）小规模纳税人单独适用“增值税及附加税费申报表”（小规模纳税人适用）、“服务、不动产和无形资产扣除项目明细”“附加税费情况表”。

（3）一般纳税人和小规模纳税人通用“增值税减免税申报明细表”“增值税及附加税费预缴表及其附列资料”。

1.1.4.2　纳税义务发生时间

纳税义务发生时间即发生应税行为应缴纳增值税的时间，一般为收到销售款项或者取得销售款项凭据的当天；先开具发票的，为开具发票的当天。

涉及进口货物的，为报关进口的当天。

发生视同销售行为的，如为货物，则为货物移送的当天，如为服务、无形资产，则为转让完成的当天或者不动产权属变更的当天。

结算方式不同，纳税义务发生方式不同：

（1）直接收款，不论货物是否发出，均为收到销售款或者取得销售款项凭据的当天。

（2）托收承付和委托银行收款方式，为发出货物并办妥托收手续的当天。

（3）赊销和分期收款方式，为书面合同约定的收款日期的当天，无书面合同的或者书面合同没有约定收款日期的，为货物发出的当天。

（4）预售货款的，为货物发出的当天，但生产销售生产工期超过12个月的大型机械设备、船舶、飞机等货物，为收到预收款或者书面合同约定的收款日期的当天。

（5）委托其他纳税人代销，收到代销单位的代销清单或者收到全部或者部分货款的当天；未收到代销清单及货款的，为发出代销货物满180天的当天。

（6）销售应税劳务的，为提供劳务同时收讫销售款或者取得索取销售款的凭据的当天。

1.1.4.3 纳税地点

一般向机构所在地的主管税务机关申报。非固定业户，向销售地或者劳务、应税行为发生地申报。

进口货物的，向报关地海关申报。

总机构不在同一县（市）的，分别向各自所在地的主管税务机关申报纳税，经授权的财政、税务机关批准的，也可以由总机构汇总向总机构所在地的主管税务机关申报纳税。

1.1.4.4 纳税期限

增值税的纳税期限分别为1日、3日、5日、10日、15日、1个月或者1个季度。纳税期限为1个月或1个季度的，自期满之日起15日内申报纳税。

一般纳税期限为1个月，季度纳税适用于小规模纳税人、银行、财务公司、信托投资公司、信用社以及财政部和国家税务总局规定的其他纳税人。

1.2 消费税

我国的消费税以特定消费品为征税对象，由税务机关负责征收管理，其中进口环节的消费税由海关代为征收管理。

1.2.1 纳税人

消费税的纳税人，包括在中华人民共和国境内生产、委托加工和进口条例规定的消费品的企业、行政单位、事业单位、社会团体、其他单位、个体工商户和其他个人。

境内指商品起运地或者所在地在境内。

进口货物的收货人或者办理报关手续的单位和个人，为进口货物消费税的纳税义务人。

1.2.2 税目、税率

消费税设有15个税目，根据不同的应税消费品分别采用差别比例税率、定额税率和复合税率（见表1–3）。

表1–3 消费税税目税率表

征税对象	税率
一、烟	
（一）卷烟	
1. 甲类卷烟生产（进口）	销售额×56%（每条≥70元）+150/箱（0.6元/条，每支0.003元）
2. 乙类卷烟生产（进口）	销售额×36%（每条<70元）+150/箱（0.6元/条，每支0.003元）
3. 卷烟批发	销售额×11%+250/箱（1元/条，每支0.005元）
（二）雪茄烟	36%
（三）烟丝	30%
（四）电子烟	36%
生产（进口）	36%
批发	11%
二、酒	
（一）白酒（其他配制酒同白酒税率）	销售额×20% +0.5元/每500克（500毫升）
（二）黄酒	每吨240元
（三）啤酒（果啤属于啤酒）	
1. 甲类啤酒	每吨250元（出厂价≥3 000元/吨）
2. 乙类啤酒	每吨220元（出厂价<3 000元/吨）
3. 娱乐业、饮食业自制啤酒	250元/吨
（四）其他酒	10%
三、高档化妆品	15%（10元/毫升、克或15元/片、张及以上）
四、贵重首饰、珠宝玉石	
（一）金银首饰，铂金首饰、钻石、钻石饰品（零售）	5%
（二）其他贵重首饰、珠宝玉石	10%
五、鞭炮、焰火	15%

续表

征税对象	税率
六、成品油 （一）汽油、石脑油、溶剂油、润滑油、烷基化油（异辛烷）、石油醚、粗白油、轻质白油、部分工业白油（5号、7号、10号、15号、22号、32号、46号）、混合芳烃、重芳烃、混合碳八、稳定轻烃、轻油、轻质煤焦油 （二）柴油、航空煤油和燃料油（航空煤油、航天煤油暂缓征收消费税）	 每升1.52元 每升1.20元
七、摩托车 （一）排气量=250毫升 （二）排气量>250毫升	 3% 10%
八、小汽车 （一）乘用车（不超过9个座位） 1. 排气量不超过1.0升 2. 排气量超过1.0升，不超过1.5升的 3. 排气量超过1.5升，不超过2.0升的 4. 排气量超过2.0升，不超过2.5升的 5. 排气量超过2.5升，不超过3.0升的 6. 排气量超过3.0升，不超过4.0升的 7. 排气量超过4.0升的 （二）中轻型商用客车（10个座位至23个座位） （三）超豪华小汽车（每辆零售价格130万元以上的乘用车和中轻型商用客车）	 1% 3% 5% 9% 12% 25% 40% 5% 10%
九、高尔夫球、球杆、球包（袋）、球杆的杆头、杆身和握把	10%
十、高档手表	20%（不含税价≥10 000/只）
十一、游艇	10%
十二、木制一次性筷子	5%
十三、实木地板	5%
十四、电池	4%
十五、涂料	4%

注：兼营不同税率应税消费品未分别核算、将不同税率的应税消费品组成成套消费品销售的，从高适用税率。

1.2.3 应纳税额

1.2.3.1 生产销售、批发

一般采用从价计税、从量计税和复合计税三种方法计算应纳税额。

（1）从价计税。

以应税消费品的销售额为计税依据，按照适用比例税率计税。

一般计算公式为：

应纳税额=应税消费品销售额×适用比例税率

如为进口应税消费品，以组成计税价格为计税依据，按照适用税率计算应纳税额：

应纳税额=组成计税价格×消费税适用比例税率

组成计税价格=（关税完税价格+关税）÷（1-消费税适用比例税率）

（2）从量计税。

以应税消费品的销售数量为计税依据，按照适用定额税率计税：

应纳税额=应税消费品销售数量×适用定额税率

如为进口应税消费品，应当以海关核定的应税消费品进口数量为计税依据。

（3）复合计税。

将以上从价、从量计税公式结合使用即可：

应纳税额=应税消费品销售额×适用比例税率+应税消费品销售数量×适用定额税率

目前仅卷烟、白酒采用复合计税。

如为进口应税消费品，应当分别以组成计税价格和海关核定的应税消费品进口数量为计税依据：

组成计税价格=（关税完税价格+关税+应税消费品进口数量×适用定额税率）÷（1-消费税适用比例税率）

1.2.3.2 自产自用

如果应税消费品生产后未用于对外销售，自产自用了，消费税如何缴?

如果是连续生产应税消费品，则不纳税。

如果是用于生产税目表所列15类产品以外产品的，要按纳税人生产的同类消费品销售价格计算纳税。

同类消费品销售价格确认需按如下顺序：

（1）当月销售的同类消费品的销售价格；

（2）按销售数量加权平均计算；

（3）当月无销售或当月未完结的按同类消费品上月或最近月份的售价；

（4）组成计税价格。

从价定率的组成计税价格=（成本+利润）÷（1-比例税率）

复合计税的组成计税价格=（成本+利润+自产自用数量×定额税率）÷（1-比例税率）

1.2.3.3 委托加工

委托加工是指由委托方提供原料和主要材料，受托方只收取加工费和代垫部分辅助材料加工的消费品，按照受托方同类消费品的销售价格（见1.2.3.2 自产自用）计算纳税，由受托方在向委托方交货时代收代缴，如为个人（含个体工商户）加工的，由委托方收回后缴纳。

同类消费品销售价格确认需按如下顺序：

（1）当月销售的同类消费品的销售价格；

（2）按销售数量加权平均计算；

（3）当月无销售或当月未完结的按同类消费品上月或最近月份的售价；

（4）组成计税价格。

从价定率的组成计税价格=（材料成本+加工费）÷（1-比例税率）

复合计税的组成计税价格 =（材料成本 + 加工费 + 委托加工数量 × 定额税率）÷（1– 比例税率）

委托加工应税消费品的消费税由受托方在向委托方交货时代收代缴，如为个人（含个体工商户）加工的，由委托方收回后缴纳。

委托加工的应税消费品收回后直接售出的（不高于受托方的计税价格），不再缴纳消费税；高于受托方计税价格的，需缴纳消费税，准予扣除受托方已代收代缴的消费税。

1.2.3.4 连续生产

外购已税消费品连续生产应税消费品，可按当期生产领用数量计算准予扣除外购应税消费品已纳的消费税税款。允许扣除已纳税款的外购应税消费品仅限于烟丝、高档化妆品、珠宝玉石、鞭炮焰火、已税高尔夫杆头、杆身和握把、木制一次性筷子、实木地板、汽油、柴油、石脑油、燃料油、润滑油、葡萄酒，以及集团内部企业间用啤酒液生产啤酒。

委托加工收回已税消费品连续生产应税消费品，所纳税款可按规定扣除。允许扣除已纳税款的委托加工应税消费品仅限于烟丝、高档化妆品、珠宝玉石、鞭炮焰火、已税高尔夫杆头、杆身和握把、木制一次性筷子、实木地板、汽油、柴油、石脑油、燃料油、润滑油。

1.2.4 征收管理

1.2.4.1 纳税义务发生时间

纳税人销售的应税消费品，纳税义务发生时间按不同的销售结算方式分别确定（见表 1–4）。

表 1–4 消费税纳税义务发生时间表

结算方式	纳税义务发生时间
赊销和分期收款	书面合同约定的收款日期的当天；书面合同没有约定收款日期或者无书面合同的，为发出应税消费品的当天
预收货款	发出应税消费品的当天

续表

结算方式	纳税义务发生时间
托收承付、委托银行收款	发出应税消费品并办妥托收手续的当天
其他	收讫销售款或者取得索取销售款凭据的当天
自产自用	移送使用的当天
委托加工	纳税人提货的当天
进口	报关进口的当天

1.2.4.2 纳税地点

一般向机构所在地或居住地的主管税务机关报税。

总分机构不在同一县（市）的，原则上应当分别向各自所在地的主管税务机关申报纳税，纳税人的总机构与分支机构不在同一县（市），但在同一省（自治区、直辖市）范围内，经省（自治区、直辖市）财政厅（局）、税务局审批同意，可以由总机构汇总向总机构所在地的税务机关申报缴纳消费税。

委托加工的应税消费品，除受托方为个人外，由受托方向机构所在地或者居住地的税务机关解缴消费税税款；受托方为个人的，由委托方向其机构所在地税务机关申报纳税。

进口的应税消费品，由进口人或者其代理人向报关地海关申报纳税。

1.2.4.3 纳税期限

消费税的纳税期限分别为1日、3日、5日、10日、15日、1个月或者1个季度，由主管税务机关根据纳税人应纳税额的大小分别核定。

以1日、3日、5日、10日或者15日为一期纳税的，自期满之日起5日内预缴税款，于次月1日起至15日内申报纳税并结清上月应纳税款。

以1个月或以1个季度为一期纳税的，自期满之日起15日内申报纳税。

纳税人进口应税消费品，自海关填发进口消费税专用缴款书之日起15日内缴纳税款。

1.3 城市维护建设税

我国的城市维护建设税是为了筹集城市维护建设资金而征收的，由税务机关负责征收管理。

1.3.1 纳税人

城市维护建设税的纳税人，包括在中国境内缴纳增值税、消费税（以下简称“两税”）的单位和个人。城市维护建设税的扣缴义务人，为中国境内负有两税扣缴义务的单位和个人。

1.3.2 计税依据、税率和计税方法

1.3.2.1 计税依据

城市维护建设税通常以纳税人实际缴纳的两税税额为计税依据，并应当按照规定扣除期末留抵退税退还的增值税额。

不征收城市维护建设税：进口货物和中国境外单位、个人向中国境内销售劳务、服务和无形资产缴纳的两税；海关代征进口产品的两税。

若两税有免征、减征，同时退还已纳城市维护建设税。但若由于先征后返、先征后退、即征即退两税及出口产品退还两税的，不退还已缴纳的城市维护建设税。

1.3.2.2 计税方法

应纳税额＝（实际缴纳的增值税＋实际缴纳的消费税）× 适用税率

实际缴纳的增值税＝纳税人应当缴纳的增值税税额＋增值税免抵税额－直接减免的增值税税额－留抵退税额

实际缴纳的消费税=纳税人应当缴纳的消费税税额-直接减免的消费税税额

1.3.2.3 税率

税率按纳税人所在地不同一般分为以下三档：

（1）市区，税率为7%；

（2）县城、镇，税率为5%；

（3）其他，税率为1%。

1.3.3 征收管理

1.3.3.1 纳税义务发生时间

与两税纳税义务发生时间一致，分别与两税同时缴纳。

“同时缴纳”是什么意思？与两税同一缴纳地点、同一缴纳期限内，一并缴纳。

1.3.3.2 纳税申报

根据最新启用的“增值税及附加税申报表”“消费税及附加税申报表”两税申报表，城市维护建设税和教育费附加填入附加税费申报表作为附列资料或附表，纳税人在进行两税申报的同时完成附加税费的申报。

1.4 关税

我国关税以进出国境的货物、物品为征税对象，由海关总署负责征收。

1.4.1 纳税人

关税的纳税人，包括进口中国准许进口的货物的收货人、出口准许中国出口的货物的发货人和中国准许进境物品的所有人，应当分别缴纳进口关税和出口关税。

1.4.2　税目、税率及计税方法

1.4.2.1　税率

关税的税率分为进口税率、出口税率。

1.4.2.1.1　进口税率

（1）设置最惠国税率、协定税率、特惠税率、普通税率、关税配额税率和暂定税率等。

①最惠国税率适用于原产于共同适用最惠国待遇条款的世界贸易组织（WTO）成员的进口货物、原产于与中华人民共和国签订含有相互给予最惠国待遇条款的双边贸易协定的国家或者地区的进口货物、原产于中华人民共和国境内的进口货物。有暂定税率的，适用暂定税率。

②协定税率适用于原产于与中华人民共和国签订含有税收优惠条款的区域性贸易协定的国家或者地区的进口货物。有暂定税率的，从低适用暂定税率。

③特惠税率适用于原产于与中华人民共和国签订含有特殊税收优惠条款的贸易协定的国家或者地区的进口货物。有暂定税率的，从低适用暂定税率。

④普通税率适用于原产于上述三项所列以外国家或地区的进口货物，以及原产地不明的进口货物，不适用暂定税率。

⑤暂定税率是在海关进出口税则规定的进口优惠税率和出口税率的基础上，对进口的某些重要的工农业生产原材料和机电产品关键部件（但只限于从与中国订有关税互惠协议的国家和地区进口的货物）以及出口的部分资源性产品实施的更为优惠的关税税率。

（2）如果同时符合可用最惠国税率和协定税率的情况怎么办？

最惠国税率低于或等于协定税率时，协定有规定的，按相关协定的规定执行；协定无规定的，二者从低适用。

（3）如果适用前述4种税率，但有暂定税率的情况怎么办？

①适用最惠国税率的进口货物有暂定税率的，应当适用暂定税率；

②适用协定税率、特惠税率的进口货物有暂定税率的，从低适用暂定税率；

③适用普通税率的进口货物，不适用暂定税率。

1.4.2.1.2　出口税率

自2022年1月1日起，继续对烙铁等106项商品实施出口关税，提高黄磷以外的其他磷和粗铜2项商品的出口关税。有暂定税率的适用暂定税率。

1.4.2.2　计税方法

关税一般采用从价计税、从量计税和复合计税等方法计算应纳税额：

应纳税额=应税进出口货物完税价格×适用比例税率

应纳税额=应税进出口货物数量×适用定额税率

应纳税额=应税进出口货物完税价格×适用比例税率+应税进出口货物数量×适用定额税率

1.4.3　征收管理

关税的征收机关为海关。

进口货物的纳税义务人应当自运输工具申报进境之日起14日内申报；出口货物的纳税义务人除海关特准的外，应当在货物运抵海关监管区后、装货的24小时以前申报。申报地点为货物的进出境地海关。

关税应当自海关填发税款缴款书之日起15内向指定银行缴纳税款。

第二章

与取得收入、利润相关的税种

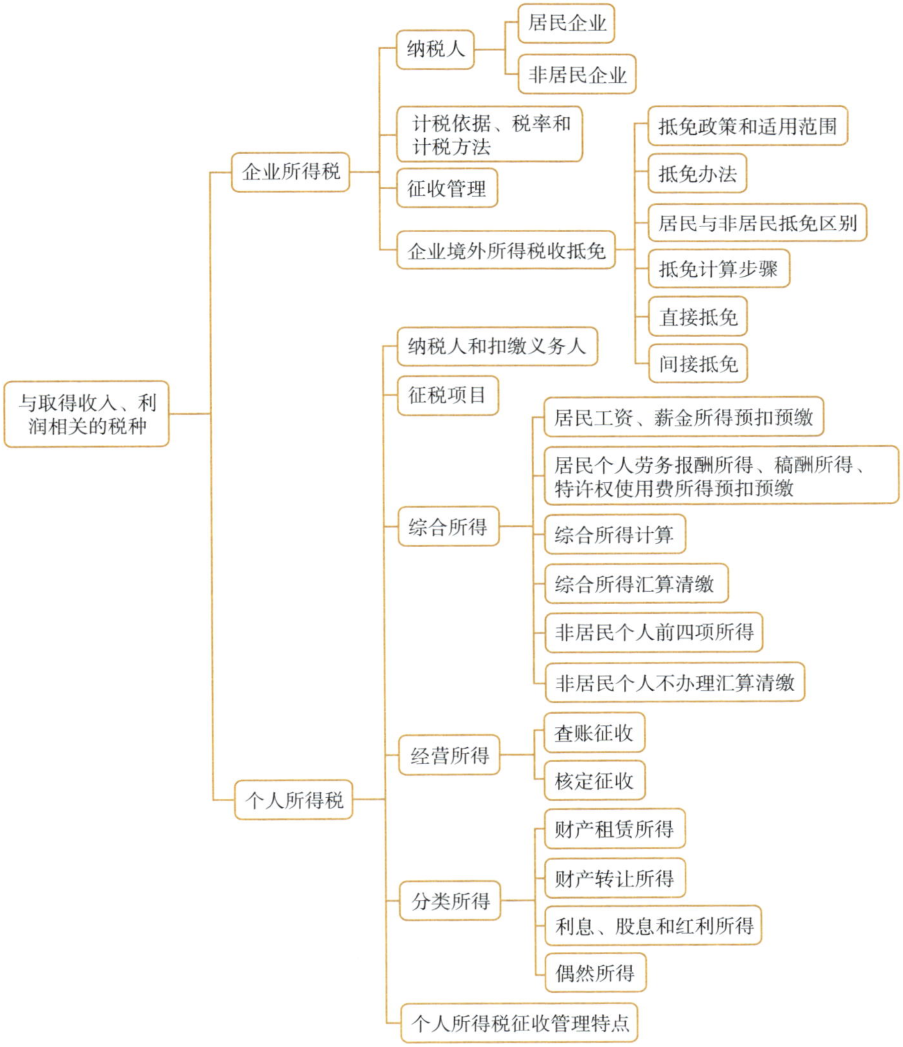

图2-1　与取得收入、利润相关的税种的思维导图

2.1 企业所得税

企业所得税以企业的所得为征税对象，由税务机关负责征收管理。

2.1.1 纳税人

企业所得税的纳税人包括企业和其他取得收入的组织。按照承担纳税义务的不同，分为居民企业和非居民企业。

2.1.1.1 居民企业

依照中国法律、行政法规成立的企业（组织），或者依照外国（地区）法律成立，但其实际管理机构在中国境内的企业（组织），为居民企业，就其来源于中国境内、境外的所得缴纳企业所得税。

2.1.1.2 非居民企业

依照外国（地区）法律、法规成立且实际管理机构不在中国境内，但在中国设立机构、场所的，或者在中国境内未设立机构、场所，但有来源于中国境内所得的企业，为非居民企业，仅就其来源于中国境内的所得缴纳企业所得税。

2.1.2 计税依据、税率和计税方法

企业所得税按纳税年度计算（自公历1月1日起至12月31日），以应纳税所得额为计税依据。

2.1.2.1 居民企业

2.1.2.1.1 直接计算法

应纳税所得额=收入总额-不征税收入-免税收入-各项扣除金额-允许弥补的以前年度亏损

（1）收入总额。

收入总额为企业以货币或非货币形式从各种来源取得的收入，包括商品销售、提供劳务、转让财产、利息、租金、特许权使用费、接受捐赠、其他方式取得的收入以及股息、红利等权益性投资收益和视同销售收入。

资产所有权已从纳税人转移至其他纳税人和个人，按规定应视同销售确定收入。

（2）不征税收入。

不征税收入指企业从事特定目的，取得的不属于企业所得税应税收入的资金，主要包括财政拨款、依法收取并纳入财政管理的行政事业性收费、政府性基金以及国务院规定的其他不征税收入。

（3）免税收入。

免税收入仍属于企业应税收入，但按照《企业所得税法》规定予以免征企业所得税，属于企业所得税税收优惠。

（4）扣除项目。

扣除项目主要指企业在正常生产经营活动中发生的各项成本、费用、税金、损失和其他支出。

其中工资薪金、福利费、工会经费、广告费和业务宣传费、公益性捐赠支出等需要按照规定的扣除限额进行扣除；与生产经营无关的支出以及税法规定不得扣除的项目支出，不得扣除。

（5）弥补亏损。

企业所得税中的亏损为收入总额减除不征税收入、免税收入、各项扣除金额后小于0的数额。当年发生的亏损，可用以后年度的所得弥补，最长时限不得超过5年。同时，境外营业机构的亏损不得抵减境内营业机构的盈利。

2.1.2.1.2　间接计算法

应纳税所得额 = 利润总额 ± 纳税调整项目金额

2.1.2.2　非居民企业

在中国境内未设立机构、场所，取得来源于中国境内的所得；或者虽然在中国境内设立机构、场所，但是取得来源于中国境内的所得与其在中国境内所设机构、场所没有实际联系，应当按照下列方法计算其应纳税所得额：股息、红利等权益性投资收益和利息、租金、特许权使用费所得，以收入全额为应纳税所得额；转让财产所得，以收入全额减除财产净值以后的余额为应纳税所得额；其他所得，参照前两项规定的方法计算应纳税所得额。适用税率为20%。

应纳税额计算公式：

应纳税额 = 应纳税所得额 × 20% − 减免的税额

居民企业来源于中国境外的所得；非居民企业在中国境内设立机构、场所，取得发生在中国境外但是与该机构、场所有实际联系的所得，已经在中国境外缴纳的所得税，可以按照规定从其应纳所得税中抵免。

2.1.3　征收管理

2.1.3.1　纳税年度

企业所得税按纳税年度计算，纳税年度的实际经营期不足12个月的，以实际经营期为1个纳税年度，例如2022年6月12日开业的，2022年以实际经营期2022年6月12日至12月31日为纳税年度，2022年6月12日终止经营的，2022年以实际经营期2022年1月1日至6月12日为纳税年度。如果企业依法清算，以清算期间作为一个纳税年度。

2.1.3.2　预缴

企业应当自月份或者季度终了之日起15日内，按照月度或季度的实际利润额，向税务机关报送预缴企业所得税纳税申报表，预缴税款；企业在报送企业所得税纳税申报表时，应当按照规定附送财务会计报告和其他有关资料。

如按照月度或者季度的实际利润额预缴有困难的，可以按照上一纳税年度应纳税所得额的月度或者季度平均额预缴，或者按照经税务机关认可的其他方法。预缴方法一经确定，该纳税年度内不得随意变更。

小型微利企业统一按季度预缴。

2.1.3.3　汇算清缴

企业应当自年度终了之日起5个月内（公历5月31日前），向税务机关报送年度企业所得税纳税申报表，并汇算清缴，结清应缴应退税款。

年度中间终止经营活动的，应当自实际经营终止之日起60日内办理汇算清缴。

企业在注销登记前，应就其清算所得向税务机关申报缴纳企业所得税。

2.1.3.4　纳税地点

2.1.3.4.1　居民企业

除税收法律、行政法规另有规定外，居民企业以企业登记注册地为纳税地点；但登记注册地在境外的，以实际管理机构所在地为纳税地点。

2.1.3.4.2　非居民企业

非居民企业以机构、场所所在地（多机构、场所的经批准可以选择汇总计算缴纳），或者扣缴义务人所在地为纳税地点。

2.1.3.4.3　跨地区经营汇总纳税企业所得税征收管理

（1）适用范围。

跨省市总分机构企业是指跨省（自治区、直辖市和计划单列市，下同）设立不具有法人资格分支机构的居民企业。总机构和具有主体生产经营职能的二级分支机构就地预缴企业所得税。

属于中央与地方共享范围的跨省市总分机构企业缴纳的企业所得税，按照统一规范、兼顾总机构和分支机构所在地利益的原则，实行“统一计算、分级管理、就地预缴、汇总清算、财政调库”的处理办法。

（2）申报缴纳。

企业应由总机构统一计算企业应纳税所得额和应纳所得税额，并分别由总机构、分支机构按月或按季就地预缴。

（3）分支机构分摊税款计算公式。

总机构在每月或每季终了之日起10日内，按照上年度各省市分支机构的营业收入、职工薪酬和资产总额三个因素计算各分支机构应分摊所得税款的比例，三因素的权重依次为0.35、0.35、0.30，计算公式如下：

某分支机构分摊比例=0.35×（该分支机构营业收入÷各分支机构营业收入之和）+0.35×（该分支机构薪酬总额÷各分支机构薪酬总额之和）+0.30×该分支机构资产总额÷各分支机构资产总额之和

2.1.4 企业境外所得税收抵免

2.1.4.1 抵免政策和适用范围

（1）抵免政策。

企业所得税：分国限额抵免或不分国限额抵免。

企业取得所得已在境外缴纳的所得税税额，可以从其当期应纳税额中抵免，抵免限额为该项所得依我国税法计算的应纳税额；超过抵免限额的部分，可以在以后5个年度内，用每年度抵免限额抵免当年应抵税额后的余额进行抵补。

（2）抵免政策适用范围。

①居民企业来源于中国境外的应税所得；

②非居民企业在中国境内设立机构、场所，取得发生在中国境外但与该机构、场所有实际联系的应税所得。

【案例2-1】居民企业甲2021年取得境内所得200万元，境外A国所得100万元，A国所得税税率为20%，该所得已经在A国缴纳所得税20万元。

汇总境内外所得应纳税额=200×25%+100×（25%-20%）=55（万元）

或：抵免限额=100×25%=25（万元）

可抵免境外所得税税额（境外已纳税额）=20（万元）

实际抵免税额=20（万元）

汇总境内外所得应纳税额=（200+100）×25%-20=55（万元）

【案例2-2】居民企业甲2021年取得境内所得200万元，境外A国所得100万元，A国所得税税率为30%，该所得已经在A国缴纳所得税30万元。

汇总境内外所得应纳税额=200×25%=50（万元）

或：抵免限额=100×25%=25（万元）

可抵免境外所得税税额（境外已纳税额）=30（万元）

实际抵免税额=25（万元），超过抵免限额的5万元，可在以后5个年度内抵补。

汇总境内外所得应纳税额=（200+100）×25%-25=50（万元）

2.1.4.2 抵免办法（见表2-1）

表2-1 抵免办法对比表

直接抵免	企业直接作为纳税人就其境外所得在境外缴纳的所得税额在我国应纳税额中抵免 （1）境外营业利润所得缴纳的所得税（总分公司之间） （2）来源于或发生于境外的股息、红利等权益性投资所得、利息、租金、特许权使用费、财产转让等所得在境外被源泉扣缴的预提所得税
间接抵免	境外企业就分配股息前的利润缴纳的外国所得税额中由我国居民企业就该分得的股息性质的所得间接负担的部分，在我国的应纳税额中抵免 例如：居民企业从其符合规定的境外子公司取得的股息、红利等权益性投资收益所得（母子公司之间）

2.1.4.3 居民与非居民抵免区别

居民企业可就其取得的境外所得直接缴纳和间接负担的境外企业所得

性质的税额进行抵免。

非居民企业在中国境内设立的机构、场所可以就其取得的发生在境外，但与其有实际联系的所得直接缴纳的境外所得税性质的税额进行抵免。

2.1.4.4 抵免计算步骤（见表2-2）

表 2-2　抵免计算步骤

（1）境外应纳税所得额	税前所得
（2）可抵免境外所得税税额（境外已纳税额）	境外应纳并已实际缴纳的企业所得税性质的税款 直接缴纳+间接负担
（3）抵免限额	境外所得按我国税法计算的税额
（4）准予抵免税额	抵免限额和可抵免境外所得税税额孰低原则

【案例2-3】居民甲公司在境外设立了子公司B，2021年度，B向甲分配股息红利，甲扣除预提所得税后得到72万元，已知其所在国所得税税率为20%，预提所得税税率为10%。

境外应纳税所得额=72÷（1-10%）÷（1-20%）=100（万元）

2.1.4.5 直接抵免

企业所得税已纳税额抵免，由企业自行选择“分国不分项”或是“不分国不分项”抵免。企业选择境外所得税收抵免方式后，5年内不得改变。

【案例2-4】某企业2021年度境内应纳税所得额为200万元，适用25%的企业所得税税率。另外，该企业分别在A、B两国设有分支机构（我国与A、B两国已经缔结避免双重征税协定），在A国分支机构的应纳税所得额为50万元，A国税率为20%；在B国的分支机构的应纳税所得额为30万元，B国税率为30%。假设该企业在A、B两国所得按我国税法计算的应纳税所得额和按A、B两国税法计算的应纳税所得额一致，两个分支机构在A、B两国分别缴纳了10万元和9万元的企业所得税。

要求：计算该企业汇总时在我国应缴纳的企业所得税税额。

答案解析：

（1）如选择“分国不分项”抵免方法：

境内、境外所得的应纳税额 =（200+50+30）×25%=70（万元）

A国抵免限额 =50×25%=12.5（万元）

A国实纳税额10万元，可全额扣除。

B国抵免限额 =30×25%=7.5（万元）

B国实纳税额9万元，只能扣除7.5万元，其超过抵免限额的部分1.5万元当年不能扣除。

汇总在我国应缴纳的所得税 =70−10−7.5=52.5（万元）

（2）如选择“不分国不分项”抵免方法：

境内、境外所得的应纳税额 =（200+50+30）×25%=70（万元）

A、B两国合计的抵免限额 =（50+30）×25%=20（万元）

A、B两国合计实纳税额 =10+9=19（万元）

由于实纳税额＜抵免限额，所以只能扣除19万元。

汇总在我国应缴纳的所得税 =70−19=51（万元）

2.1.4.6 间接抵免

（1）适用范围。

境外企业就分配股息前的利润缴纳的外国所得税额中由居民企业间接负担的部分（跨国母子公司）。

（2）纳入间接抵免范围的境外企业判定。

纳入间接抵免范围企业的持股条件：由居民企业直接或者间接持有20%以上（含20%）股份的外国企业，限于符合持股方式的五层外国企业。

“持股条件”是指各层企业直接持股、间接持股以及为计算居民企业间接持股总和比例的每一个单一持股，均应达到20%的持股比例。

（3）抵免计算。

居民企业在用境外所得间接负担的税额进行税收抵免时，其取得的境外投资收益实际间接负担的税额，是指根据直接或者间接持股方式合计持股20%以上（含20%）的规定层级（五级）的外国企业股份，由此应分得的股息、红利等权益性投资收益中，从最低一层外国企业起逐层计算的属于由上一层企业负担的税额。

居民境外已纳税款抵免计算步骤：

①确定间接抵免子公司范围：20%，五层。

②可予抵免境外所得税额＝预提所得税＋间接负担所得税

③境外应纳税所得额＝分得股息红利＋预提所得税＋间接负担所得税－（相关支出）

④抵免限额＝境外所得额 ×25%或15%

⑤应纳税额＝境内外所得额 ×25%或15%－可抵免税额

【案例2-5】居民企业甲于2020年投资了位于境外的ABC公司，2021年分回股息40万元，已知ABC已在所在国缴纳了20%的企业所得税。甲当年境内所得100万元，要求计算甲境内外所得应缴纳的企业所得税（不考虑预提所得税）。

答案解析：

股息税前所得额=40÷（1-20%）=50（万元）

境外已纳企业所得税=50×20%=10（万元）

境外已纳税款抵免限额=50×25%=12.5（万元）

可抵免的境外已纳税款10万元。

境内外所得应纳税额=（100+50）×25%-10=27.5（万元）

【案例2-6】居民企业甲于2020年投资了位于境外的ABC公司，2021年分配股息，扣除预提所得税后收到36万元。已知ABC已在所在国缴纳了20%的企业所得税。甲当年境内所得100万元，要求计算甲境内外所得应缴纳的企业所得税（ABC公司所在国预提所得税税率为10%）。

答案解析：

股息税前所得额=36÷（1-10%）÷（1-20%）=50（万元）

境外已纳企业所得税=50×20%+36÷（1-10%）×10%=14（万元）

境外已纳税款抵免限额=50×25%=12.5（万元）

可抵免的境外已纳税款12.5万元。

境内外所得应纳税额=（100+50）×25%-12.5=25（万元）

2.2　个人所得税

个人所得税以个人的所得为征税对象，由税务机关负责征收管理。

2.2.1　纳税人和扣缴义务人

2.2.1.1　纳税人

纳税人分为居民个人和非居民个人。

在中国境内有住所的个人，在中国境内没有住所、一个纳税年度以内在中国境内居住累计满183天的个人，为居民个人，应当就其从中国境内、境外取得的所得纳税。

在中国境内没有住所又不居住的个人，在中国境内没有住所、一个纳税年度以内在中国境内居住累计不满183天的个人，为非居民个人，应当就其从中国境内取得的所得纳税。

个人所得税的纳税年度为公历1月1日至12月31日。

个人的纳税人识别号是什么？

个人所得税的纳税人识别号，如个人有身份证号码，则身份证号码为纳税识别号；无身份证号码的，由税务机关赋予其纳税人识别号。

个人纳税人识别号在什么时候用？

个人应当在办理纳税申报、税款缴纳、申请退税、开具完税凭证、纳税查询时提供纳税人识别号。

2.2.1.2 扣缴义务人

个人所得税实行源泉控制，即由支付人履行代扣代缴的义务。扣缴义务人是指向个人支付所得的单位或者个人。扣缴义务人应当依法办理全员全额扣缴申报。实行个人所得税全员全额扣缴申报的应税所得包括：工资、薪金所得，劳务报酬所得，稿酬所得，特许权使用费所得，利息、股息、红利所得，财产租赁所得，财产转让所得，偶然所得。

扣缴义务人应当依法办理全员全额扣缴申报。应当在代扣税款的次月十五日内，向主管税务机关报送其支付所得的所有个人的有关信息、支付所得数额、扣除事项和数额、扣缴税款的具体数额和总额以及其他相关涉税信息资料。

扣缴申报的应税所得不包括经营所得。

2.2.2 征税项目

个人所得税设有9个征税项目，即工资、薪金所得，劳务报酬所得，稿酬所得，特许权使用费所得，经营所得，利息、股息、红利所得，财产租赁所得，财产转让所得，偶然所得。

工资、薪金所得指因任职或受雇取得的下列所得：工资、薪金、奖金、年终加薪、劳动分工、津贴、补贴及其他所得。不包括独生子女补贴，托儿补助费，生育津贴、生育医疗费或者其他属于生育保险性质的津贴补贴，差旅费津贴以及符合条件的误餐补助。

劳务报酬所得指个人从事设计、装潢、安装、制图、化验、测试、医疗、法律、会计、咨询、讲学、新闻、广播、翻译、审稿、书画、雕刻、影视、录音、录像、演出、表演、广告、展览、技术服务、介绍服务、代办服务以及其他劳务取得的所得。

稿酬所得指个人因其作品以图书、报刊等形式出版、发表而取得的所得。

特许权使用费所得指个人提供专利权、商标权、著作权（不包括稿酬）、非专利技术、其他特许权的使用权所得。

工资、薪金所得与劳务所得的区别：

劳务所得是个人独立从事各种技艺、提供各项劳务取得的报酬，不存在雇佣与被雇佣区别。

工资、薪金所得与稿酬所得的区别：

看是否是雇佣关系，例如任职、受雇于报刊、杂志等单位的记者，在本单位报刊、杂志上发表作品属于因任职或受雇取得的所得，为“工资、薪金所得”，应与其当月工资收入合并计算个人所得税；其他未任职、受雇于报刊、杂志等单位的个人，在该报刊、杂志上发表作品属于“稿酬所得”。

以上四项所得对居民而言简称综合所得，对非居民而言简称前四项所得。

经营所得指个体工商户从事生产、经营活动取得的所得；个人独资企业投资人、合伙企业个人投资人来源于境内注册的合伙企业生产、经营的所得；个人对企业、事业单位承包经营、承租经营以及转包、转租取得的所得，从事其他生产、经营活动取得的所得。

以下简称分类所得。

财产租赁所得指个人出租不动产、机器设备、车船以及其他财产取得的所得。

利息、股息、红利所得指个人拥有债权、股权等而取得的利息、股息、红利所得。

财产租赁所得指个人出租不动产、机器设备、车船以及其他财产取得的所得。

财产转让所得指个人转让有价证券、股权、合伙企业中的财产份额、不动产、机器设备、车船以及其他财产取得的所得。

偶然所得指个人得奖、中奖、中彩以及其他偶然性质的所得。

个人所得税分类、分项计算，以应纳税所得额为计税依据，分别采用超额累进税率和比例税率。综合所得按纳税年度合并计算，经营所得和分类所得依法分别计算。

2.2.3 综合所得

居民个人取得工资、薪金所得，劳务报酬所得，稿酬所得，特许权使用费所得（以下简称“综合所得”），按照纳税年度合并计算缴纳个人所得税。其中，劳务报酬所得、稿酬所得和特许权使用费所得以收入减除20%的费用以后的余额为计税收入，稿酬所得的计税收入减按70%计算。

2.2.3.1 居民工资、薪金所得预扣预缴

扣缴义务人向居民个人支付工资、薪金所得时，应当按照累计预扣法计算预扣税款，并按月办理扣缴申报。

累计预扣法，是指扣缴义务人在一个纳税年度内预扣预缴税款时，以纳税人在本单位截至当前月份工资、薪金所得累计收入减除累计免税收入、累计减除费用、累计专项扣除、累计专项附加扣除和累计依法确定的其他扣除后的余额为累计预扣预缴应纳税所得额，适用个人所得税预扣率表一（见表2–3），计算累计应预扣预缴税额，再减除累计减免税额和累计已预扣预缴税额，其余额为本期应预扣预缴税额。余额为负值时，暂不退税。纳税年度终了后余额仍为负值时，由纳税人通过办理综合所得年度汇算清缴，税款多退少补。

具体计算公式如下：

本期应预扣预缴税额=（累计预扣预缴应纳税所得额×预扣率–速算扣除数）–累计减免税额–累计已预扣预缴税额

累计预扣预缴应纳税所得额=累计收入–累计免税收入–累计减除费用–累计专项扣除–累计专项附加扣除–累计依法确定的其他扣除

其中，累计减除费用按照5 000元/月乘以纳税人当年截至本月在本单位的任职受雇月份数计算。

表 2-3　个人所得税预扣率表一

（居民个人工资、薪金所得预扣预缴适用）

级数	累计预扣预缴应纳税所得额	预扣率（%）	速算扣除数
1	不超过36 000元的部分	3	0
2	超过36 000元至144 000元的部分	10	2 520
3	超过144 000元至300 000元的部分	20	16 920
4	超过300 000元至420 000元的部分	25	31 920
5	超过420 000元至660 000元的部分	30	52 920
6	超过660 000元至960 000元的部分	35	85 920
7	超过960 000元的部分	45	181 920

全日制学历教育的学生因实习取得劳务报酬，扣缴义务人预扣预缴个人所得税时，按上述规定的累计预扣法计算并预扣预缴税款。

2.2.3.2　居民个人劳务报酬所得、稿酬所得、特许权使用费所得预扣预缴

扣缴义务人向居民个人支付劳务报酬所得、稿酬所得、特许权使用费所得时，按照以下方法按次或者按月预扣预缴税款：

劳务报酬所得、稿酬所得、特许权使用费所得以收入减除费用后的余额为收入额；其中，稿酬所得的收入额减按70%计算。

减除费用：预扣预缴税款时，劳务报酬所得、稿酬所得、特许权使用费所得每次收入不超过4 000元的，减除费用按800元计算；每次收入4 000元以上的，减除费用按收入的20%计算。

应纳税所得额：劳务报酬所得、稿酬所得、特许权使用费所得，以每次收入额为预扣预缴应纳税所得额，计算应预扣预缴税额。劳务报酬所得适用个人所得税预扣率表二（见表2-4），稿酬所得、特许权使用费所得适用20%的比例预扣率。

表 2-4 个人所得税预扣率表二
（居民个人劳务报酬所得预扣预缴适用）

级数	累计预扣预缴应纳税所得额	预扣率（%）	速算扣除数
1	不超过20 000元的部分	20	0
2	超过20 000元至50 000元的部分	30	2 000
3	超过50 000元的部分	40	7 000

居民个人办理年度综合所得汇算清缴时，应当依法计算劳务报酬所得、稿酬所得、特许权使用费所得的收入额，并入年度综合所得计算应纳税款，税款多退少补。

2.2.3.3 综合所得计算

应纳税所得额=综合收入–6万元–专项扣除–专项附加扣除–其他法定扣除

专项扣除，目前包括纳税人按照规定的范围和标准缴纳的基本养老保险费、基本医疗保险费、失业保险费和住房公积金4个项目。

专项附加扣除，目前包括子女教育支出、继续教育支出、大病医疗支出、住房贷款利息、住房租金、赡养老人支出和3岁以下婴幼儿照护支出7个项目。

综合所得应当按照上述应纳税所得额和7级超额累进税率计算应纳税额（见表2–5）。

应纳税额=应纳税所得额 × 适用税率–速算扣除数

表 2–5 综合所得税税率表

级数	年应纳税所得额	月应纳税所得额	税率（%）	年速算扣除数	月速算扣除数
1	不超过36 000元的部分	不超过3 000元的部分	3	0	0
2	超过36 000元至144 000元的部分	超过3 000元至12 000元的部分	10	2 520	210
3	超过144 000元至300 000元的部分	超过12 000元至25 000元的部分	20	16 920	1 410

续表

级数	年应纳税所得额	月应纳税所得额	税率（%）	年速算扣除数	月速算扣除数
4	超过300 000元至420 000元的部分	超过25 000元至35 000元的部分	25	31 920	2 660
5	超过420 000元至660 000元的部分	超过35 000元至55 000元的部分	30	52 920	4 410
6	超过660 000元至960 000元的部分	超过55 000元至80 000元的部分	35	85 920	7 160
7	超过960 000元的部分	超过80 000元的部分	45	181 920	15 160

2.2.3.4 综合所得汇算清缴

个人取得综合所得符合需要办理汇算清缴条件，取得应税收入没有扣缴义务人或扣缴义务人未扣缴税款的应当办理纳税申报。

取得综合所得且符合下列情形之一的纳税人，应当依法办理汇算清缴：

（1）从两处以上取得综合所得，且综合所得年收入额减除专项扣除后的余额超过6万元；

（2）取得劳务报酬所得、稿酬所得、特许权使用费所得中一项或者多项所得，且综合所得年收入额减除专项扣除的余额超过6万元；

（3）纳税年度内预缴税额低于应纳税额；

（4）纳税人申请退税。

需要办理汇算清缴的纳税人，应当在取得所得的次年3月1日至6月30日内，向任职、受雇单位所在地主管税务机关办理纳税申报，并报送“个人所得税年度自行纳税申报表”。纳税人有两处以上任职、受雇单位的，选择向其中一处任职、受雇单位所在地主管税务机关办理纳税申报；纳税人没有任职、受雇单位的，向户籍所在地或经常居住地主管税务机关办理纳税申报。

2.2.3.5 非居民个人前四项所得

非居民个人取得工资、薪金所得，以每月收入额减除费用5 000元以后的余额为应纳税所得额；取得劳务报酬所得、稿酬所得和特许权使用费所得，以每次收入减除20%的费用以后的余额为应纳税所得额，其中稿酬所得的应纳税所得额减按70%计算；按照应纳税所得额和“个人所得税税率表三”（见表2-6）计算应纳税额。上述3项所得，属于一次性收入的，以取得该项收入为一次；属于同一项目连续性收入的，以一个月以内取得的收入为一次。

应纳税额＝应纳税所得额 × 适用税率－速算扣除数

表 2-6 个人所得税税率表三
（非居民个人工资、薪金所得，劳务报酬所得，稿酬所得，特许权使用费所得适用）

级数	应纳税所得额	税率（%）	速算扣除数
1	不超过3 000元的部分	3	0
2	超过3 000元至12 000元的部分	10	210
3	超过12 000元至25 000元的部分	20	1 410
4	超过25 000元至35 000元的部分	25	2 660
5	超过35 000元至55 000元的部分	30	4 410
6	超过55 000元至80 000元的部分	35	7 160
7	超过80 000元的部分	45	15 160

2.2.3.6 非居民个人不办理汇算清缴

非居民个人不办理汇算清缴，有扣缴义务人的，由扣缴义务人按月或按次代扣代缴税款，次月15日内缴入国库，并向税务机关报送“扣缴个人所得税申报表”；没有扣缴义务人的，于次月15日内自行向税务机关报送纳税申报表，并缴纳税款。

2.2.4 经营所得

经营所得以个体工商户和个人独资企业、合伙企业的经营所得为主，以纳税人本纳税年度的经营收入减除与其相关的成本、费用、税金和损失以后的余额为应纳税所得额，按照应纳税所得额和5%—35%的5级超额累进税率计算应纳税额（见表2-7）。

2.2.4.1 查账征收

应纳税所得额=收入-营业成本-营业费用-管理费用-财务费用-税金-损失-其他支出+纳税调整增加额-纳税调整减少额-弥补以前年度亏损-允许扣除的个人费用及其他扣除-投资抵扣-准予扣除的个人捐赠支出

如果为合伙企业，每一个合伙人是一个纳税人，合伙人是自然人的，缴纳个人所得税，合伙人是法人和其他组织的，缴纳企业所得税。

应纳税所得额=（收入-营业成本-营业费用-管理费用-财务费用-税金-损失-其他支出+纳税调整增加额-纳税调整减少额-弥补以前年度亏损）×合伙企业个人合伙人分配比例-允许扣除的个人费用及其他扣除-投资抵扣-准予扣除的个人捐赠支出

应纳税额=应纳税所得额×适用税率-速算扣除数

表 2-7 个人所得税税率表五（经营所得适用）

级数	应纳税所得额（含税）	应纳税所得额（不含税）	税率（%）	速算扣除数
1	不超过30 000元的部分	不超过28 500元的部分	5	0
2	超过30 000元至90 000元的部分	超过28 500元至82 500元的部分	10	1 500
3	超过90 000元至300 000元的部分	超过82 500元至250 500元的部分	20	10 500
4	超过300 000元至500 000元的部分	超过250 500元至390 500元的部分	30	40 500
5	超过500 000元的部分	超过390 500元的部分	35	65 500

2.2.4.2 核定征收

如果从事生产、经营活动，未提供完整、准确的纳税资料，不能正确计算应纳税所得额的，由主管税务机关核定应纳税所得额或应纳税额。

应纳税所得额=收入总额 × 应税所得率

或者：应纳税所得额=成本费用支出额 ÷（1−应税所得率）× 应税所得率

核定征收的应税所得率表如表2–8所示。

表 2–8 应税所得率

行业	应税所得率（%）
工业、交通运输业、商业	5—20
建筑业、房地产开发业	7—20
饮食服务业	7—25
娱乐业	20—40
其他行业	10—30

2.2.5 分类所得

2.2.5.1 财产租赁所得

财产租赁所得的税率为20%，每次收入不超过4 000元的，可减除费用800元；超过4 000元的，可减除20%的费用，还可以减除某些规定的税金和费用，以其余额为应纳税所得额，税率为20%，个人出租住房目前暂按10%缴纳。

应纳税额计算公式：

应纳税所得额=应税项目收入（不含增值税）−800元（或者应税项目收入 ×20%）−其他规定扣除项目（修缮费、相关税费）

应纳税额=应纳税所得额 ×20%

财产租赁所得由支付所得的单位或个人为扣缴义务人，由其依法办理全员全额扣缴申报。

2.2.5.2 财产转让所得

应纳税所得额为转让收入减去财产的原值和出售财产的时候支付的有关税费，税率为20%。转让财产的收入包括现金、实物、有价证券和其他形式的经济利益。

应纳税额计算公式：

应纳税所得额＝财产转让收入－财产原值－合理税费

应纳税额＝应纳税所得额 ×20%

2.2.5.3 利息、股息、红利所得

以纳税人每次取得的收入为应纳税所得额，以支付利息、股息、红利时取得的收入为一次，税率为20%。

应纳税额计算公式：

应纳税额＝每次收入 ×20%

利息、股息、红利所得可以按次或按月代扣代缴税款。

2.2.5.4 偶然所得

以纳税人每次收入额为应纳税所得额，税率为20%。

应纳税额计算公式：

应纳税额＝每次收入 ×20%

按月或者按次计算个人所得税。有扣缴义务人的，由其按月或者按次代扣代缴税款，没有扣缴的，纳税人应当在取得偶然所得的次年6月30日前，自行申报。

2.2.6 个人所得税征收管理特点

2.2.6.1 代扣代缴

个人所得税实行源泉控制，即由支付人履行代扣代缴的义务。支付劳务报酬、稿酬、特许权使用费、财产租赁，财产转让及利息、股息、红利

等税法规定所得的单位或者个人，即扣缴义务人，应按税法规定代扣代缴个人所得税。

扣缴义务人应当依法办理全员全额扣缴申报。应当在代扣税款的次月15日内，向主管税务机关报送其支付所得的所有个人的有关信息、支付所得数额、扣除事项和数额、扣缴税款的具体数额和总额以及其他相关涉税信息资料。

2.2.6.2 自行申报

个人应当自行申报的情形包括：取得综合所得，年所得达到12万元的纳税人在纳税年度终了后，应当通过个税APP进行个人所得税汇算清缴；取得应税所得没有扣缴义务人；非居民个人从中国境内两处以上取得工资、薪金所得；取得境外所得或因移居境外注销中国户籍等。

（1）综合所得。

按年计算个人所得税，按规定扣除专项附加扣除，次年3月1日至6月30日内办理汇算清缴。

纳税地点按方便就近原则，可自行办理或受托代办。有任职受雇单位可向任职受雇单位所在地申报，如没有任职受雇单位，向户籍所在地或者经常居住地申报。

（2）经营所得。

按年计算个人所得税，月度或季度终了后15日内向税务机关报送纳税申报表，预缴税款。

次年3月1日前在经营管理所在地办理汇算清缴。

（3）利息、股息、红利所得，财产租赁所得，财产转让所得和偶然所得。

按月或按次计算个人所得税。有扣缴义务人的，由其按月或按次代扣代缴税款，在次月15日内缴入国库，向税务机关报送扣缴个人所得税申报表；没有扣缴义务人的，次月15日向税务机关报送扣缴个人所得税申报表，并缴纳税款。

第三章

与房屋、土地相关的税种

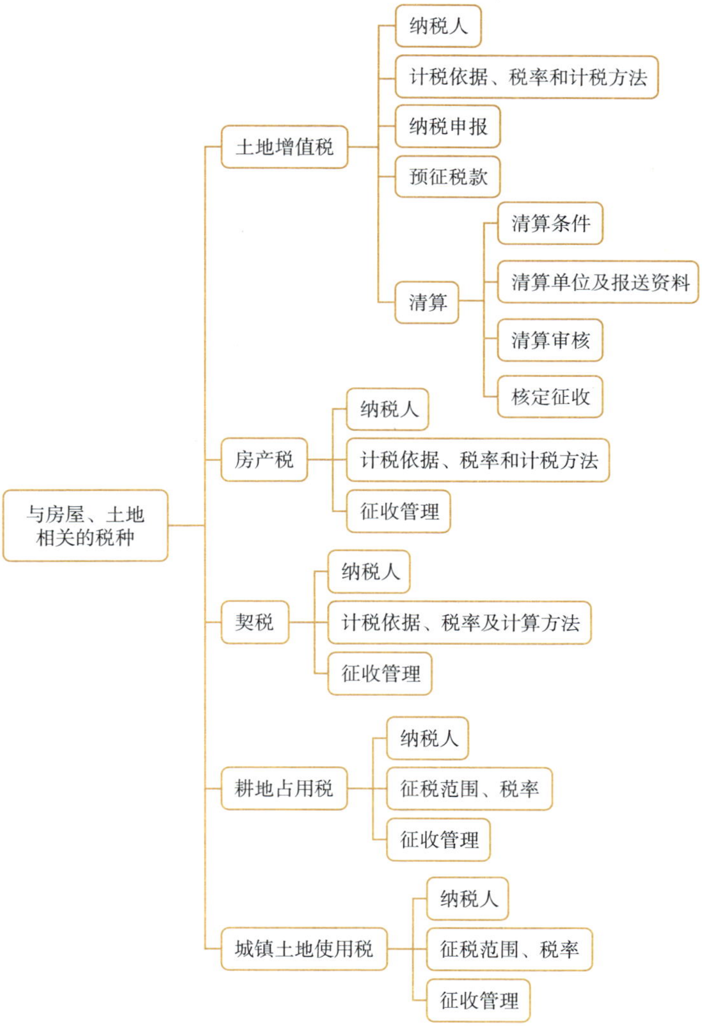

图3-1 与房屋、土地相关的税种的思维导图

3.1 土地增值税

土地增值税是对转让房地产的增值额征收的一种税收。土地增值税由税务机关征收。土地管理部门、房产管理部门应当向税务机关提供有关资料，并协助税务机关依法征收土地增值税（向房地产所在地主管税务机关提供有关房屋及建筑物产权、土地使用权、土地出让金数额、土地基准地价、房地产市场交易价格及权属变更等方面的资料）。

3.1.1 纳税人

土地增值税的纳税人，包括在中国境内以出售和其他方式有偿转让国有土地使用权、地上建筑物及其附着物（以下简称“转让房地产”）并取得收入的企业、行政单位、事业单位、军事单位、社会团体、其他单位、个体工商户和其他个人。

转让基础设施性质的建筑物、以转让股权名义转让房地产、以转让股权方式让渡土地使用权、房地产作价入股再转让、转让未办理土地使用权证的土地，都属于土地增值税征税范围。

免征土地增值税：纳税人建造普通标准住宅出售，增值额未超过扣除项目金额20%的；因国家建设需要依法征收、收回的房地产。

3.1.2 计税依据、税率和计税方法

土地增值税以纳税人转让房地产取得的增值额为计税依据，增值额为纳税人转让房地产取得的收入减除规定扣除项目金额以后的余额，按照增值额和四级超率累进税率计算应纳税额（见表3–1）。

表 3–1 土地增值税税率表

级数	增值额与扣除项目金额的比率	税率（%）	速算扣除系数（%）
1	不超过50%的部分	30	0
2	超过50%，未超过100%的部分	40	5
3	超过100%，未超过200%的部分	50	15
4	超过200%的部分	60	35

在计算土地增值税的应纳税额时，先用纳税人取得的房地产转让收入减除有关各项扣除项目金额，计算得出增值额。再按照增值额超过扣除项目金额的比例，分别确定增值额中各个部分的适用税率，依此计算各部分增值额的应纳土地增值税税额。各部分增值额应纳土地增值税税额之和，即为纳税人应纳的全部土地增值税税额。

应纳税额计算公式：

应纳税额=增值额×适用税率–扣除金额项目×速算扣除系数

扣除项目包括取得土地使用权所支付的金额；开发土地的成本、费用；新建房及配套设施的成本、费用，或者旧房及建筑物的评估价格；与转让房地产有关的税金；财政部规定的其他扣除项目（见表3–2）。

表 3–2 扣除项目表

<table>
<tr><th>扣除项目名称</th><th colspan="2">具体内容</th></tr>
<tr><td>取得土地使用权支付的金额</td><td colspan="2">为取得土地使用权支付的地价款和按国家规定统一缴纳的有关费用（如契税）</td></tr>
<tr><td rowspan="6">房地产开发成本（纳税人房地产开发项目实际发生的成本）</td><td>土地征用及拆迁补偿费</td><td>土地征用费、耕地占用税、劳动力安置费及有关地上、地下附着物拆迁补偿的净支出、安置动迁用房支出等</td></tr>
<tr><td>前期工程费</td><td>规划、设计、项目可行性研究和水文、地质、勘察、测绘、“三通一平”等支出</td></tr>
<tr><td>建筑安装费</td><td>以出包方式支付给承包单位的建筑安装工程费，以自营方式发生的建筑安装工程费</td></tr>
<tr><td>基础建设费</td><td>开发小区内道路、供水、供电、供气、排污、排洪、通信、照明、环卫、绿化等工程发生的支出</td></tr>
<tr><td>公共设施配套费</td><td>不能有偿转让为开发小区内公共配套设施发生的支出</td></tr>
<tr><td>开发间接费用</td><td>直接组织、管理开发项目发生的费用，包括工资、职工福利费、折旧费、修理费、办公费、水电费、劳动保护费、周转房摊销等</td></tr>
</table>

续表

扣除项目名称	具体内容
房地产开发费用	与房地产开发项目有关的销售费用、管理费用和财务费用
旧房及建筑物的评估价格（评估价格须经当地税务机关确认）	在转让已使用的房屋及建筑物时，由政府批准设立的房地产评估机构评定的重置成本价乘以成新度折扣率后的价格
与转让房地产有关的税金	在转让房地产时缴纳的营业税（原）、城市维护建设税、印花税。因转让房地产交纳的教育费附加，也可视同税金予以扣除

对从事房地产开发的纳税人可按取得土地使用权支付的金额与房地产开发成本的金额之和，加计20%扣除。

3.1.3 纳税申报

纳税人应当自转让房地产合同签订之日起7日内向房地产所在地主管税务机关办理纳税申报，并向税务机关提交房屋及建筑物产权、土地使用权证书，土地使用权转让、房产买卖合同，房地产评估报告及其他与转让房地产有关的资料，在税务机关核定的期限内缴纳土地增值税。

纳税人因经常发生房地产转让而难以在每次转让后申报的，经税务机关审核同意后，可以定期进行纳税申报，具体期限由税务机关根据情况确定。

3.1.4 预征税款

纳税人在项目全部竣工结算前转让房地产取得的收入，由于涉及成本确定或其他原因，而无法据以计算土地增值税的，可以预征土地增值税，待该项目全部竣工、办理结算后再进行清算，多退少补。

一般按照预征率向项目所在地预缴土地增值税。

预征土地增值税额=（出售不同类型商品房所取得的收入-应预缴增值税税款）×不同预征率。除保障性住房外，东部地区省份预征率不得低于2%，中部和东北地区省份不得低于1.5%，西部地区省份不得低于1%，各地要根据不同类型房地产确定适当的预征率。

3.1.5 清算

3.1.5.1 清算条件

纳税人在符合土地增值税清算条件后，应依照税收法律法规及土地增值税相关政策，计算房地产开发项目应缴纳的土地增值税税额，并填写“土地增值税清算申请表”，办理土地增值税清算手续，结清应缴纳的土地增值税税款（见表3–3）。

表3–3 土地增值税的清算条件

纳税人应进行土地增值税清算	主管税务机关可要求纳税人进行土地增值税清算
房地产开发项目全部竣工、完成销售的	已竣工验收的房地产开发项目，已转让的房地产建筑面积占整个项目可售建筑面积的比例在85%以上，或该比例虽未超过85%，但剩余的可售建筑面积已经出租或自用的
房地整体转让未竣工决算房地产开发项目的	取得销售（预售）许可证满3年仍未销售完毕
直接转让土地使用权的	纳税人申请注销税务登记但未办理土地增值税清算手续的
省税务机关规定的其他情况	
符合以上条件之一，纳税人须在满足清算条件之日起90日内到主管税务机关办理清算手续	符合以上条件之一，纳税人须在主管税务机关限定的期限内办理清算手续

3.1.5.2 清算单位及报送资料

土地增值税以国家有关部门审批的房地产开发项目为单位进行清算，对于分期开发的项目，以分期项目为单位清算。开发项目中同时包含普通住宅和非普通住宅的，应分别计算增值额，同时，各期清算的方式应保持一致。

纳税人办理土地增值税清算应报送以下资料：

（1）房地产开发企业清算土地增值税书面申请、土地增值税纳税申报表；

（2）项目竣工决算报表、取得土地使用权所支付的地价款凭证、国有土地使用权出让合同、银行贷款利息结算通知单、项目工程合同结算单、商品房购销合同统计表等与转让房地产的收入、成本和费用有关的证明资料；

（3）主管税务机关要求报送的其他与土地增值税清算有关的证明资料等。

纳税人委托税务中介机构审核鉴证的清算项目，还应报送中介机构出具的“土地增值税清算税款鉴证报告”。

3.1.5.3 清算审核

税务中介机构受托对清算项目审核鉴证时，应按税务机关规定的格式对审核鉴证情况出具鉴证报告。对符合要求的鉴证报告，税务机关可以采信。

税务机关要对从事土地增值税清算鉴证工作的税务中介机构在准入条件、工作程序、鉴证内容、法律责任等方面提出明确要求，并做好必要的指导和管理工作。

3.1.5.4 核定征收

房地产开发企业有下列情形之一的，税务机关可以参照与其开发规模和收入水平相近的当地企业的土地增值税税负情况，按不低于预征率的征收率核定征收土地增值税：

依照法律、行政法规的规定应当设置但未设置账簿的；

擅自销毁账簿或者拒不提供纳税资料的；

虽设置账簿，但账目混乱或者成本资料、收入凭证、费用凭证残缺不全，难以确定转让收入或扣除项目金额的；

符合土地增值税清算条件，未按照规定的期限办理清算手续，经税务机关责令限期清算，逾期仍不清算的；

申报的计税依据明显偏低，又无正当理由的。

3.2 房产税

中国的房产税是对房产征收的一种税，由税务机关负责征收管理。

3.2.1 纳税人

房产税在中国境内的城市、县城、建制镇和工矿区征收。纳税人包括房屋产权的所有人和房产经营管理单位、承典人、代管人和使用人。

产权属于全民所有的，由经营管理的单位缴纳。

产权出典的，由承典人缴纳。

产权所有人、承典人不在房产所在地的，或者产权未确定及租典纠纷未解决的，由房产代管人或者使用人缴纳。

房屋指的是什么？

属于房屋的部分：有屋面和维护结构，能够避风避雨，可供人们在其中生产、工作、学习、娱乐、居住或储存物资的场所；具备房屋功能的地下建筑，包括与地上房屋相连的地下建筑以及完全建在地面以下的建筑、地下人防设施等

不属于房屋的部分：独立于房屋之外的建筑物，例如水塔、玻璃暖房等。

3.2.2 计税依据、税率和计税方法

房产税的计税依据和税率分为两种：

以房产原值减除10%—30%以后的余值为计税依据，适用税率为1.2%；

工业用途房产，以房屋原价的50%—60%作为应税房产原值。

商业和其他用途房产，以房屋原价的70%—80%作为应税房产原值。

应纳房产税的税额=应税房产原值×［1−减除比例（该比例为10%—30%）］×1.2%。

房屋原价折算为应税房产原值的具体比例，由各省、自治区、直辖市和计划单列市财政和地方税务部门在上述幅度内自行确定。

以房产租金收入（不含增值税）为计税依据，适用税率为12%。税款按年征收，分期缴纳。个人出租住房，适用税率为4%。

对于与地上房屋相连的地下建筑，如房屋的地下室、地下停车场、商场的地下部分等，应将地下部分与地上房屋视为一个整体按照地上房屋建筑的有关规定计算征收房产税。

为了维持和增加房屋的使用功能或使房屋满足设计要求，凡以房屋为载体，不可随意移动的附属设备和配套设施，如给水排水、采暖、消防、中央空调、电气及智能化楼宇设备等，无论在会计核算中是否单独记账与核算，都应计入房产原值。对于更换房屋附属设备和配套设施的，在将其价值计入房产原值时，可扣减原来相应设备和设施的价值；对附属设备和配套设施中易损坏、需要经常更换的零配件，更新后不再计入房产原值。

3.2.3 征收管理

3.2.3.1 纳税义务发生时间

（1）纳税人将原有房产用于生产经营，从生产经营之月起，缴纳房产税。

（2）纳税人自行新建房屋用于生产经营，从建成之次月起，缴纳房产税。

（3）纳税人委托施工企业建设的房屋，从办理验收手续的次月起，缴纳房产税。

（4）纳税人购置新建商品房，自房屋交付使用之次月起，缴纳房产税。

（5）纳税人购置存量房，自办理房屋权属转移、变更登记手续，房地产权属登记机关签发房屋权属证书之次月起，缴纳房产税。

（6）纳税人出租、出借房产，自交付出租、出借房产之次月起，缴纳房产税。

（7）房地产开发企业自用、出租、出借本企业建造的商品房，自房屋使用或交付之次月起，缴纳房产税。

（8）融资租赁的房产，由承租人自融资租赁合同约定开始日的次月起依照房产余值缴纳房产税。合同未约定开始日的，由承租人自合同签订的次月起依照房产余值缴纳房产税。

纳税人因房产的实物或权利状态发生变化，而依法终止房产税纳税义务的，其应纳税款的计算应截至房产的实物或权利状态发生变化的当月末。

3.2.3.2 纳税期限、纳税地点和征收机关

房产税实行按年计算、分期缴纳的征收办法，具体纳税期限由省、自治区、直辖市人民政府确定。房产税在房产所在地缴纳。对房产不在同一地方的纳税人，应按房产的坐落地点分别向房产所在地的税务机关纳税。

自2021年6月1日起使用财产和行为税纳税申报表。

3.3 契税

我国的契税是对被转移的土地、房屋权属征收的一种税，由税务机关负责征收管理。

3.3.1 纳税人

契税的纳税人，包括在中国境内转移土地、房屋权属，承受的单位和个人。

上述转移土地、房屋权属，包括土地使用权出让。土地使用权转让，包括出售、赠与和互换，不包括土地承包经营权、土地经营权转移；房屋买卖、赠与和互换。

3.3.2 计税依据、税率及计算方法

3.3.2.1 计税依据

契税的计税依据分为3种情况：土地使用权出让、出售和房屋买卖，计税依据为土地、房屋权属转移合同确定的成交价格，包括应当交付的货币、实物和其他经济利益对应的价款；土地使用权互换、房屋互换，计税依据为互换的土地使用权、房屋价格的差额；土地使用权、房屋赠与和其他没有价格的转移土地、房屋权属行为，计税依据为税务机关参照土地使用权出售、房屋买卖的市场价格依法核定的价格。

3.3.2.2 税率及计算方法

契税采用3%—5%的幅度比例税率。各地的适用税率由省、自治区和直辖市人民政府在上述税率幅度以内提出，报同级人民代表大会常务委员会决定，并报全国人民代表大会常务委员会和国务院备案。省、自治区和直辖市可以依法对不同主体、不同地区和不同类型的住房权属转移确定差别税率。

应纳税额计算公式：

应纳税额=计税依据 × 适用税率

3.3.3 征收管理

3.3.3.1 纳税义务发生时间

（1）契税的纳税义务发生时间，为纳税人签订土地、房屋权属转移合同的当日，或者纳税人取得其他具有土地、房屋权属转移合同性质凭证的当日。

（2）因人民法院、仲裁委员会的生效法律文书或者监察机关出具的监察文书等发生土地、房屋权属转移的，纳税义务发生时间为法律文书等生效当日。

（3）因改变土地、房屋用途等情形应当缴纳已经减征、免征契税的，纳税义务发生时间为改变有关土地、房屋用途等情形的当日。

（4）因改变土地性质、容积率等土地使用条件需补缴土地出让价款，应当缴纳契税的，纳税义务发生时间为改变土地使用条件当日。

3.3.3.2　纳税期限和地点

（1）纳税人应当在依法办理土地、房屋权属登记手续前申报缴纳契税。

（2）发生法定情形，按规定不再需要办理土地、房屋权属登记的，纳税人应自纳税义务发生之日起90日内申报缴纳契税。

契税由土地、房屋所在地的税务机关依法征收管理。

自2021年6月1日起使用财产和行为税纳税申报表。

3.4　耕地占用税

3.4.1　纳税人

耕地占用税的纳税人包括在中国境内占用耕地建设建筑物、构筑物和从事非农业建设的单位和个人。

3.4.2　征税范围、税率

3.4.2.1　征税范围

耕地占用税的征税范围为种植农作物的土地。占用园地、林地、草地、农田水利用地、养殖水面、渔业水域滩涂和其他农用地建设建筑物、构筑物和从事非农业建设的，应当依法缴纳耕地占用税。

占用耕地建设农田水利设施、占用上述农用地建设直接为农业生产服务的生产设施的，不缴纳耕地占用税。

3.4.2.2 税率

（1）人均耕地不超过1亩的地区（以县级行政区域为单位，下同），每平方米为10—50元；

（2）人均耕地超过1亩但不超过2亩的地区，每平方米为8—40元；

（3）人均耕地超过2亩但不超过3亩的地区，每平方米6—30元；

（4）人均耕地超过3亩以上的地区，每平方米5—25元。

省、自治区、直辖市人民政府根据人均耕地面积和经济发展等情况，在上述税额幅度内确定本地区耕地占用税的适用税额。

3.4.2.3 计税方法

耕地占用税以纳税人实际占用的耕地面积为计税依据，按照适用税率计算应纳税额，一次性征收。

应纳税额 = 纳税人实际占用的耕地面积 × 适用税率

3.4.3 征收管理

应当自纳税义务发生之日起30日内申报缴纳耕地占用税。纳税义务发生时间为收到自然资源主管部门办理占用耕地手续的书面通知的当日。

纳税人占用耕地，应当在耕地所在地申报纳税。

3.5 城镇土地使用税

城镇土地使用税是对使用的城镇土地征收的一种税。由税务机关负责征收管理，所得收入归地方政府所有。

3.5.1 纳税人

城镇土地使用税的纳税人，包括在城市、县城、建制镇和工矿区范围以内使用土地的企业、行政单位、事业单位、军事单位、社会团体、其他单位、个体工商户和其他个人。

3.5.2 征税范围、税率

3.5.2.1 税率

城镇土地使用税根据不同地区和各地经济发展状况，分别采用不同的幅度定额税率，税额标准如下：

（1）大城市中，每年应缴1.5—30元/平方米；

（2）中等城市，每年应缴1.2—24元/平方米；

（3）小城市，每年应缴0.9—18元/平方米；

（4）县城、建制镇及工矿区，每年应缴0.6—12元/平方米。

3.5.2.2 计税依据

城镇土地使用税以纳税人实际占用的土地面积为计税依据，按照适用税率计算应纳税额，税款按年征收，分期缴纳。

应纳税额＝纳税人实际占用的土地面积（平方米）×适用税率

3.5.3 征收管理

3.5.3.1 纳税发生时间

（1）购置新建商品房，自房屋交付使用之次月计征；

（2）购置存量房，自办理房屋权属转移、变更登记手续，房地产权属登记机关签发房屋权属证书之次月起计征；

（3）出租出借不动产，自交付出租、出借房产之次月起计征；

（4）有偿取得土地使用权的，应由受让方从合同约定交付土地时间的次月起缴纳城镇土地使用税；合同未约定交付土地时间的，由受让方从合同签订的次月起缴纳城镇土地使用税。

（5）新征收的土地，耕地，自批准征收之起满1年开始缴纳；非耕地，自批准征收次月起缴纳。

3.5.3.2 纳税期限及地点

按年计算，分期缴纳。缴纳期限由省、自治区、直辖市人民政府确定。由土地所在地税务机关征收。

第四章

与车船相关的税种

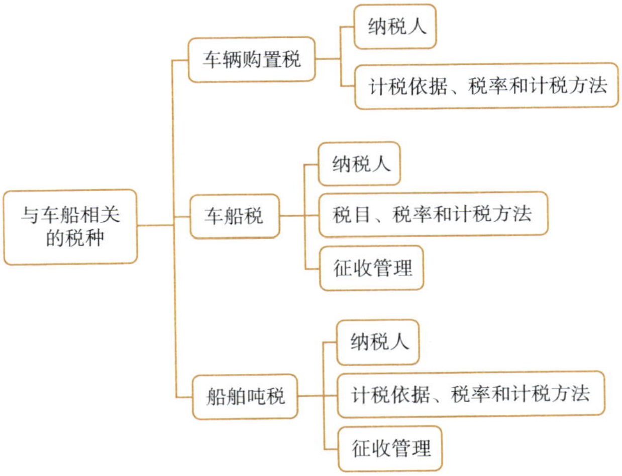

图 4-1　与车船相关的税种的思维导图

4.1　车辆购置税

车辆购置税是对购置的车辆征收的一种税。

4.1.1　纳税人

车辆购置税的纳税人，包括在中国境内购置汽车、排气量超过150毫升的摩托车、有轨电车、汽车挂车（以下简称“应税车辆”）的企业、事业单位、社会团体、国家机关、部队、其他单位、个体工商户和其他个人。

4.1.2 计税依据、税率和计税方法

车辆购置税以规定的应税车辆的计税价格为计税依据，按照10%的税率计算应纳税额。在车辆购置时实行一次性征收。

4.2 车船税

车船税是对车辆、船舶（以下简称“车船”）征收的一种税。

4.2.1 纳税人

包括中国境内应税车船的所有人或者管理人。从事机动车第三者责任强制保险业务的保险机构为机动车车船税的扣缴义务人，应当在收取保险费的时候依法代收车船税。

4.2.2 税目、税率和计税方法

车辆的计税单位分别为每辆、整备质量每吨，机动船舶的计税单位为净吨位每吨。

车辆的具体适用税率由各省、自治区和直辖市人民政府按照以上税率表规定的适用税率幅度和国务院的规定确定，并报国务院备案。

应纳税额=应纳税车辆数量或者整备质量吨位 × 适用税率

4.2.3 征收管理

车船税去车船的登记地或者车船税扣缴义务人所在地的税务局缴纳。车船税按年征收，一次缴纳，纳税期限为每年1月1日至12月31日。

4.3 船舶吨税

船舶吨税是对船舶征收的一种税。由海关总署负责征收，所得收入归中央政府所有。

4.3.1 纳税人

船舶吨税的纳税人为自中国境外港口进入中国境内港口的船舶。

4.3.2 计税依据、税率和计税方法

船舶吨税的计税依据为船舶的净吨位；采用分级分档定额税率（见表4–1）。

表 4–1　船舶吨税税目税率表

税目（按船舶净吨位划分）	税率（元/净吨）						备注
	普通税率（按执照期限划分）			优惠税率（按执照期限划分）			
	1年	90日	30日	1年	90日	30日	
不超过2 000净吨	12.6	4.2	2.1	9.0	3.0	1.5	1. 拖船按照发动机功率每千瓦折合净吨位0.67吨；2. 无法提供净吨位证明文件的游艇，按照发动机功率每千瓦折合净吨位0.05吨；3. 拖船和非机动驳船分别按相同净吨位船舶税率的50%计征税款
超过2 000净吨，但不超过10 000净吨	24.0	8	4	17.4	5.8	2.9	
超过10 000净吨，但不超过50 000净吨	27.6	9.2	4.6	19.8	6.6	3.3	
超过50 000净吨	31.8	10.6	5.3	22.8	7.6	3.8	

应纳税额 = 应税船舶净吨位 × 适用税率

4.3.3 征收管理

纳税义务发生时间为应税船舶进入港口的当日，应税船舶负责人应当自海关填发税款缴纳凭证之日起15日内缴清税款。

第五章

其他税种

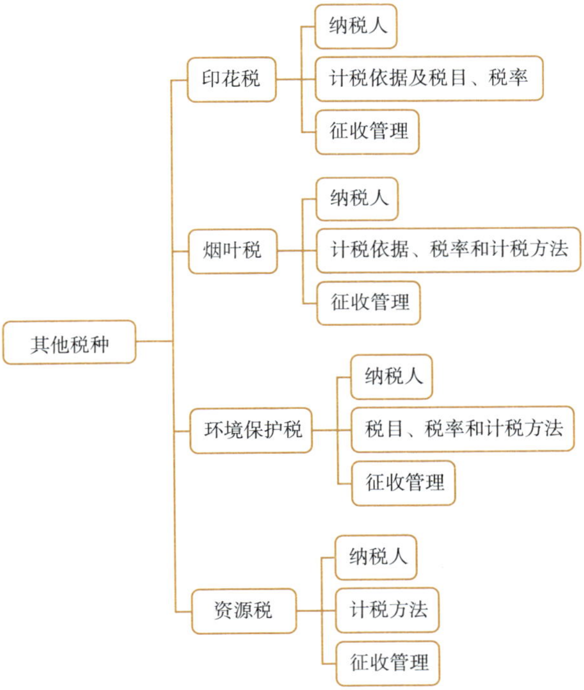

图 5-1 其他税种的思维导图

5.1 印花税

印花税是对经济活动中书立、领受的凭证征收的一种税。

5.1.1 纳税人

在中华人民共和国境内书立应税凭证、进行证券交易的单位和个人，为印花税的纳税人，应当依照规定缴纳印花税。证券交易印花税对证券交易的出让方征收，不对受让方征收。

在中华人民共和国境外书立在境内使用的应税凭证的单位和个人，应当依照法律规定缴纳印花税。

5.1.2 计税依据及税目、税率

5.1.2.1 计税依据

应税合同的计税依据，为合同所列的金额，不包括列明的增值税税款。

应税产权转移书据的计税依据，为产权转移书据所列的金额，不包括列明的增值税税款。

应税营业账簿的计税依据，为账簿记载的实收资本（股本）、资本公积合计金额。

应税合同、产权转移书据未列明金额的，印花税的计税依据按照实际结算的金额确定。仍不能确定的，按照书立合同、产权转移书据时的市场价格确定；依法应当执行政府定价或者政府指导价的，按照国家有关规定确定。

证券交易的计税依据，为成交金额。证券交易无转让价格的，按照办理过户登记手续时该证券前一个交易日收盘价计算确定计税依据；无收盘价的，按照证券面值计算确定计税依据。

5.1.2.2 应纳税额

印花税的应纳税额按照计税依据乘以适用税率计算，印花税税目税率表如表5–1所示。

表 5-1　　印花税税目税率表

税目		税率	备注
合同（指书面合同）	借款合同	借款金额 ×0.05‰	指银行业金融机构、经国务院银行业监督管理机构批准设立的其他金融机构与借款人（不包括同业拆借）的借款合同
	融资租赁合同	租金 ×0.03‰	
	买卖合同	价款 ×0.03‰	指动产买卖合同（不包括个人书立的动产买卖合同）
	承揽合同	报酬 ×0.03‰	
	建设工程合同	价款 ×0.03‰	
	运输合同	运输费用 ×0.03‰	指货运合同和多式联运合同（不包括管道运输合同）
	技术合同	价款、报酬或者使用费 ×0.03‰	不包括专利权、专有技术使用权转让书据
	租赁合同	租金 ×0.1‰	
	保管合同	保管费 ×0.1‰	
	仓储合同	仓储费 ×0.1‰	
	财产保险合同	保险费 ×0.1‰	不包括再保险合同
产权转移书据	土地使用权出让书据	价款 ×0.05‰	转让包括买卖（出售）、继承、赠与、互换、分割
	土地使用权、房屋等建筑物和构筑物所有权转让书据（不包括土地承包经营权和土地经营权转移）	价款 ×0.05‰	
	股权转让书据（不包括应缴纳证券交易印花税的）	价款 ×0.05‰	
	商标专用权、著作权、专利权、专有技术使用权转让书据	价款 ×0.03‰	
营业账簿		实收资本（股本）、资本公积合计金额 ×0.025‰	
证券交易		成交金额 ×0.1‰	

5.1.3 征收管理

5.1.3.1 纳税义务发生时间

纳税义务发生时间一般为纳税人书立应税凭证或者完成证券交易的当日，证券交易印花税扣缴义务发生时间为证券交易完成的当日。

5.1.3.2 纳税地点

一般实行就地纳税。单位纳税人在机构所在地纳税；个人纳税人在应税凭证书立地或者居住地纳税；涉及不动产产权转移的，在不动产所在地纳税。

5.1.3.3 纳税申报

印花税按季、按年或者按次计征。境外单位或者个人的应税凭证印花税可以按季、按年或者按次申报缴纳，具体纳税期限由各省、自治区、直辖市、计划单列市税务局结合征管实际确定。

印花税可以采用粘贴印花税票或者由税务机关依法开具其他完税凭证的方式缴纳，印花税票粘贴在应税凭证上的，有纳税人在每枚税票的骑缝处盖戳注销或者画销。未履行的应税合同、产权转移书据，已缴纳的印花税不予退还及抵缴税款，纳税人多贴的印花税票，不予退税及抵缴税款。

纳税人应当根据书立印花税应税合同、产权转移书据和营业账簿情况，填写“印花税税源明细表”，进行财产行为税综合申报。

5.2 烟叶税

烟叶税是对烟叶征收的一种税。由税务机关负责征收管理，所得收入归地方政府所有。

5.2.1 纳税人

烟叶税以依法在中国境内收购烟叶（包括晾晒烟叶、烤烟叶）的单位为纳税人。

5.2.2 计税依据、税率和计税方法

以纳税人收购烟叶时支付的价款（包括支付给烟叶生产销售单位和个人的烟叶收购价款和价外补贴）为计税依据，税率为20%。

应纳税额 = 纳税人收购烟叶税时支付的价款 × 20%

价外补贴 = 烟叶收购价款 × 10%

5.2.3 征收管理

纳税义务发生时间为收购烟叶的当日，按月计征，纳税义务发生月终了之日起15日内申报并缴纳税款；纳税地点为收购地主管税务机关。

5.3 环境保护税

环境保护税是对污染物征收的一种税。

5.3.1 纳税人

环境保护税的纳税人，包括在中国领域和中国管辖的其他海域，直接向环境排放应税污染物的企业、事业单位和其他生产、经营者。

5.3.2 税目、税率和计税方法

环境保护税的征税对象是应税污染物，包括规定的大气污染物、水污染物、固体废物和噪声。环境保护税的税目税率如表5-2所示。

表 5-2 环境保护税税目税率表

<table>
<tr><th colspan="2">税目</th><th>计税依据</th><th>税率</th></tr>
<tr><td>大气污染物</td><td>列举：二氧化硫、一般性粉尘、烟尘等</td><td rowspan="2">污染物排放量折合的污染当量数</td><td rowspan="2">幅度定额税率（高低差10倍）。具体适用税额确定与调整——省、自治区、直辖市人民政府在规定的税额幅度内提出；报同级人大常委会决定；报全国人大常委会和国务院备案</td></tr>
<tr><td>水污染物</td><td>列举：悬浮物、动植物油、氟化物、甲醛等</td></tr>
<tr><td>固体废物</td><td>煤矸石；尾矿；危险废物；冶炼渣、粉煤灰、炉渣、其他固体废物（含半固态、液态废物）</td><td>固体废物的排放量（吨）</td><td rowspan="2">定额税率（提示：噪声税额：声源一个月内超标不足15天，减半计税）</td></tr>
<tr><td>噪声</td><td>工业噪声</td><td>超标的分贝数（月）</td></tr>
</table>

应税大气污染物的应纳税额=污染当量数×适用税额

水污染物的应纳税额=污染当量数×适用税额

固体废物的应纳税额=（当期固体废物的产生量-当期固体废物的综合利用量-当期固体废物的贮存量-当期固体废物的处置量）×适用税额

应税噪声的应纳税额为超过国家规定标准的分贝数对应的具体适用税额。

5.3.3 征收管理

环境保护税的纳税义务发生时间为排放应税污染物的当日，纳税期限为按月计算，按季申报缴纳，于季度终了之日起15日内；不能按固定期限计算缴纳的，可以按次申报缴纳，在纳税义务发生之日起15日内办理纳税申报并缴纳税款。

纳税人可直接到办税服务厅办理纳税申报，也可通过电子税务局进行网上申报。

环境保护税由税务机关按照《税收征管法》和《环境保护税法》征收管理，环境保护主管部门按照环境保护税法和有关环境保护的法律、法规负责污染物的监测管理。

5.4 资源税

资源税是对自然资源征收的一种税收，由税务机关负责征收，所得收入由中央政府与地方政府共享。

5.4.1 纳税人

资源税的纳税人，包括在中国领域和中国管辖的其他海域开发应税资源的单位和个人。

5.4.2 计税方法

资源税的税目包括能源矿产、金属矿产、非金属矿产、水气矿产和盐5大类，在5个税目下面又设有若干子目。目前所列的税目有164个，涵盖了所有已经发现的矿种和盐。资源税按不同的资源品目分别实行固定税率和幅度税率。幅度税率具体适用税率由各省、自治区和直辖市人民政府统筹考虑，在法定的税率幅度以内提出，报同级人民代表大会常务委员会决定，并报全国人民代表大会常务委员会和国务院备案。

从价定率：应纳税额＝销售额 × 适用税率

从量定额：应纳税额＝课税数量 × 单位税额

5.4.3 征收管理

5.4.3.1 纳税义务发生时间

纳税人销售应税产品，其纳税义务发生时间为收讫销售款或者取得索取销售款凭据的当天。

纳税人自产自用应税产品，其纳税义务发生时间为移送使用应税产品的当天。

5.4.3.2 纳税地点

纳税人应当向应税产品的开采或者生产地税务机关缴纳。税务机关依照《资源税法》和《税收征管法》规定征收管理，海上开采的原油和天然气资源税由海洋石油税务管理机构征收管理。

第 二 篇

筹建与投融资典型涉税事项

第六章

设立企业

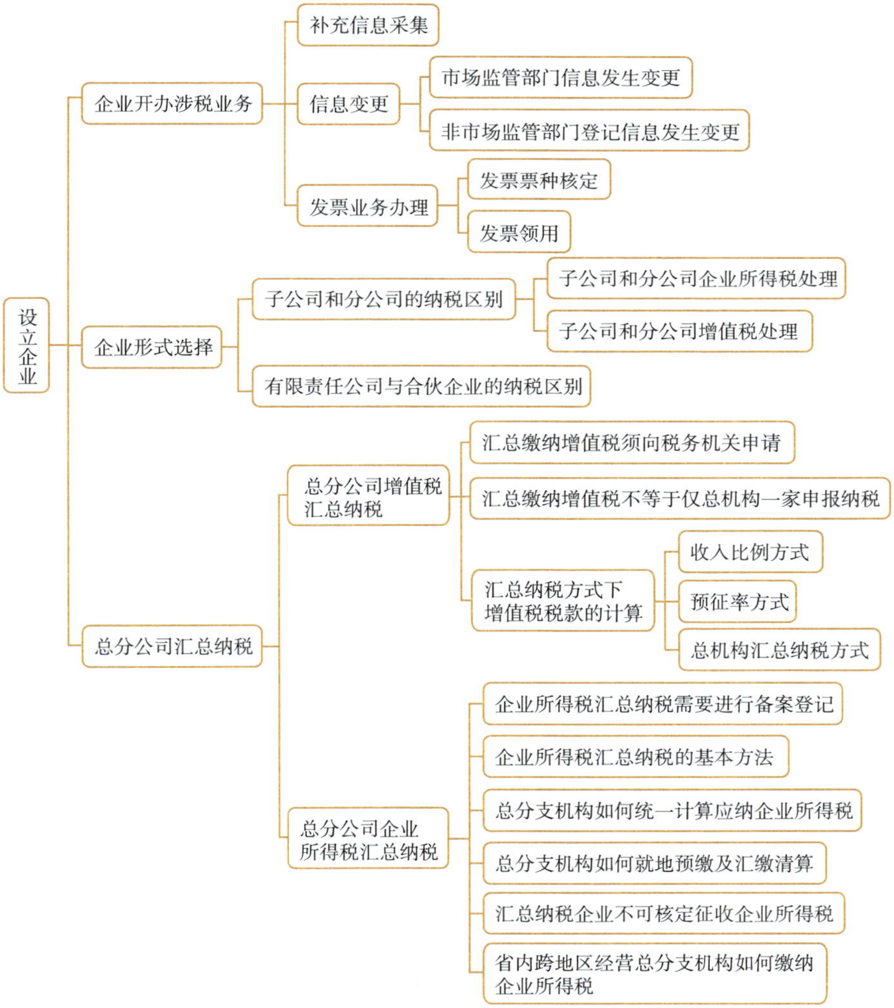

图6-1 设立企业相关内容思维导图

6.1 企业开办涉税业务

企业设立后，主要的涉税事项包括补充信息采集、信息变更、发票业务办理等事项。

6.1.1 补充信息采集

《中华人民共和国税收征收管理法》第十五条规定："企业，企业在外地设立的分支机构和从事生产、经营的场所，个体工商户和从事生产、经营的事业单位自领取营业执照之日起三十日内，持有关证件，向税务机关申报办理税务登记。税务机关应当于收到申报的当日办理登记并发给税务登记证件"。按照上述规定，纳税人在领取营业执照后三十日内需要持营业执照、经办人身份证等有关证件，到税务机关办理税务登记并领取税务登记证件。

根据《国务院办公厅关于加快推进"三证合一"登记制度改革的意见》（国办发〔2015〕50号）、《工商总局等六部门关于贯彻落实〈国务院办公厅关于加快推进"三证合一"登记制度改革的意见〉的通知》（工商企注字〔2015〕121号）及有关文件精神，2005年9月10日，国家税务总局出台《国家税务总局关于落实"三证合一"登记制度改革的通知》（税总函〔2015〕482号，以下称《通知》)。《通知》规定："新设立企业、农民专业合作社（以下统称'企业'）领取由工商行政管理部门核发加载法人和其他组织统一社会信用代码（以下统称'统一代码'）的营业执照后，无须再次进行税务登记，不再领取税务登记证。企业办理涉税事宜时，在完成补充信息采集后，凭加载统一代码的营业执照可代替税务登记证使用。"按照上述规定，纳税人在领取营业执照后，只需要在首次办理涉税事宜时办理补充信息采集即可，无须领取税务登记证，可凭加载统一代码的营业执照代替税务登记证使用。

补充信息采集时，对于工商登记已采集的信息，税务机关不再重复采集。其他必要涉税基础信息，在企业办理有关涉税事宜时补充采集，主要包括房产、土地、车船等财产信息，银行账号、财务负责人信息，核算方式、从业人数、会计制度、代扣代缴、代收代缴税款业务情况等。

对于领取“一照一码”营业执照后30日内未到税务局办理涉税事宜的纳税人，不予进行“逾期办理税务登记”的处罚。

6.1.2 信息变更

当企业信息发生变更时，根据企业信息变更内容分以下两种情况进行处理：

6.1.2.1 市场监管部门信息发生变更

企业在市场监管部门登记的信息发生变更时，如注册资本、法定代表人、经营范围等信息发生变更时，企业应当向市场监督管理部门申报办理变更登记。市场监督管理部门完成信息变更后将变更信息共享至信息交换平台，税务机关接收市场监管部门变更信息，经确认后更新税务系统内企业对应信息。

处于非正常、非正常户注销等状态的纳税人变更登记信息的，在其恢复正常状态时系统自动变更。

6.1.2.2 非市场监管部门登记信息发生变更

企业的生产经营地、财务负责人等非市场监管部门登记信息发生变化时，向主管税务机关申报变更。主管税务机关会将变更后的生产经营地、财务负责人等信息即时共享至信息交换平台。

6.1.3 发票业务办理

6.1.3.1 发票票种核定

企业需要领用发票的，应当向主管税务机关申请办理发票领用手续。主管税务机关根据企业的经营范围和规模，确认企业可以领用发票的种类、数量、开票限额以及领用方式等。

6.1.3.2 发票领用

企业在向主管税务机关申请办理发票票种核定后，可以按税务机关确认的发票种类、数量、开票限额以及领用方式，到税务机关申请领用发票。实行验旧供新已领用发票的企业需完成发票验旧事项方可再次申请领用发票。

6.2 企业形式选择

6.2.1 子公司和分公司的纳税区别

一个已经存续的公司继续对外投资时，可以选择设立子公司和分公司。两种选择的税务处理不同，最终影响投资者的投资收益。

《中华人民共和国公司法》第十四条规定："公司可以设立分公司。设立分公司，应当向公司登记机关申请登记，领取营业执照。分公司不具有法人资格，其民事责任由公司承担。公司可以设立子公司，子公司具有法人资格，依法独立承担民事责任。"依据上述规定，子公司具备独立的法人资格，在法律上独立于母公司，拥有独立完整的公司管理组织体系，拥有自己的公司名称、章程、财产，以自己的名义开展业务活动，能够自负盈亏，自行承担法律责任。分公司是指在业务、资金、人事等方面受总公司管辖而不具有法人资格的分支机构，没有自己的名称、章程、财产，以总公司的资产对分公司的债务承担法律责任。

6.2.1.1 子公司和分公司企业所得税处理

《企业所得税法》第五十条规定："居民企业在中国境内设立不具有法人资格的营业机构的，应当汇总计算并缴纳企业所得税。"分公司不具有法人资格，应与总公司及其他分公司合并计算缴纳企业所得税。一般来说，合并缴纳企业所得税的优势在于可以调节盈亏，减轻企业所得税负担。但还需要综合考虑以下因素：

一是总分支机构的盈亏情况。当总分机构有一方存在盈利、一方存在亏损时，单独从税收的角度考虑，应当选择总分公司模式。因为根据税法规定，分公司是非独立的纳税人，总分机构合并计算缴纳企业所得税，可以充分将亏损弥补。如果设立的是子公司，子公司是独立纳税人，其亏损只能由以后年度实现的利润弥补，且总公司不能弥补子公司的亏损，也不得冲减对子公司的投资成本。

【案例6-1】甲公司（适用25%的税率）设立了一个分公司，20×2年总分机构的利润情况分别为100万元和-40万元。利润合并计算后为60万元，需要缴纳企业所得税60×25%=15万元。但如果当时设立的是子公司，子公司的亏损不能弥补母公司的盈利，母公司需要缴纳企业所得税100×25%=25万元，总体税负增加10万元。

二是享受税收优惠情况。当总机构享受税收优惠时，设立分公司的形式可能搭上总公司税收优惠政策的便车。比如总公司目前是高新技术企业，设立分公司可以一并享受15%的低税率。但高新技术企业的各项条件是要合并计算的，也有可能总分公司合并计算后，会让总公司丧失高新技术资格，这就得不偿失，这种情况下应该设立子公司。

不过，如果新设立的机构符合小型微利企业的条件，根据《财政部 税务总局关于进一步实施小微企业所得税优惠政策的公告》（财政部 税务总局公告2022年第13号）和《财政部 税务总局关于小微企业和个体工商户所得税优惠政策的公告》（财政部 税务总局公告2023年第

6号，部分失效）规定，在2024年12月31日前，对小型微利企业年应纳税所得额不超过300万元的部分，减按25%计入应纳税所得额，按20%的税率缴纳企业所得税。实际税负只有5%，税负低于高新技术企业的15%，这种情况下也应该设立子公司。

三是风险责任问题。这可能是实务界考虑的首要问题。设立分公司总体上会降低企业所得税税负，但与总公司作为共同体，无法隔离风险。比如分公司的税收违法行为可能影响总公司的纳税信用等级，也影响总公司法定代表人等关键岗位人员的个人征信。分公司出现亏损，总公司的财产也在追偿的责任范围之内。

分公司与子公司的选择需要具体情况具体分析，不能只看税收优惠，需要通盘考虑。一般来说，成立初期新机构亏损可能性大，通常采用总分形式，可以享受总部和分支机构盈亏互抵的优势。经过几年的经营，分支机构逐渐盈利后，可以考虑将分支机构改组成子公司，从而享受独立法人隔离风险责任的优势。

6.2.1.2 子公司和分公司增值税处理

《中华人民共和国增值税暂行条例》第二十二条规定："固定业户应当向其机构所在地的主管税务机关申报纳税。总机构和分支机构不在同一县（市）的，应当分别向各自所在地的主管税务机关申报纳税；经国务院财政、税务主管部门或者其授权的财政、税务机关批准，可以由总机构汇总向总机构所在地的主管税务机关申报纳税。"依据上述规定，总、分公司均是独立的增值税纳税人，除经批准合并纳税的情形之外，需要独立核算，独立纳税。

【案例6-2】接案例6-1，甲公司在其分公司所在地M市投资购买一栋写字楼，由分公司来经营。20×2年，分公司出租该写字楼取得租金收益100万元，应确认增值税销项税额100×6%=6万元。但甲公司的房产由分公司无偿使用，应视同销售不动产租赁服务。为了防控税收风险，建议甲公司与主管税务机关联系，确定一个相对公允的整体租赁价格作为对分公司的销售价格，并向分公司开具增值税发票。

6.2.2 有限责任公司与合伙企业的纳税区别

《财政部 国家税务总局关于合伙企业合伙人所得税问题的通知》（财税〔2008〕159号，以下简称“159号文”）第二条规定：“合伙企业以每一个合伙人为纳税义务人。合伙企业合伙人是自然人的，缴纳个人所得税；合伙人是法人和其他组织的，缴纳企业所得税。”合伙企业不是企业（个人）所得税纳税人，需要在合伙企业层面计算经营所得，然后按出资比例或者合伙协议约定，将经营所得分派给合伙企业的投资人。

一个自然人如果采取直接设立合伙企业的形式进行投资，经营所得适用5%—35%的超额累进税率；如果设立公司，将面临双重征税。在公司层面先缴纳一笔企业所得税，税率一般是25%。缴纳企业所得税后，将税后利润分配给自然人股东时，还需要缴纳一笔个人所得税，适用利息、股息、红利税目，税率为20%。所以长期来看，仅从税负上考虑，投资设立合伙企业的税负更低。

但目前小型微利企业有比较大的税收优惠。依据《财政部 税务总局关于进一步实施小微企业所得税优惠政策的公告》（财政部 税务总局公告2022年第13号）和《财政部 税务总局关于小微企业和个体工商户所得税优惠政策的公告》（财政部 税务总局公告2023年第6号）相关规定，在2024年12月31日前，对小型微利企业年应纳税所得额不超过300万元的部分，减按25%计入应纳税所得额，按20%的税率缴纳企业所得税。实际税负只有5%，所以，具体投资方案如何才能达到最轻的税负，还需要具体问题具体分析。总的来说，在目前阶段性的企业所得税优惠政策环境下，设立有限责任公司从而适用小型微利企业是一个不错的选择。

合伙企业的劣势还在于：一是不能隔离风险，投资人需要对合伙企业的债务承担无限连带责任。这是最主要的弊端，由于制造业一般经营风险较高，所以采用合伙企业形式并不多见。二是经营所得即便不分配，各合伙人也需要就合伙所得在当年缴纳所得税。而公司的税后利润，只有在分配给个人时，才需要缴纳个人所得税。这样，采用公司这种投资形式，会有更大的税收安排的空间。

【案例6-3】张某与李某投资设立了智慧公司（有限责任公司），张某占股51%，李某占股49%。2022年公司实现利润总额200万元（假设不符合小型微利企业条件），2023年公司决定按持股比例将全部税后利润分配给股东，相关主体如何纳税？

答案解析：智慧公司在实现利润后要缴纳企业所得税，股东收到股息、红利分配时，还得缴纳股息、红利所得的个人所得税。

智慧公司应缴纳企业所得税=200×25%=50（万元）

智慧公司税后净利润=200−50=150（万元）

向股东分配税后净利润时，张某按持股比例缴纳应纳个人所得税=150×51%×20%=15.3万元；李某按持股比例缴纳应纳个人所得税=150×49%×20%=14.7万元；张某和李某“落袋”的最后收益合计为120万元。

假设：张某与李某注册的公司类型不是有限责任公司，而是合伙企业，张某和李某只需要按一定比例就合伙企业层面计算的经营所得缴纳个人所得税。

张某应缴纳个人所得税=200×51%×35%−6.55=29.15（万元）

李某应缴纳个人所得税=200×49%×35%−6.55=27.75（万元）

张某和李某合计纳税56.9万元，税收后收益143.1万元。

6.3 总分公司汇总纳税

6.3.1 总分公司增值税汇总纳税

随着财务软件的普遍应用，以及企业管理经营方式、方法的转变、发展，越来越多的企业为了提高竞争力，会跨地区设立非法人独立机构从事经营活动。为了节约财务成本，跨地区经营的企业就会有汇总缴纳增值税的需求，比如，大街小巷随处可见的连锁零售药房。

6.3.1.1 汇总缴纳增值税须向税务机关申请

（1）《中华人民共和国增值税暂行条例》第二十二条。

> 固定业户应当向其机构所在地的主管税务机关申报纳税。总机构和分支机构不在同一县（市）的，应当分别向各自所在地的主管税务机关申报纳税；经国务院财政、税务主管部门或者其授权的财政、税务机关批准，可以由总机构汇总向总机构所在地的主管税务机关申报纳税。

（2）《财政部 国家税务总局关于全面推开营业税改征增值税试点的通知》附件1《营业税改征增值税试点实施办法》

> 第四十六条　经财政部和国家税务总局或者其授权的财政和税务机关批准，可以由总机构汇总向总机构所在地的主管税务机关申报纳税。

按照现行政策规定，财政部、税务总局可以发布相关文件，对跨省、自治区、直辖市的纳税人实行汇总缴纳增值税的方法；省级财政厅、省税务局可以发布相关文件，对跨市、县（市）区的纳税人实行汇总缴纳增值税的方法。

根据上述政策规定，有采用汇总方式缴纳增值税的企业，向主管税务机关提出汇总纳税的申请，经所属省、自治区、直辖市的税务局、财政厅核准即可。

6.3.1.2 汇总缴纳增值税不等于仅总机构一家申报纳税

目前，国家层面尚未出台汇总缴纳增值税方式、方法的有关文件。实践中，各省对汇总缴纳增值税纳税人的汇总方式、方法也不尽一致。具体而言，汇总缴纳增值税的方式有三种：

（1）收入比例方式。总机构统一计算销售收入、销项税额、进项税额和应纳税额，分支机构按应税销售收入占全部应税销售收入的比重，确定分支机构应纳税款，分支机构就地纳税申报，总机构汇总纳税申报。

（2）预征率方式。分支机构以当期实现的全部应税销售收入按预征率计算预缴增值税，就地纳税申报，总机构统一核算销售收入、销项税额、进项税额、预缴税款和应纳税额，进行纳税申报。

（3）总机构汇总纳税方式。总机构统一核算销售收入、销项税额、进项税额、应纳增值税税额，由总机构汇总纳税申报，分支机构不进行纳税申报。

只有采用总机构汇总纳税方式的纳税人，才可以仅由总机构一家机构申报缴纳税款。

6.3.1.3 汇总纳税方式下增值税税款的计算

与上述汇总缴纳增值税的方式相对应，计算缴纳增值税税款的方法也有三种：

6.3.1.3.1 收入比例方式

（1）计算公式。

①当期应纳增值税总额＝当期销项税额－当期进项税额－期初留抵税额

②分支机构应纳增值税额＝当期应纳增值税总额 × 销售比例

③销售比例＝各分支机构当期应税销售收入 ÷（总机构和分支机构应税销售收入合计）

④总机构应纳增值税＝当期应纳增值税总额－全部分支机构应纳增值税额

（2）当期应纳增值税为零时，不再计算分配增值税税款。

（3）由总机构统一进行申报，分支机构无须进行申报。分支机构仅需要按照总机构计算分配的税款，在分支机构所在地完成入库。

6.3.1.3.2 预征率方式

（1）分支机构以当期实现的全部应税销售收入按预征率计算预缴增值税。

分支机构预缴增值税＝分支机构当期应税销售收入 × 预征率

（2）总机构汇总核算销售收入、进项税额、预缴税款，计算当期应纳增值税。

总机构应纳增值税＝当期销项税额－当期进项税额－全部分支机构预缴税款－期初留抵税额

（3）总机构、分支机构均需要进行纳税申报。分支机构完成申报后，将相关进项信息、预缴信息传递给总机构，作为总机构申报的资料。

6.3.1.3.3 总机构汇总纳税方式

（1）总机构汇总核算销售收入、销项税额、进项税额和应纳税额，申报缴纳税款，分支机构不进行纳税申报，也不在其机构所在地缴纳税款。

（2）理论上，应由总机构所在地财政部门，确定入库税款的分配方式，并向分支机构所在地分配税款。

6.3.2 总分公司企业所得税汇总纳税

【案例6–4】大地公司在河北省石家庄市注册，2021年大地公司分别在江苏南京、四川成都、浙江杭州、河北省廊坊市设立了四个分公司，大地公司及四个分公司该如何缴纳企业所得税？

答案解析：2008年开始施行的《中华人民共和国企业所得税法》以法人单位为基本征税单位，居民企业在中国境内设立的不具有法人资格的营业机构（以下简称“分支机构”）的，居民企业应当汇总本部（以下简称“总机构”）与分支机构的经营成果，统一计算总机构与分支机构的应纳税所得额及应纳税额，按照一定方法分别在总机构与分支机构注册地缴纳入库。

案例6–4中，大地公司总部位于河北省石家庄市，在河北省内的廊坊市及河北省外南京、成都、杭州设立了四个分公司，四个分公司取得的是非法人营业执照，属于不具有法人资格的营业机构，即分支机构，大地公司与四个分公司应当按规定实行总分机构汇总纳税。

《企业所得税法》第五十条规定：除税收法律、行政法规另有规定外，居民企业以企业登记注册地为纳税地点；但登记注册地在境外的，以实际管理机构所在地为纳税地点。

居民企业在中国境内设立不具有法人资格的营业机构的，应当汇总计算并缴纳企业所得税。

6.3.2.1 企业所得税汇总纳税需要进行备案登记

企业总机构和分支机构应分别向其所在地主管税务机关依法办理税务登记，并进行企业所得税税种登记，接受所在地主管税务机关的监督和管理。

总机构设立分支机构时，应将其所设立的二级及以下分支机构信息报其所在地主管税务机关备案，内容包括分支机构名称、层级、地址、邮编、纳税人识别号及企业所得税主管税务机关名称、地址和邮编。

分支机构办理税务登记时，应将其总机构、上级分支机构和下属分支机构信息报其所在地主管税务机关备案，内容包括总机构、上级机构和下属分支机构名称、层级、地址、邮编、纳税人识别号及企业所得税主管税务机关名称、地址和邮编。

总分机构在进行信息备案时，要注意备案内容的准确性。税务机关的征管系统会对总分机构的备案信息进行跨区域自动比对，并依据该备案信息将总分机构汇总纳税的税额及总分机构间分配的税款在总分机构主管税务机关间传递。备案内容如与总分支机构实际内容不一致，易造成汇总纳税金额及税款分配不准确，产生不必要的税收纠纷。

此外，备案信息发生变化的，除另有规定外，应在内容变化后30日内报总机构和分支机构所在地主管税务机关备案，并办理变更税务登记。

分支机构注销税务登记后15日内，总机构应将分支机构注销情况报所在地主管税务机关备案，并办理变更税务登记。

6.3.2.2 企业所得税汇总纳税的基本方法

企业总分机构办理税务登记，进行汇总纳税备案登记后，可以实行企业所得税汇总纳税。汇总纳税的具体办法为“统一计算、分级管理，就地预缴、汇总清算、财政调库”：

（1）统一计算，是指总机构统一计算包括汇总纳税企业所属各个不具有法人资格分支机构在内的全部应纳税所得额、应纳税额。总机构和分支机构适用税率不一致的，应分别按适用税率计算应纳所得税额。

（2）分级管理，是指总机构、分支机构所在地的主管税务机关都有对当地机构进行企业所得税管理的责任，总机构和分支机构应分别接受机构所在地主管税务机关的管理。

（3）就地预缴，是指总机构、分支机构应按规定，分月或分季分别向所在地主管税务机关申报预缴企业所得税。

（4）汇总清算，是指在年度终了后，总机构统一计算汇总纳税企业的年度应纳税所得额、应纳所得税额，抵减总机构、分支机构当年已就地分期预缴的企业所得税款后，多退少补。

（5）财政调库，是指财政部定期将缴入中央国库的汇总纳税企业所得税待分配收入，按照核定的系数调整至地方国库。

6.3.2.3 总分机构如何统一计算应纳企业所得税

汇总纳税企业首先将总机构与不具有法人资格的分支机构整体视为一个纳税人，汇总总机构与所有分支机构（包括二级及二级以下分支机构）的收入、扣除项目等，按照《企业所得税法》的规定，统一汇总计算出应纳的企业所得税。

【案例6-5】接案例6-4，假设大地公司总部及廊坊、南京、成都、杭州四个分公司2021年、2022年的企业所得税收入总额、各项扣除额如表6-1所示，大地公司总部与各分公司没有待弥补亏损，也没有可享受的税收优惠事项，大地公司与四个分公司应纳企业所得税是多少？

表 6-1　　总分公司收入所得情况表　　单位：万元

年份	单位	收入总额	扣除项目	应纳税所得额
2021	大地公司总部	1 000	700	300
	廊坊分公司	200	190	10
	南京分公司	280	260	20
	成都分公司	300	250	50
	杭州分公司	220	180	40
2022	大地公司总部	1 200	840	360
	廊坊分公司	240	228	12
	南京分公司	336	312	24
	成都分公司	360	300	60
	杭州分公司	264	216	48

答案解析： 大地公司与四个分支机构应当整体作为一个纳税人，统一计算其应纳税所得额：

2021 年大地公司应纳税所得额 =300+10+20+50+40=420（万元）

2022 年大地公司应纳税所得额 =360+12+24+60+48=504（万元）

统一计算应纳企业所得税如下：

2021 年大地公司应纳企业所得税 =420×25%=105（万元）

2022 年大地公司应纳企业所得税 =504×25%=126（万元）

6.3.2.4　总分支机构如何就地预缴及汇缴清算

在案例6-5中，大地公司总部及四个分公司作为一个整体，按照统一计算的方法计算出2021年应纳企业所得税105万元，2022年应纳企业所得税126万元。上述应纳税额向总机构主管税务机关还是向分支机构税务机关缴纳入库？即总分机构如何就地预缴税款、汇缴清算入库税款？

按照《跨地区经营汇总纳税企业所得税征收管理办法》（以下简称《办法》）规定，总机构汇总计算出总分机构整体应纳企业所得税后，应将税款的50%在各分支机构间分摊，各分支机构根据分摊税款就地办理缴库或退库；50%由总机构分摊缴纳，其中25%在总机构所在地就地办理缴库或退库，25%就地全额缴入中央国库或退库。全额缴入中央国库的这部分税款，财政部定期按照核定的系数调整至地方国库。这就是汇总纳税的“就地预缴、汇总清算、财政调库”。

案例6–5中，2021年大地公司及四个分公司应纳企业所得税105万元，按照跨省总分机构汇总纳税办法，税款需要在总机构与分支机构间分配，大地公司的四个分公司是2021年新设立的，按照规定新设立的分支机构不需要分配税款，全部税款在大地公司总部所在地石家庄市入库（参见后文：哪些分支机构可以不分摊缴纳税款）。

2022年大地公司及四个分公司应纳企业所得税126万元，50%由大地公司总部缴纳，即64万元在石家庄市就地入库，其中25%，即32万元在石家庄就地办理缴库或退库，另外25%（32万元）就地全额缴入中央国库。大地公司及四个分公司应纳企业所得税的50%，即64万元，在廊坊、南京、成都、杭州四个分公司间按一定比例分配。

6.3.2.4.1　总机构如何将税款分配到各个分支机构

总机构将应纳税款的50%按照一定比例分配给各个二级分支机构时，分配方法如下：

某分支机构分摊税款=所有分支机构分摊税款总额×该分支机构分摊比例

所有分支机构分摊税款总额=汇总纳税企业当期应纳所得税额×50%

（1）分支机构税款分摊比例如何计算。

总机构应按照上年度分支机构的营业收入、职工薪酬和资产总额三个因素计算各分支机构分摊所得税款的比例；三级及以下分支机构，其营业收入、职工薪酬和资产总额统一计入二级分支机构；三因素的权重依次为0.35、0.35、0.30。

计算公式如下：

某分支机构分摊比例=（该分支机构营业收入÷各分支机构营业收入之和）×0.35+（该分支机构职工薪酬÷各分支机构职工薪酬之和）×0.35+（该分支机构资产总额÷各分支机构资产总额之和）×0.30

分支机构分摊比例按上述方法一经确定后，除出现《办法》中的情况，一般当年不作调整。

（2）分支机构税款分配比例的三因素如何确定。

总机构按照上年度分支机构的营业收入、职工薪酬和资产总额三个因素计算各分支机构分摊所得税款的比例（见表6–2）。

以上所称上年度分支机构的营业收入、职工薪酬和资产总额，是指分支机构上年度全年的营业收入、职工薪酬数据和上年度12月31日的资产总额数据，是依照国家统一会计制度的规定核算的数据。

分支机构营业收入，是指分支机构销售商品、提供劳务、让渡资产使用权等日常经营活动实现的全部收入。其中，生产经营企业分支机构营业收入是指生产经营企业分支机构销售商品、提供劳务、让渡资产使用权等取得的全部收入。金融企业分支机构营业收入是指金融企业分支机构取得的利息、手续费、佣金等全部收入。保险企业分支机构营业收入是指保险企业分支机构取得的保费等全部收入。

分支机构职工薪酬，是指分支机构为获得职工提供的服务而给予各种形式的报酬以及其他相关支出。

分支机构资产总额，是指分支机构在经营活动中实际使用的应归属于该分支机构的资产合计额。

表6–2 税款分配三因素情况表

年份	单位	营业收入	职工薪酬	资产总额
2021	大地公司总部	1 000	200	5 000
	廊坊分公司	200	60	800
	南京分公司	280	150	1 200
	成都分公司	300	110	1 600
	杭州分公司	220	180	1 400
2022	大地公司总部	1 200	300	6 000
	廊坊分公司	240	100	1 200
	南京分公司	336	180	2 000
	成都分公司	360	160	2 400
	杭州分公司	264	260	2 400

【案例6-6】接案例6-5，假设大地公司总部及廊坊、南京、成都、杭州四个分公司2021年、2022年的营业收入、资产总额、职工薪酬如表6-3所示，大地公司的四个分公司各自应分摊的企业所得税是多少？

表6-3 分配比例计算表

年份	单位	营业收入	职工薪酬	资产总额	分配比例
2021	分公司合计	1 000	500	5 000	—
	其中：廊坊分公司	200	60	800	0.16
	南京分公司	280	150	1 200	0.275
	成都分公司	300	110	1 600	0.278
	杭州分公司	220	180	1 400	0.287

答案解析：2021年大地公司的四个分公司新设成立，按照规定，当年新成立的分公司不参与税款分配，2021年四个分公司应纳企业所得税为0，应纳税款105万元全部由总公司入库。

2022年大地公司及四个分公司应纳税额共计126万元，其中50%，即64万元在四个分公司间按比例分配，分配比例按照上年（2021年）营业收入、职工薪酬、资产总额三因素计算。

廊坊分公司分配比例=200÷1 000×0.35+60÷500×0.35+800÷5 000×0.3=0.16

南京分公司分配比例=280÷1 000×0.35+150÷500×0.35+1 200÷5 000×0.3=0.275

成都分公司分配比例=300÷1 000×0.35+110÷500×0.35+1 600÷5 000×0.3=0.278

杭州分公司分配比例=220÷1 000×0.35+180÷500×0.35+1 400÷5 000×0.3=0.287

大地公司总部应分配税款=126×50%=63（万元）

廊坊分公司应分配税款=126×50%×0.16=10.08（万元）

南京分公司应分配税款=126×50%×0.275=17.325（万元）

成都分公司应分配税款=126×50%×0.278=17.514（万元）

廊坊分公司应分配税款=126×50%×0.287=18.081（万元）

（3）分配比例计算三因素因审计发生变动是否需要调整。

一个纳税年度内，总机构首次计算分摊税款时采用的分支机构营业收入、职工薪酬和资产总额数据，与此后经过中国注册会计师审计确认的数据不一致的，不作调整。

（4）不同税率总分机构如何分配企业所得税。

对于按照税收法律、法规和其他规定，总机构和分支机构处于不同税率地区的，先由总机构统一计算全部应纳税所得额，然后按规定的比例和计算出的分摊比例，计算划分不同税率地区机构的应纳税所得额，再分别按各自的适用税率计算应纳税额后加总计算出汇总纳税企业的应纳所得税总额，最后依照规定的比例和计算出的分摊比例，向总机构和分支机构分摊就地缴纳的企业所得税款。

【案例6–7】假设案例6–4至案例6–6中大地公司成都分公司符合西部大开发税收优惠政策条件，适用15%税率，大地公司及四个分公司各自应纳企业所得税如何计算？

答案解析：2021年，四个分公司新设成立，不分配税款，因此，全部应纳税所得额及应纳税额均分摊给大地公司总部，成都分公司没有所得额，不能享受税收优惠。

2022年，首先，将应纳税所得额按照税款分摊比例分摊至各个分支机构（比例计算公式参考案例6–5）：

廊坊分公司应分配所得额=504×50%×0.16=40.32（万元）

南京分公司应分配所得额=504×50%×0.275=69.3（万元）

成都分公司应分配所得额=504×50%×0.278=70.056（万元）

廊坊分公司应分配所得额=504×50%×0.287=72.324（万元）

其次，按照总机构与各个分支机构的适用税率，计算应纳税额：

大地公司总部应纳税额=504×50%×25%=63（万元）

廊坊分公司应纳税额=40.32×25%=10.08（万元）

南京分公司应纳税额=69.3×25%=17.33（万元）

成都分公司应纳税额=70.056×15%=10.51（万元）

廊坊分公司应纳税额=72.324×25%=18.08（万元）

应纳税额合计=63+10.08+17.33+10.51+18.08=119（万元）

按照享受优惠后的应纳税额计算总分支机构应分摊的应纳税额：

大地公司总部应分配税款=119×50%=59.5（万元）

廊坊分公司应分配税款=119×50%×0.16=9.52（万元）

南京分公司应分配税款=119×50%×0.275=16.36（万元）

成都分公司应分配税款=119×50%×0.278=16.54（万元）

廊坊分公司应分配税款=119×50%×0.287=17.08（万元）

6.3.2.4.2 如何确定参与税款分配的分支机构

（1）哪些分支机构应当参与分配税款。

总机构和具有主体生产经营职能的二级分支机构，就地分摊缴纳企业所得税。三级及三级以下分支机构不分摊税款，其应纳税所得额计入二级分支机构，通过二级分支机构汇总计入总机构。

二级分支机构，是指汇总纳税企业依法设立并领取非法人营业执照（登记证书），且总机构对其财务、业务、人员等直接进行统一核算和管理的分支机构。

（2）哪些分支机构可以不分摊缴纳税款。

以下二级分支机构不就地分摊缴纳企业所得税：

①不具有主体生产经营职能，且在当地不缴纳增值税的产品售后服务、内部研发、仓储等汇总纳税企业内部辅助性的二级分支机构，不就地分摊缴纳企业所得税。

②上年度认定为小型微利企业的，其二级分支机构不就地分摊缴纳企业所得税。

③新设立的二级分支机构，设立当年不就地分摊缴纳企业所得税。

④当年撤销的二级分支机构，自办理注销税务登记之日所属企业所得税预缴期间起，不就地分摊缴纳企业所得税。

⑤汇总纳税企业在中国境外设立的不具有法人资格的二级分支机构，不就地分摊缴纳企业所得税。

（3）总分机构发生企业重组当年如何分配税款。

汇总纳税企业当年由于重组等原因从其他企业取得重组当年之前已存在的二级分支机构，并作为本企业二级分支机构管理的，该二级分支机构不视同当年新设立的二级分支机构，按规定计算分摊并就地缴纳企业所得税。

汇总纳税企业内就地分摊缴纳企业所得税的总机构、二级分支机构之间，发生合并、分立、管理层级变更等形成的新设或存续的二级分支机构，不视同当年新设立的二级分支机构，按规定计算分摊并就地缴纳企业所得税。

（4）无法提供税款分配表的非法人分支机构如何证明其身份。

以总机构名义进行生产经营的非法人分支机构，无法提供汇总纳税企业分支机构所得税分配表，应在预缴申报期内向其所在地主管税务机关报送非法人营业执照（或登记证书）的复印件、由总机构出具的二级及以下分支机构的有效证明和支持有效证明的相关材料（包括总机构拨款证明、总分机构协议或合同、公司章程、管理制度等），证明其二级及以下分支机构身份。

二级及以下分支机构所在地主管税务机关应对二级及以下分支机构进行审核鉴定，对应按相应办法规定就地分摊缴纳企业所得税的二级分支机构，应督促其及时就地缴纳企业所得税。

（5）无法证明非法人分支机构身份的分支机构如何纳税。

以总机构名义进行生产经营的非法人分支机构，无法提供汇总纳税企业分支机构所得税分配表，也无法提供《办法》第二十三条规定相关证据证明其二级及以下分支机构身份的，应视同独立纳税人计算并就地缴纳企业所得税，不执行汇总纳税的相关规定。

按上款规定视同独立纳税人的分支机构，其独立纳税人身份一个年度内不得变更。

（6）具有生产经营职能的部门可视同二级分支机构分配税款。

总机构设立具有主体生产经营职能的部门，且该部门的营业收入、职工薪酬和资产总额与管理职能部门分开核算的，可将该部门视同一个二级分支机构，按相应办法规定计算分摊并就地缴纳企业所得税；该部门与管理职能部门的营业收入、职工薪酬和资产总额不能分开核算的，该部门不得视同一个二级分支机构，不得按规定计算分摊并就地缴纳企业所得税。

6.3.2.4.3 税款分摊错误的处理

（1）跨省总分支机构发现分摊错误的处理方法。

汇总纳税企业未按照规定准确计算分摊税款，造成总机构与分支机构之间同时存在一方（或几方）多缴另一方（或几方）少缴税款的，其总机构或分支机构分摊缴纳的企业所得税低于按本办法规定计算分摊的数额的，应在下一税款缴纳期内，由总机构将按《办法》规定计算分摊的税款差额分摊到总机构或分支机构补缴；其总机构或分支机构就地缴纳的企业所得税高于按《办法》规定计算分摊的数额的，应在下一税款缴纳期内，由总机构将按《办法》规定计算分摊的税款差额从总机构或分支机构的分摊税款中扣减。

（2）分支机构主管税务机关发现错误的处理方法。

分支机构所在地主管税务机关应根据经总机构所在地主管税务机关受理的汇总纳税企业分支机构所得税分配表、分支机构的年度财务报表（或年度财务状况和营业收支情况）等，对其主管分支机构计算分摊税款比例的三个因素、计算的分摊税款比例和应分摊缴纳的所得税税款进行查验核对；对查验项目有异议的，应于收到汇总纳税企业分支机构所得税分配表后30日内向企业总机构所在地主管税务机关提出书面复核建议，并附送相关数据资料。

总机构所在地主管税务机关必须于收到复核建议后30日内，对分摊税款的比例进行复核，作出调整或维持原比例的决定，并将复核结果函复分支机构所在地主管税务机关。分支机构所在地主管税务机关应执行总机构所在地主管税务机关的复核决定。

总机构所在地主管税务机关未在规定时间内复核并函复复核结果的，

上级税务机关应对总机构所在地主管税务机关按照有关规定进行处理。

6.3.2.4.4 不按规定提供企业所得税分配表的处理

分支机构未按规定报送经总机构所在地主管税务机关受理的汇总纳税企业分支机构所得税分配表，分支机构所在地主管税务机关应责成该分支机构在申报期内报送，同时提请总机构所在地主管税务机关督促总机构按照规定提供上述分配表；分支机构在申报期内不提供的，由分支机构所在地主管税务机关对分支机构按照《征收管理法》的有关规定予以处罚；属于总机构未向分支机构提供分配表的，分支机构所在地主管税务机关还应提请总机构所在地主管税务机关对总机构按照《征收管理法》的有关规定予以处罚。

6.3.2.5 汇总纳税企业不可核定征收企业所得税

根据《跨地区经营汇总纳税企业所得税征收管理办法》规定，汇总纳税企业不得核定征收企业所得税，只能采取查账征收方式征收企业所得税。

6.3.2.6 省内跨地区经营总分支机构如何缴纳企业所得税

居民企业仅在同一省、自治区、直辖市和计划单列市内设立不具有法人资格分支机构的，其企业所得税征收管理办法，由各省、自治区、直辖市和计划单列市税务局参照上述跨省、自治区、直辖市和计划单列市设立不具有法人资格分支机构汇总纳税办法制定。

第七章

初始投资

图 7-1　初始投资相关内容思维导图

7.1 认缴和实缴注册资本的税收差异

《中华人民共和国公司法》第二十六条规定："有限责任公司的注册资本为在公司登记机关登记的全体股东认缴的出资额。"第二十八条规定："股东应当按期足额缴纳公司章程中规定的各自所认缴的出资额。"注册资本认缴登记制是我国工商登记制度的一项改革措施，注册资本实缴登记制改为认缴登记制涉及企业相应的税务处理。如果处理不当，则将面临税务风险。因此，企业必须予以重视。

依据上述规定，股东只需按照章程约定的时间和数额缴纳出资额。承诺缴纳和实际缴纳出资额不同，会对印花税和企业所得税产生影响。

7.1.1 印花税

《中华人民共和国印花税法》第一条规定："在中华人民共和国境内书立应税凭证、进行证券交易的单位和个人，为印花税的纳税人，应当依照本法规定缴纳印花税。"第二条规定："本法所称应税凭证，是指本法所附'印花税税目税率表'列明的合同、产权转移书据和营业账簿。"第五条规定："印花税的计税依据如下：……（三）应税营业账簿的计税依据，为账簿记载的实收资本（股本）、资本公积合计金额……"

基于以上税收法律规定，公司只需要按股东实缴出资的万分之二点五申报缴纳印花税。因为在会计账务处理中，只有确认实际收到的股东出资，才计入"实收资本""资本公积"科目，而对于认缴却尚未实缴的部分，因为无须进行账务处理，也不会对实收资本和资本公积金额产生影响。

7.1.2　企业所得税

《中华人民共和国企业所得税法实施条例》第二十七条规定：“凡企业投资者在规定期限内未缴足其应缴资本额的，该企业对外借款所发生的利息，相当于投资者实缴资本额与在规定期限内应缴资本额的差额应计付的利息，其不属于企业合理的支出，应由企业投资者负担，不得在计算企业应纳税所得额时扣除。”

《国家税务总局关于企业投资者投资未到位而发生的利息支出企业所得税前扣除问题的批复》（国税函〔2009〕312号）规定：“凡企业投资者在规定期限内未缴足其应缴资本额的，该企业对外借款所发生的利息，相当于投资者实缴资本额与在规定期限内应缴资本额的差额应计付的利息，其不属于企业合理的支出，应由企业投资者负担，不得在计算企业应纳税所得额时扣除。”

根据上述规定，在注册资本认缴制度下，如果企业设立时认缴的注册资本过大且发生借款情况下，逾期未缴足资本金所对应数额借款利息无法在企业所得税前进行扣除，对企业所得税产生影响。因此，建议在制定公司章程时，明确未按期出资的股东要承担相应的利息费用，以减少股东间的争议。

7.2　非货币性资产投资的涉税处理

股东以实物投资，属于对外转让非货币性资产和对外投资同时发生，对股东来说，可能涉及增值税、企业（个人）所得税、印花税；对于被投资方来说，可能涉及印花税、契税的处理。

【案例7-1】元天公司经营状况良好，被业内看好，股东张某等人计划引入战略投资者宏宇公司，把企业做大做强。宏宇公司以专利技术、机器设备、土地使用权及货币资金出资1 800万元。其中，专利技术成本100万元，评估作价800万元（不含税）；机器设备为新购入的设备，不含税价格500万元，评估价与购入价格相同；土地使用权（成本20万元）出资，评估作价300万元（不含税）；货币资金出资200万元。元天公司对资产进行评估，评估增值300万元，增加资本公积。增资后，元天公司实收资本变更为800万元，所有者权益合计为2 400万元，宏宇公司股权占比75%，张某等原股东股权占比25%。

7.2.1 接受投资方的税务处理

7.2.1.1 接受非货币性投资如何计算缴纳印花税

【案例7–2】接案例7–1，元天公司引入战略投资者，作为被投资者，需要按规定确认增资后各投资者投入资金归属于实收资本及资本公积的数额，对实收资本及资本公积增加额按照万分之五的税率计算缴纳印花税。自2018年5月1日起，对按万分之五税率贴花的资金账簿减半征收印花税，对按件贴花5元的其他账簿免征印花税。

宏宇公司增资应确认实收资本=实收资本总额×所有者权益占比=800×75%=600（万元）

宏宇公司增资应确认资本公积=投入资金总额–确认为实收资本的金额=1 800–600=1 200（万元）

增加的实收资本及资本公积金额=600+1 200+300(资产评估增值)=2 100（万元）

应纳印花税=2 100×0.05%×50%×10 000=5 250（元）

对于投资者投入的土地使用权、专利权，应按照产权转移书据计算缴纳印花税。按照《中华人民共和国印花税法》的规定，土地使用权、房屋等建筑物和构筑物所有权转让书据（不包括土地承包经营权和土地经营权转移）的印花税税率为转让书据标明的价款的万分之五；商标专用权、著作权、专利权、专有技术使用权转让书据的印花税税率为转让书据标明价款的万分之三。

此外，本例中产权转移书据中记载的产权转移金额是不含增值税的金额，应税合同的计税依据，为合同所列的金额，不包括列明的增值税税款；应税产权转移书据的计税依据，为产权转移书据所列的金额，不包括列明的增值税税款，元天公司可以按照不含税金额计算缴纳印花税：

300 × 0.05% × 10 000+800 × 0.03% × 10 000=3 900（元）

应纳印花税合计 =5 250+3 900=9 150（元）

7.2.1.2 接受非货币性投资如何缴纳契税

契税是以所有权发生转移的不动产为征税对象，向产权承受人征收的一种财产税。在我国境内转移土地、房屋权属，承受的单位和个人为契税的纳税人。

【案例7–3】案例7–1中，元天公司接收投资者投入的土地使用权，应当按照合同约定的土地使用权评估作价为计税依据计算缴纳契税。

契税 =300 × 4% × 10 000=120 000（元）

7.2.1.3 接受非货币性投资可以抵扣增值税

接受战略投资者投资，并未发生销售货物、提供应税劳务或服务的行为，未取得收入，不需要计算缴纳增值税。但是，接受投资者投入的非货币性资产，若取得了增值税专用发票等抵扣凭证，可以申报增值税进项税额抵扣。

【案例7–4】案例7–1中，元天公司接受的非货币性资产投资包括机器设备和土地使用权，可抵扣进项税额为：

800 × 9%+500 × 13%+300 × 9%=164（万元）

7.2.1.4 接受非货币性投资企业所得税的处理

接受投资者增资，未发生企业所得税应税行为，不需要缴纳企业所得税。对于投资者投入的非货币性资产，还可按照企业所得税有关规定在税前扣除。

【案例7–5】案例7–1中，宏宇公司投入的机器设备、土地使用权，分别属于固定资产和无形资产，应根据其入账价值计算折旧、摊销在税前扣除，详见第九章。

此外，元天公司资产评估增值300万元，增加了资本公积。该项评估增值行为是否要缴纳企业所得税，取决于元天公司如何进行企业所得税纳税申报。若元天公司对资产评估增值的部分，不在税前扣除，或不计算折旧、摊销在税前扣除，在企业所得税纳税申报时，将该部分资产评估增值额影响的所得税税前扣除金额进行纳税调增，则元天公司资产评估增值300万元不需要申报缴纳企业所得税。反之，则需要就资产评估增值300万元，计算缴纳企业所得税75（300×25%）万元。

7.2.2 投资方的税务处理

投资方以非货币性资产和货币资产对外投资，非货币性资产对外投资属于销售非货币性资产的行为，需要计算缴纳增值税、城市维护建设税、教育费附加、地方教育附加、企业所得税，对以土地使用权投资的，还要缴纳土地增值税及产权转移书据相关的印花税。

7.2.2.1 非货币性资产对外投资增值税及相关附加税费的计算

以非货币资产投资入股，在增值税方面需要视同销售，属于增值税应税范围，因此投资方应该按实物的评估价值开具发票。投资者是个人的，可以去税务机关代开普通发票；投资者是公司、合伙企业、个人独资企业、个体工商户等商事主体的，可以自行开具增值税专用发票。被投资方可以凭发票作为企业所得税税前扣除的凭证和抵扣增值税进项税额的凭证。如果投资方未能开具发票，将对被投资公司产生不利的税收影响，降低被投资公司的价值，从而也影响了投资者所拥有股权的价值。

【案例7-6】以案例7-1背景为例，宏宇公司对元天公司投资额1 800万元，其中专利技术成本100万元，评估作价800万元；机器设备，评估价格500万元；土地使用权评估作价300万元，分别属于有偿转让无形资产、货物，适用税率为9%和13%，应纳增值税及附加税费为（假设本期进项税额为0）：

应纳增值税=800×9%+500×13%+300×9%-0=164（万元）

应缴城建税=164×7%=11.48（万元）

应缴教育费附加=164×3%=4.92（万元）

应缴地方教育附加=164×2%=3.28（万元）

7.2.2.2 非货币性资产对外投资需要缴纳印花税

土地使用权、专利权转让，应按土地使用权转让书据、专利权转让书据产权分别适用万分之五和万分之三的印花税税率计算缴纳印花税。

【案例7-7】案例7-1中，宏宇公司应纳印花税=300×0.05%×10 000+800×0.03%×10 000=3 900元。

投资合同不属于印花税征税范围，不征收印花税。

7.2.2.3 非货币性资产对外投资如何缴纳企业所得税

《企业所得税法实施条例》第十六条规定，转让财产收入是指企业转让固定资产、生物资产、无形资产、股权、债权等财产取得的收入。《企业所得税法》第六条规定：企业以货币形式和非货币性形式从各种来源取得收入，为收入总额。同时，《企业所得税法》第八条规定，企业实际发生的与取得收入有关的、合理的支出，包括成本、费用、税金、损失和其他支出，准予在计算应纳税所得额时扣除。《企业所得税法实施条例》第三十一条规定，企业所得税法第八条所称税金，是指企业发生的除企业所得税和允许抵扣的增值税以外的各项税金及其附加。

【案例7-8】案例7-1中，宏宇公司以土地使用权、专利技术、机器设备及货币资金对元天公司投资，通过转让财产权利，取得了非货币性资产——元天公司的股权，属于转让财产收入，应确认企业所得税的收入。宏宇公司在转让过程中发生的税金及成本、费用可以从转让收入中扣除。

转让土地使用权的所得=300-20=280（万元）

转让机器设备的所得=500-500=0（万元）

转让专利技术所得=800-100=700（万元）

但是，对于技术成果投资入股，即纳税人将技术成果所有权让渡给被投资企业、取得该企业股票（权）的行为，根据规定，企业或个人以技术成果投资入股到境内居民企业，被投资企业支付的对价全部为股票（权）的，企业或个人可选择继续按现行有关税收政策执行，也可选择适用递延纳税优惠政策。

选择技术成果投资入股递延纳税政策的，投资入股当期可暂不纳税，允许递延至转让股权时，按股权转让收入减去技术成果原值和合理税费后的差额计算缴纳所得税。

企业或个人选择适用上述任何一项政策，均允许被投资企业按技术成果投资入股时的评估值入账并在企业所得税前摊销扣除。

技术成果是指专利技术（含国防专利）、计算机软件著作权、集成电路布图设计专有权、植物新品种权、生物医药新品种，以及科技部、财政部、国家税务总局确定的其他技术成果。

【案例7-9】案例7-1中，若宏宇公司选择适用财税〔2016〕101号的递延纳税政策，可以暂不确认技术转让所得（不影响元天公司，元天公司仍可以按照专利权的评估价值800万元，在企业所得税前计算摊销扣除），则：

宏宇公司当期应纳税所得额=280+0+0−11.48（城建税）−4.92（教育费附加）−3.28（地方教育附加）−0.39（印花税）=259.93（万元）

假设宏宇公司适用企业所得税税率为25%。

应纳企业所得税=259.93×25%=64.9825（万元）

7.2.3 非货币性投资的税收优惠

由于投资人以非货币出资取得股权，并未取得实际的现金流，一次性缴税可能有困难，国家出台了相关的递延优惠政策。

7.2.3.1 投资者为个人的税收优惠

投资人是个人的情况下，依据有关规定："纳税人一次性缴税有困难的，可合理确定分期缴纳计划并报主管税务机关备案后，自发生上述应税行为之日起不超过5个公历年度内（含）分期缴纳个人所得税"，投资人可以选择享受上述税收递延政策，但要记得确定计划并报主管税务机关备案，以免产生涉税争议。

另外还规定："个人以非货币性资产投资交易过程中取得现金补价的，现金部分应优先用于缴税；现金不足以缴纳的部分，可分期缴纳。个人在分期缴税期间转让其持有的上述全部或部分股权，并取得现金收入的，该现金收入应优先用于缴纳尚未缴清的税款。"

如果在分期缴税期间有上述取得现金的情形，应优先缴纳税款。

7.2.3.2 投资者为公司的税收优惠

投资人是公司的情况下，依据相关规定："居民企业（以下简称'企业'）以非货币性资产对外投资确认的非货币性资产转让所得，可在不超过5年期限内，分期均匀计入相应年度的应纳税所得额，按规定计算缴纳企业所得税。"企业也可在五年期限内递延缴纳企业所得税。但与个人所得税处理不同的是，必须是在5年均匀计入应纳税所得额。

7.2.4 个人非货币性投资的个人所得税纳税地点

非货币性资产投资产生的个人所得税分三种情况确定纳税地点。

7.2.4.1 以不动产投资的

纳税人以不动产投资的，以不动产所在地税务机关为主管税务机关。

7.2.4.2 以股权投资的

纳税人以其持有的企业股权对外投资的，以该企业所在地税务机关为主管税务机关。

7.2.4.3 以其他非货币资产投资的

纳税人以其他非货币资产投资的，以被投资企业所在地税务机关为主管税务机关。

7.2.5 技术成果投资的递延纳税

技术投资同样属于非货币性资产，但国家为了鼓励技术成果研究和转换，出台了更优惠的政策。

（1）企业或个人以技术成果投资入股到境内居民企业，被投资企业支付的对价全部为股票（权）的，企业或个人可选择继续按现行有关税收政策执行，也可选择适用递延纳税优惠政策。

选择技术成果投资入股递延纳税政策的，经向主管税务机关备案，投资入股当期可暂不纳税，允许递延至转让股权时，按股权转让收入减去技术成果原值和合理税费后的差额计算缴纳所得税。

（2）企业或个人选择适用上述任何一项政策，均允许被投资企业按技术成果投资入股时的评估值入账并在企业所得税前摊销扣除。

（3）技术成果是指专利技术（含国防专利）、计算机软件著作权、集成电路布图设计专有权、植物新品种权、生物医药新品种，以及科技部、财政部、国家税务总局确定的其他技术成果。

（4）技术成果投资入股，是指纳税人将技术成果所有权让渡给被投资企业、取得该企业股票（权）的行为。

依据上述规定，企业或者个人以技术成果入股到境内居民企业，被投资企业支付的对价全部为股票（权）的，既可以选择在5年内分期纳税，也可以递延到股权转让时。

《个人所得税法》第九条规定："个人所得税以所得人为纳税人，以支付所得的单位或者个人为扣缴义务人。"在案例7-10中，张某向大地公司转让蓝天公司的股票，大地公司向张某支付股权对价。按上述规定，大地应该作为扣缴义务人。但在递延纳税情景下，对于股权转让的扣缴义务人，税务总局文件作出了特殊的规定。"企业实施股权激励或个人以技术成果投资入股，以实施股权激励或取得技术成果的企业为个人所得税扣缴义务人……""企业实施股权激励或个人以技术成果投资入股，以实施股权激励或取得技术成果的企业为个人所得税扣缴义务人。"依据上述规定，取得技术成果的蓝天公司作为个人所得税的扣缴义务人。

作出上述特殊安排，可能出于以下考虑：

《股权转让所得个人所得税管理办法（试行）》第十九条规定："个人股权转让所得个人所得税以被投资企业所在地税务机关为主管税务机关。"按照该规定，取得技术成果的企业作为被投资企业，其主管税务机关是股权转让个人所得税的主管税务机关。将扣缴义务赋予取得技术成果的企业，更便利于操作。

另外，在整个交易中，技术成果入股时的纳税环节递延到了最终的股权转让环节。股权交易的收入是股权的销售价，股权交易可扣减的财产原值是技术成果的原值，而不是股权的原值（技术成果的评估价）。股权的购买方无法获取技术成果入股时的原值。而获得技术成果的被投资企业由于更接近技术成果入股这一交易环节，在这一方面显然更具备优势。

所以案例中，蓝天公司是扣缴义务人。但因为蓝天公司并不是实际支付所得的企业，因此无法直接代扣代缴，只能是要求张某将相应税款转付给自己，然后履行申报缴纳义务。

【案例7-10】张某2016年7月1日以原值100万元的技术成果入股蓝天公司，取得蓝天公司价值100万元的股权，选择适用递延纳税政策，投资入股时无须纳税。2021年6月30日，张某将上述股权以500万元的价格协议转让给大地公司。蓝天公司需要代扣代缴个人所得税（500-100）×20%=80万元。

7.2.6 技术成果原值的确定

一般情况下，技术成果由脑力劳动形成，其原值无法确定。根据相关规定："递延纳税股票（权）转让、办理纳税申报时，扣缴义务人、个人应向主管税务机关一并报送能够证明股票（权）转让价格、递延纳税股票（权）原值、合理税费的有关资料，具体包括转让协议、评估报告和相关票据等。资料不全或无法充分证明有关情况，造成计税依据偏低，又无正当理由的，主管税务机关可依据税收征管法有关规定进行核定。"因此，依据该规定，可能需要税务机关对技术成果进行核定。

7.3 股权代持的涉税问题

股权代持又称委托持股、隐名投资，是指实际出资人与他人约定，以他人名义代实际出资人履行股东权利义务的一种股权或股份处置方式。

在股权代持的情况下，实际出资人（隐名股东）与名义出资人（显名股东）往往通过一纸协议确定存在代为持有股权或股份的事实，由名义出资人记入公司股东名册，并在工商部门进行股东登记。

股权代持情况下的法定纳税义务人为显名股东，即便股权代持协议约定了显名股东纳税义务都由隐名股东承担，该条款也属于民事权利关系约定的范畴。显名股东无法对抗税务机关的管理，由于没有税法的明确规定，税务机关也无法直接对实际出资人征税。股权代持协议的主要涉税争议点在于隐名股东收到显名股东转付的收益后如何确定纳税义务。

《国家税务总局厦门市税务局关于市十三届政协四次会议第1112号提案办理情况答复的函》(厦税函〔2020〕125号)中对“隐名股东纳税义务的认定”作出明确：

“1.隐名股东为自然人的情形。《中华人民共和国个人所得税法》第二条明确了应当缴纳个人所得税的九种所得，显名股东将取得的税后股息红利所得、股权转让所得，转付给隐名股东(自然人)，不属于法律规定应当缴纳个人所得税的所得。

2.隐名股东为企业的情形。《中华人民共和国企业所得税法》第六条规定，企业以货币形式和非货币形式从各种来源取得的收入，为收入总额，包括其他收入；第七条、第二十六条，分别列明了法定的不征税收入和免税收入。据此，隐名股东(企业)从显名股东取得基于代持合同关系产生的所得，不属于法定的不征税收入和免税收入，应当按照企业所得税法规定缴纳企业所得税。”

上述政策口径在厦门市区域内执行的确定性应该没有问题，但还是有值得商榷之处。在政策适用时应该兼顾形式合法性和实质的合理性。下面分而述之。

7.3.1 分红环节

(1)隐名股东为自然人，显名股东为自然人时，显名股东取得股息分红需要按照《中华人民共和国个人所得税法》规定的“利息、股息、红利所得”和20%税率计算缴纳个人所得税。隐名股东收到显名股东转付的税后股息红利所得时，不属于个人所得税法列举的九项所得，因此无须缴个人所得税。

【案例7-11】银河系有限公司于2021年1月1日注册登记，注册资本为1 000万元。登记注册的股东为自然人甲，单独持有银河系有限公司100%的股权，甲代自然人乙持有股权。

2022年，银河系有限公司做出分红决议，分红200万元。甲收到分红后，需按照股息、红利所得和20%税率计算缴纳个人所得税40万元，税后股息、红利所得为160万元。转付给丙后，丙无须再缴纳税款。

（2）隐名股东为自然人，显名股东为企业时，显名股东取得股息分红，符合条件的可以按规定免征企业所得税。隐名股东收到显名股东转付的股息红利所得时，是否需缴个人所得税？税法没有明确规定。按照上述厦门市的口径，由于不属于个人所得税法明确列举的所得种类，所以不缴纳个人所得税。但出于税负公平考虑，我们的所得税制是企业所得税和个人所得税双重征税，缴过企业所得税的税后利润到了自然人手上，应该按股息、红利所得缴一笔个人所得税。否则，任何一个公司都与股东按投资比例签署股权代持协议，就会对我国的所得税制造成根本性的冲击。而且，本书认为，这种所得符合“利息、股息、红利所得”的经营实质。按“利息、股息、红利所得”，这并无明显不妥。建议遇到类似问题，企业作为显名股东，应与主管税务机关联系，听取主管税务机关的意见。

【案例7-12】银河系有限公司于2021年1月1日注册登记，注册资本为1 000万元。登记注册的股东为甲公司，单独持有银河系有限公司100%的股权，甲公司代自然人乙持有股权。

2022年，银河系有限公司做出分红决议，分红200万元。甲收到分红后，按免税处理，将200万元全额转付自然人乙。乙是否应该缴纳个人所得税？

一种处理是：股权代持收入不属于个人所得税法正确列举的所得种类，不缴纳个人所得税。但如上文所述，这种处理的缺陷在于：如果自然人乙以自己名义直接持有银河系公司股权，需要按利息、股息、红利所得缴纳个人所得税。但如果通过股权代持，将所得种类模糊化就能免税，有违税负公平，变相鼓励了“股权代持”这种灰色地带的产物发展，也对我国企业所得税和个人所得税两次征税的税制结构产生一定冲击。

另一种处理是：自然人乙按“利息、股息、红利所得”缴纳20%的个人所得税。税务机关可能采用的理由是按照实质课税原则直接认定其取得所得的性质为“利息、股息、红利所得”，或者采用反避税条款。

（3）隐名股东为企业，显名股东为自然人时，显名股东收到股息分红需要按照《中华人民共和国个人所得税法》规定的“利息、股息、红利所得”和20%税率计算缴纳个人所得税。隐名股东收到显名股东转付的股息、红利所得时，由于不符合相关免税规定，需要按照《中华人民共和国企业所得税法》的规定并入收入总额缴纳企业所得税，不能享受股息、红利免税的规定。这种情况下税负畸高，当然实务中企业让个人代持的情况也比较少。

【案例7–13】银河系有限公司于2021年1月1日注册登记，注册资本为1 000万元。登记注册的股东为自然人甲，单独持有银河系有限公司100%的股权，甲代公司乙持有股权。

2022年，银河系有限公司做出分红决议，分红200万元。甲收到分红后，需按照“利息、股息、红利所得”和20%税率计算缴纳个人所得税40万元，税后股息、红利所得为160万元。转付给丙后，丙需再计入企业所得税收入缴纳税款。

（4）隐名股东为企业，显名股东为企业时，显名股东收到股息、分红，符合条件的可以按规定免征企业所得税。隐名股东收到显名股东转来的收益，是否需要并入收入总额缴纳企业所得税呢？严格说，该股息、红利不符合免税规定，但该收益已经缴过一道企业所得税啦，如果缴两道企业所得税，不符合企业所得税“税不重征”的原则。该问题可能会引发争议，还是建议企业加强与主管税务机关的沟通。主张免税可以提出以下主张：参照《营业税改征增值税试点实施办法》第二条，“单位以承包、承租、挂靠方式经营的，承包人、承租人、挂靠人（以下统称“承包人”）以发包人、出租人、被挂靠人（以下统称“发包人”）名义对外经营并由发包人承担相关法律责任的，以该发包人为纳税人。否则，以承包人为纳税人”，隐名股东挂靠显名股东，以显名股东名义对外经营，以显名股东为企业所得税纳税人。隐名股东不属于纳税人，自然无须缴税。

【案例7-14】银河系有限公司于2021年1月1日注册登记，注册资本为1 000万元。登记注册的股东为公司甲，单独持有银河系有限公司100%的股权，甲代公司乙持有股权。

2022年，银河系有限公司做出分红决议，分红200万元。甲收到分红后，按“利息、股息、红利所得”作为免税收入，并全额转付给公司乙。

公司乙对该笔收入的处理方式有两种：一是计入企业所得税收入缴纳税款；二是与主管税务机关沟通，以自己不是该笔所得的纳税人为由，尝试是否能作不征税收入。

7.3.2 股权转让环节

股权转让环节的税务处理与分红环节大体一致。主要区别在于，针对转让因股权分置改革造成原由个人出资而由企业代持有的限售股，国家出台了特殊政策：《国家税务总局关于企业转让上市公司限售股有关所得税问题的公告》（国家税务总局公告2011年第39号）。该公告主要内容如下：

二、企业转让代个人持有的限售股征税问题

因股权分置改革造成原由个人出资而由企业代持有的限售股，企业在转让时按以下规定处理：

（一）企业转让上述限售股取得的收入，应作为企业应税收入计算纳税。

上述限售股转让收入扣除限售股原值和合理税费后的余额为该限售股转让所得。企业未能提供完整、真实的限售股原值凭证，不能准确计算该限售股原值的，主管税务机关一律按该限售股转让收入的15%，核定为该限售股原值和合理税费。

依照本条规定完成纳税义务后的限售股转让收入余额转付给实际所有人时不再纳税。

（二）依法院判决、裁定等原因，通过证券登记结算公司，企业将其代持的个人限售股直接变更到实际所有人名下的，不视同转让限售股。

依据上述规定，在企业代个人持股的情况下，企业对外转让被代持股权的，以企业为纳税人。企业将税后所得转付给个人后，个人不再纳税。

【案例7-15】公司甲（居民纳税人）代自然人乙持有限售股100万股，原值1元/股，出售价为5元/股（不考虑其他税费）。公司甲转让限售股所得为（100×5-100×1）=400万元，所得税费用400×25%=100万元。自然人收到转付余额400-100=300万元，不再缴纳个人所得税。

依据法院判决、裁定等，代持股权从显名股东回归到隐名股东，不视同销售。这是实质重于形式原则的体现。但要注意该政策适用场景的局限性：因为股权分置改革等原因造成的企业代自然人持股，且因为法院判决等原因发生的股权登记变动。

【案例7-16】公司甲（居民纳税人）代自然人乙持有限售股100万股，原值1元/股。2×18年3月，经法院判决，该股权变更登记到自然人乙名下。2×18年5月，自然人乙以5元/股价格对外转让。

代持股权从企业甲过户到实际所有人自然人乙名下，企业甲不确认收入。自然人乙对外转让股权，按财产转让所得缴纳个人所得税为（100×5-100×1）×20%=80万元。

三、企业在限售股解禁前转让限售股征税问题

企业在限售股解禁前将其持有的限售股转让给其他企业或个人（以下简称“受让方”），其企业所得税问题按以下规定处理：

（一）企业应按减持在证券登记结算机构登记的限售股取得的全部收入，计入企业当年度应税收入计算纳税。

（二）企业持有的限售股在解禁前已签订协议转让给受让方，但未变更股权登记、仍由企业持有的，企业实际减持该限售股取得的收入，依照本条第一项规定纳税后，其余额转付给受让方的，受让方不再纳税。

【案例7-17】企业甲（居民纳税人）代自然人乙持有限售股100万股，原值1元/股。2×18年3月，该代持股以5元/股价格转让给企业丙，并将税后所得转付给自然人乙。由于未过限售期，未变更股权登记，公司甲仍然为名义股东，形成对实际股东企业丙的代持。

虽然名义股东未发生变动，但企业甲仍然要确认企业所得税收入，缴纳企业所得税（100×5−100×1）×25%=100万元。将税后所得转付给自然人乙后，自然人乙不再纳税。

对于隐名股东来说，要谨慎选择代持对象，签订规范、严谨的代持协议，并妥善保管股权代持关系存在的相关证据资料，特别是实际支付入股款的凭证。同时，对代持人的身份进行涉税筹划，避免出现双重税负的情况。对于显名股东来说，要谨慎对待股权代持，要求隐名股东实缴注册资本，在代持协议的基础上增加相应保护自身权利的条款，约定违约责任。

无论隐名股东还是显名股东，都应当在合法、合规的前提下运用股权代持，同时应提前统筹考量潜在的风险事项，多措并举强化风控，尽可能消除潜在隐患。

第八章

借款融资

- 借款融资
  - 借款合同需要缴纳印花税
  - 利息在企业所得税前扣除有限制
    - 向非金融企业借款利息支出扣除有限制
    - 金融企业与非金融企业的区分
    - 同期同类贷款利率的确定
    - 借款利息支出莫忘发票
  - 个人借款无合同不能税前扣除
    - 向个人借款利息支出税前扣除须合法且签订合同
    - 个人借款需要发票才能税前扣除
    - 支付个人借款利息有扣缴个人所得税的义务
  - 投资者投资不到位利息不能扣除
    - 投资者投资未到位，企业借款的利息不能税前扣除
    - 注册资本认缴制下企业投资者投资未到位的确认
    - 投资者投资未到位借款利息税前扣除额的计算
  - 关联方借款不能任性
    - 向股东及关联方借入资金要控制额度
    - 债权性投资与权益性投资的确定
    - 关联方借款税前扣除利息的计算
    - 关联借款“任性”，税收利益损失大
    - 关联方借款是否一定要纳税调整
  - 无偿借款警惕税收“有偿”
    - 借款合同中关联关系的判定
    - 税务机关调整关联方无偿借款的情形

图 8-1 借款融资相关内容思维导图

借款是借款人向贷款人借入资金，到期返还资金并支付利息的一种经济行为。其中，向对方借入资金的一方称为借款人，出借资金的一方称为贷款人。从税收角度来看，贷款人出借资金属于从事贷款服务，其收取的利息应当计算缴纳增值税、企业所得税（个人所得税），还需要根据增值税缴纳城市建设维护税、教育费附加和地方教育附加，同时，签订的借款合同需要按合同借款金额的万分之零点五计算缴纳印花税。借款人借入资金，接受贷款服务，也要按照合同借款金额的万分之零点五计算缴纳印花税。借款人是企业的，支付的利息可以在企业所得税税前扣除，如果借款人是按照生产经营所得计算所得额的个人独资企业、合伙企业的，支付的利息可在个人所得税税前扣除。但是，利息支出在所得税税前扣除，受到一定的限制，如从非金融机构借款支付的利息，高于同期同类金融机构贷款利率计算的部分，就不能在所得税前扣除。

8.1 借款合同需要缴纳印花税

【案例8–1】张某拥有元天有限责任公司80%的股权。最近公司的产品得到某大型电气设备制造厂商的认可，将元天公司列为其元器件的供应商之一，销售大量增加，张某急需一笔资金给公司添置设备和增加流动资金、扩大产能。张某找到建设银行，以元天公司名义与建设银行签订借款合同，贷款金额300万元，年利率4%。

案例8–1中，元天公司与建设银行签订借款合同，属于在我国境内书立应纳印花税的凭证的行为，应当按规定缴纳印花税。

根据2021年6月10日第十三届全国人民代表大会常务委员会第二十九次会议通过的《中华人民共和国印花税法》的规定，应税合同的计税依据，为合同所列的金额，不包括列明的增值税税款；若应税合同未列明金额的，印花税的计税依据按照实际结算的金额确定。计税依据按照前款规定仍不能确定的，按照书立合同时的市场价格确定；依法应当执行政府定价或者政府指导价的，按照国家有关规定确定。借款合同的印花税税率为万分之零点五。

接案例8-1，远大公司与建设银行签订的借款合同，明确了合同借款金额为300万元，该金额系借款本金，不涉及增值税税款，远大公司应当缴纳的印花税为：

3 000 000 × 0.005%=150（元）

此外，同一应税凭证由两方以上当事人书立的，按照各自涉及的金额分别计算应纳税额，建设银行作为合同的另一方也需要计算缴纳印花税。

8.2 利息在企业所得税前扣除有限制

借款依据贷款人的不同可以区分为向金融机构借款和向非金融机构借款。向金融机构借款，是指贷款人为税收规定的金融机构的借款。根据《国家税务总局关于企业所得税若干问题的公告》（国家税务总局公告2011年第34号）的规定：金融机构是指经政府有关部门批准成立的可以从事贷款业务的企业，包括银行、财务公司、信托公司等金融机构。除以上经政府有关部门批准成立的从事贷款业务的企业之外的其他企业及个人，统称为非金融机构。

企业为了生产经营的需要向贷款人借入资金，并按规定支付给贷款人借款利息，该利息属于企业的一项必要的生产经营支出，可以所得税前计算扣除。但是，企业发生的贷款利息支出，并不一定能全额在企业所得税税前扣除，要受到一定限制。例如，向非金融企业借款的利率高于金融企业同期贷款利率，超过部分利息支出不能税前扣除；金融机构与借款企业属于关联方的，其借款及利息支出扣除要遵循独立交易原则等。

8.2.1 向非金融企业借款利息支出扣除有限制

【案例8-2】假设案例8-1中，元天公司分别与建设银行、某小额贷款公司、某制造企业签订借款合同，向建设银行借款金额200万元，年利率4%；向某小额贷款公司借款50万元，年利率8%；向某制造业企业借款50万元，年利率12%。

上述三份借款合同中，每一份合同的借款利率都不一样，建设银行的年利率最低，向某制造企业借款的年利率最高。元天公司的这三笔借款发生的利息支出是否都能在企业所得税税前全额扣除？

根据《中华人民共和国企业所得税法实施条例》第三十八条规定，企业在生产经营活动中发生的下列利息支出，准予扣除：（1）非金融企业向金融企业借款的利息支出、金融企业的各项存款利息支出和同业拆借利息支出、企业经批准发行债券的利息支出；（2）非金融企业向非金融企业借款的利息支出，不超过按照金融企业同期同类贷款利率计算的数额的部分。

接案例8-2，元天公司主要从事电子元器件的生产销售，不属于金融企业，因此，元天公司向非金融企业的借款的利息支出，不超过按照金融企业同期同类贷款利率计算的数额的部分可以税前扣除。

8.2.2 金融企业与非金融企业的区分

《国家税务总局关于企业所得税若干问题的公告》（国家税务总局公告2011年第34号）规定，金融企业应为经政府有关部门批准成立的可以从事贷款业务的企业，包括银行、财务公司、信托公司等金融机构。

以案例8-2中的三份借款合同为例，建设银行是国家批准成立的从事存款、贷款业务的金融机构，属于金融企业。

小额贷款公司是由各省金融办批准从事贷款业务的公司，按照国家税务总局公告2011年第34号的规定，也属于金融企业。从小额贷款公司借入资金支付的利息，可以按规定全额在税前扣除。

从某制造业企业借入的50万元，就属于从非金融机构借入的资金，其年利率为12%，年支付利息6万元，利率高于同期同类建设银行（4%）、小额贷款公司（8%）等金融机构贷款的利率，超过的部分不能税前扣除。按照同期同类额贷款利率最高的小额贷款公司8%利率，张某和元天公司不能税前扣除的利息就是50×（12%–8%）=2万元。

8.2.3 同期同类贷款利率的确定

《国家税务总局关于企业所得税若干问题的公告》（国家税务总局公告2011年第34号）的规定：非金融企业向非金融企业借款的利息支出，不超过按照金融企业同期同类贷款利率计算的数额的部分，准予税前扣除。鉴于目前我国对金融企业利率要求的具体情况，企业在按照合同要求首次支付利息并进行税前扣除时，应提供“金融企业的同期同类贷款利率情况说明”，以证明其利息支出的合理性。“金融企业的同期同类贷款利率情况说明”中，应包括在签订该借款合同当时，本省任何一家金融企业提供同期同类贷款利率情况。该金融企业应为经政府有关部门批准成立的可以从事贷款业务的企业，包括银行、财务公司、信托公司等金融机构。“同期同类贷款利率”是指在贷款期限、贷款金额、贷款担保以及企业信誉等条件基本相同情况下，金融企业提供贷款的利率。既可以是金融企业公布的同期同类平均利率，也可以是金融企业对某些企业提供的实际贷款利率。

在案例8–2中，元天公司向某制造业企业借款50万元，按照年利率12%计算支付的利息，比元天公司向金融机构的借款利率高（建设银行4%、小额贷款公司8%），元天公司只需要找到任意一家本省内金融企业提供的同期同类贷款利率达到12%，将该情况写成文字说明，说明该省内金融企业贷款利率的具体情况，则其向非金融企业贷款按12%利率计算的利息全额可以税前扣除。假设元天公司无法找到省内金融企业同期同类贷款利率达到12%，省内金融机构同期同类贷款利率最高仅为10%，则元天公司该笔借款在企业所得税前每年能够扣除的利息支出为50×10%=5万元。

8.2.4 借款利息支出莫忘发票

企业发生利息支出，要想在企业所得税前扣除，应当取得发票作为税前扣除凭证，尤其是向银行支付的利息，不能以银行的自制凭证——银行收息单作为税前扣除的凭证，需要取得银行开具的正规发票。

8.3 个人借款无合同不能税前扣除

【案例8-3】接案例8-1，假设元天公司为了缓解资金紧张压力，没有向建设银行等企业借款，而是向本公司员工集资，承诺年利率12%，共取得集资款300万元，年底支付了利息36万元。若同期同类金融机构贷款利率最高的是8%，元天公司应如何对支付职工的集资利息支出进行税收处理？

8.3.1 向个人借款利息支出税前扣除须合法且签订合同

根据《国家税务总局关于企业向自然人借款的利息支出企业所得税税前扣除问题的通知》（国税函〔2009〕777号）规定，企业向除股东或有关联关系的自然人以外的内部职工或其他人员借款的利息支出，其借款情况同时符合以下条件的，其利息支出在不超过按照金融企业同期同类贷款利率计算的数额的部分，根据税法第八条和税法实施条例第二十七条规定，准予扣除。

（1）企业与个人之间的借贷是真实、合法、有效的，并且不具有非法集资目的或其他违反法律、法规的行为；

（2）企业与个人之间签订了借款合同。

案例8–3中，元天公司的职工集资利息36万元，首先要考虑该项集资行为是否违反了相关法律，是否存在非法集资行为，若存在违法行为，36万元的利息支出全部不能在税前扣除。其次，要考虑是否与集资者签订了借款合同，没有借款合同，即便是支付了利息，也不能在企业所得税前扣除。对此，元天公司必须将与每一位集资者的借款合同妥善保管，留存备查。最后，还要考虑支付职工个人的利息，其利率高于同期同类金融机构利率的部分，不能税前扣除。上例中，集资利率为12%，高于同期同类金融机构贷款利率8%的部分，也不能税前扣除。

8.3.2 个人借款需要发票才能税前扣除

根据《企业所得税税前扣除凭证管理办法》（国家税务总局公告2018年28号）规定，企业在境内发生的支出项目属于增值税应税项目（以下简称“应税项目”）的，对方为已办理税务登记的增值税纳税人，其支出以发票（包括按照规定由税务机关代开的发票）作为税前扣除凭证；对方为依法无须办理税务登记的单位或者从事小额零星经营业务的个人，其支出以税务机关代开的发票或者收款凭证及内部凭证作为税前扣除凭证，收款凭证应载明收款单位名称、个人姓名及身份证号、支出项目、收款金额等相关信息。

小额零星经营业务的判断标准是个人从事应税项目经营业务的销售额不超过增值税相关政策规定的起征点。增值税起征点，按月纳税的，月销售额不超过3万元；按次纳税的，每次（日）不超过300—500元。上例中，参与集资的职工应属于按次纳税的情形，若其取得的利息超过500元，元天公司就需要取得发票，也就是所谓的税前扣除凭证。若元天公司支付的利息没有取得发票的，应当如何补救和处理，参见11.8。

8.3.3 支付个人借款利息有扣缴个人所得税的义务

根据个人所得税法及其相关规定，个人所得税以所得人为纳税人义务人，以支付所得的单位或个人为扣缴义务人。扣缴义务人是指有义务从持有的纳税人收入中扣除其应纳税款并代为缴纳的企业、单位或个人。

案例8–5中，元天公司向集资职工支付利息，应当履行代扣代缴个人所得税的义务，按照20%的个人所得税税率扣缴个人所得税，扣缴金额=300×12%×20%=7.2万元。

8.4 投资者投资不到位利息不能扣除

【案例8–4】元天公司成立于2020年8月，注册资本1 000万元，股东张某与公司的其他投资者约定，2020年9月出资200万元（其中张某出资160万元）；2021年9月出资300万元（其中张某出资240万元），2050年9月出资500万元（其中张某出资400万元）。

2021年4月，元天公司向建设银行借款200万元，9月，张某与其他投资者投入200万元资金，比约定的金额少100万元。2021年元天公司共向建设银行支付利息6万元。

本案例中，元天公司向建设银行借款的利息支出要受到张某与投资者出资的影响。

8.4.1 投资者投资未到位，企业借款的利息不能税前扣除

根据《国家税务总局关于企业投资者投资未到位而发生的利息支出企业所得税前扣除问题的批复》（国税函〔2009〕312号）规定，企业投资者在规定期限内未缴足其应缴资本额的，该企业对外借款所发生的利息，相当于投资

者实缴资本额与在规定期限内应缴资本额的差额应计付的利息，其不属于企业合理的支出，应由企业投资者负担，不得在计算企业应纳税所得额时扣除。

8.4.2 注册资本认缴制下企业投资者投资未到位的确认

在企业注册资本实缴制下，企业实收资本小于注册资本的，即存在投资者投资不到位的问题。但在注册资本认缴制下，企业实收资本与注册资本的差额，不能认定为投资者未到位，只有企业投资者没有按企业章程约定实缴时间和实缴金额出资的，才能确认为投资者投资未到位。

在案例8–4中，2020年已经实行注册资本认缴制，元天公司注册资本1 000万元，截至2021年9月，实缴资本400万元，注册资本与实缴资本差额600万元，不能全部认定为投资者投资未到位，但张某与其他投资者约定2021年9月出资300万元，实际出资200万元，出资缺口100万元可以认定为投资者投资未到位。

8.4.3 投资者投资未到位借款利息税前扣除额的计算

根据国税函〔2009〕312号规定，具体计算不得扣除的利息，应以企业一个年度内每一账面实收资本与借款余额保持不变的期间作为一个计算期，每一计算期内不得扣除的借款利息按该期间借款利息发生额乘以该期间企业未缴足的注册资本占借款总额的比例计算，公式为：

企业每一计算期不得扣除的借款利息=该期间借款利息额×该期间未缴足注册资本额÷该期间借款额

企业一个年度内不得扣除的借款利息总额为该年度内每一计算期不得扣除的借款利息额之和。

在案例8–4中，元天公司2021年4月向建设银行借款200万元，支付利息6万元，即4—12月的9个月支付利息6万元，每季度支付2万元。而张某及其他投资者应在2021年9月进行第二次出资，约定出资金额300万元，实际出资200万元，投资者投资未到位的资金为100万元，按照国税函〔2009〕312号的规定，实收资本与银行贷款不变的期间是2021年10—12月。

不得扣除的借款利息=（10—12月借款利息额）×（10—12月未缴足注册资本额）÷（10—12月借款额）=2×100÷200=1（万元）

8.5　关联方借款不能任性

关联方借款即存在关联关系的企业、其他组织及个人之间的借贷行为。

关联方是指与企业有下列关系之一的企业、其他组织或者个人：

（1）在资金、经营、购销等方面，存在直接或者间接的控制关系；

（2）直接或者间接地同为第三者控制；

（3）在利益上具有相关联的其他关系。

根据《中华人民共和国税收征收管理法》规定，企业或者外国企业在中国境内设立的从事生产、经营的机构、场所与其关联企业之间的业务往来，应当按照独立企业之间的业务往来收取或者支付价款、费用；不按照独立企业之间的业务往来收取或者支付价款、费用，而减少其应纳税的收入或者所得额的，税务机关有权进行合理调整。

企业与其关联方之间的借贷行为要遵循税收征收管理法有关关联交易的规定，按照独立企业之间的业务往来，收取（支付）利息，否则，税务机关有权进行调整。

【案例8-5】假设元天公司资金紧张，没有向建设银行等企业借款，而是向张某借款400万元，会计上作为“其他应付款”核算，并向张某的哥哥持股70%的昊天公司（增值税一般纳税人）借款500万元，会计上作为“短期借款”核算。两笔借款的年利率均定为12%。同期同类金融机构贷款利率最高的为8%。元天公司借款前后所有者权益均未发生变化，实收资本、资本公积、盈余公积、未分配利润分别为200万元、40万元、20万元和40万元。

本例中，元天公司从张某与昊天公司借入的资金，不仅因为年利率高于同期同类金融机构贷款利率的部分不能在企业所得税前扣除，还因为关联方借款超过所有者权益的2倍，超过部分的利息不能在企业所得税前扣除。

8.5.1 向股东及关联方借入资金要控制额度

企业不能过多地从关联方借入资金，若从关联方借入的资金超过其权益性投资的一定倍数，超过部分的借款相应的利息支出，不能在企业所得税前扣除。但借出资金一方，其取得的利息收入仍要按照有关规定缴纳各项税收。《财政部 国家税务总局关于企业关联方利息支出税前扣除标准有关税收政策问题的通知》（财税〔2008〕121号）规定，在计算应纳税所得额时，企业实际支付给关联方的利息支出，不超过规定比例和税法及其实施条例有关规定计算的部分，准予扣除，超过的部分不得在发生当期和以后年度扣除。对于规定比例，财税〔2008〕121号明确，企业接受关联方债权性投资与其权益性投资比例，金融企业为5∶1；其他企业为2∶1。企业同时从事金融业务和非金融业务，其实际支付给关联方的利息支出，应按照合理方法分开计算；没有按照合理方法分开计算的，一律按其他企业的比例计算准予税前扣除的利息支出。

案例8-5中，元天公司不属于金融企业，其从股东张某及昊天公司借入资金900万元，与其所有者权益合计300（200+40+20+40）万元的比例为3∶1，大于2∶1，大于规定比例部分的利息支出不能在企业所得税前扣除。

8.5.2 债权性投资与权益性投资的确定

关联债权投资包括关联方以各种形式提供担保的债权性投资。只要是从关联方获得的各类需要归还的资金，或者从第三方取得且需要归还，关联方予以担保的资金，包含各种借款、应支付未支付的购货款、未支付的各种往来款项等，都属于关联方债权投资。

案例8-5中，元天公司从股东张某借入资金400万元，作为往来款计入“其他应付款”，也属于关联方张某对元天公司的债权投资。

权益性投资为企业资产负债表所列示的所有者权益金额，一般包含反映股东对企业投资额的“实收资本（股本）”以及与之相关的“资本公积”、反映企业盈利及储备资金的“盈余公积”“未分配利润”。如果所有者权益小于实收资本（股本）与资本公积之和，则权益投资为实收资本（股本）与资本公积之和；如果实收资本（股本）与资本公积之和小于实收资本（股本）金额，则权益投资为实收资本（股本）金额。

案例8-5中，实收资本、资本公积、盈余公积、未分配利润分别为200万元、40万元、20万元和40万元，以上四项合计300万元。

8.5.3 关联方借款税前扣除利息的计算

财税〔2008〕121号文件规定：

不得扣除利息支出=年度实际支付的全部关联方利息×（1-标准比例÷关联债资比例）

《特别纳税调整实施办法（试行）》（国税发〔2009〕2号）规定：

关联债资比例=年度各月平均关联债权投资之和÷年度各月平均权益投资之和

各月平均关联债权投资=（关联债权投资月初账面余额+月末账面余额）÷2

各月平均权益投资=（权益投资月初账面余额+月末账面余额）÷2

案例8–5中，假设元天公司各月关联债权投资与权益投资金额未发生变化，则：

关联债资比例=900÷300=3

首先计算因关联债资比超过规定，不得扣除利息支出：

900×12%×（1–2÷3）=36（万元）

其次，计算关联方债权性投资与权益性投资超过规定比例不能扣除的利息支出时，还要注意非金融机构利息支出税前扣除的限制。即对不超过关联债资比例部分的借款，对比其利率与金融机构同期同类贷款利率，对超过金融机构同期同类贷款利率的部分利息进行调整。

元天公司从张某和昊天公司借入资金，其借款的利率12%高于同期同类贷款利率8%，高出的部分，不能税前扣除：

900×（2÷3）×（12%–8%）=24（万元）

可在企业所得税前扣除的利息支出为：

900×12%–36–24=48（万元）

8.5.4 关联借款“任性”，税收利益损失大

以案例8–5为例，元天公司从关联方——股东张某和昊天公司计入资金900万元，达到权益性投资的3倍，超过财税〔2008〕121号规定比例，资金借出方要按规定缴纳各项税收，借入方不能全额扣除利息支出，要进行纳税调整，各方纳税情况如下：

（1）股东张某。

借款利息收入需要缴纳增值税=4 000 000×12%÷（1+3%）×3%=13 980.58（元）

城市建设维护税=13 980.58×7%=978.64（元）

教育费附加=13 980.58×3%=419.42（元）

地方教育附加=13 980.58×1%=139.81（元）

个人所得税：个人取得的利息收入以每次的不含增值税的收入额为应纳税所得额，即应纳个人所得税为：4 000 000×12%÷（1+3%）×20%=93 203.88（元）

（2）昊天公司。

借款利息收入需要缴纳增值税=5 000 000×12%÷（1+6%）×6%=33 962.26（元）（假设没有进项税额）

城市建设维护税=33 962.26×7%=2 377.36（元）

教育费附加=33 962.26×3%=1 018.87（元）

地方教育附加=33 962.26×1%=339.62（元）

企业所得税：假设昊天公司除此项借款业务以外无其他业务，未发生其他支出，其应纳税所得额为：

5 000 000×12%÷（1+6%）−2 377.36−1 018.87−339.62=562 301.89（元）

应纳税额=562 301.89×25%=140 575.47（元）

（3）元天公司。

可扣除增值税进项税额=0

可在企业所得税前扣除的利息支出为480 000元。

股东张某与昊天公司借给元天公司的资金收取的利息，需缴纳各种税收286 995.91元，其中所得税233 779.35元。但在元天公司，其支付的利息因为关联债资比例以及非金融机构借款利率的限制，实际能在企业所得税前扣除的利息支出仅48万元，带来的所得税利益仅120 000元（按照法定税款25%推算）。

8.5.5 关联方借款是否一定要纳税调整

对企业从关联方取得债权性投资，超过财税〔2008〕121号规定比例的，并不一定要对超过比例部分的利息支出进行纳税调整，有两种例外情形，可以不做纳税调整：

（1）企业与对其进行债权性投资的关联方企业如果能够按照税法及其实施条例的有关规定提供相关资料，并证明相关交易活动符合独立交易原则的，其实际支付给境内关联方的利息支出，在计算应纳税所得额时准予扣除；

（2）企业的实际税负不高于境内关联方的，其实际支付给境内关联方的利息支出，在计算应纳税所得额时准予扣除。

8.6 无偿借款警惕税收“有偿”

【案例8–6】假设案例8–1中，元天公司资金紧张，没有向建设银行等企业借款，而是向张某的哥哥持股70%的昊天公司（增值税一般纳税人）无偿借款300万元，昊天公司没有收取任何利息。假设元天公司属于高新技术企业，适用企业所得税税率15%，且由于成立时间不长，还处于亏损状态，没有盈利。昊天公司是一家商贸企业，适用企业所得税税率25%，成立时间长，处于盈利状态。

本例中，元天公司与昊天公司的无偿借贷行为虽然没有收取（支付）利息，但在税收上要被认定为“有偿”借贷服务。

8.6.1 借款合同中关联关系的判定

根据《国家税务总局关于完善关联申报和同期资料管理有关事项的公告》（国家税务总局公告2016年第42号）规定，企业与其他企业、组织或者个人具有下列关系之一的，构成关联关系：（1）一方直接或者间接持有另一方的股份总和达到25%以上；双方直接或者间接同为第三方所持有的股份达到25%以上。（2）双方存在持股关系或者同为第三方持股，虽持股比例未达到本条第（1）项规定，但双方之间借贷资金总额占任一方实收资本比例达到50%以上，或者一方全部借贷资金总额的10%以上由另一方担保（与独立金融机构之间的借贷或者担保除外）。（3）双方存在持股关系或者同为第三方持股，虽持股比例未达到本条第（1）项规定，但一方的生产经营活动必须由另一方提供专利权、非专利技术、商标权、著作权等特许权才能正常进行。（4）双方存在持股关系或者同为第三方持股，虽持股比例未达到本条第（1）项规定，但一方的购买、销售、接受劳务、提供劳务等经营活动由另一方控制。（5）一方半数以上董事或者半数以上高级管理人员（包括上市公司董事会秘书、经理、副经理、财务负责人和公司章程规定的其他人员）由另一方任命或者委派，或者同时担任另一方的董事或者高级管理人员；或者双方各自半数以上董事或者半数以上高级管理人员同为第三方任命或者委派。（6）具有夫妻、直系血亲、兄弟姐妹以及其他抚养、赡养关系的两个自然人分别与双方具有本条第（1）至（5）项关系之一。（7）双方在实质上具有其他共同利益。

案例8-6中，元天公司与昊天公司分别由张某与其哥哥直接控股，两个公司存在上述第（6）项关系，属于关联方，他们之间的借贷行为属于关联方借款。

8.6.2 税务机关调整关联方无偿借款的情形

《中华人民共和国税收征收管理法实施条例》规定，纳税人与其关联企业之间，融通资金所支付或者收取的利息超过或者低于没有关联关系的企业之间所能同意的数额，或者利率超过或者低于同类业务的正常利率，税务机关可以调整其应纳税额。

调整的方法包括：按照独立企业之间进行的相同或者类似业务活动的

价格；按照再销售给无关联关系的第三者的价格所应取得的收入和利润水平；按照成本加合理的费用和利润；按照其他合理的方法。

8.6.2.1 对借出方的调整

8.6.2.1.1 调整确认视同销售收入，计算缴纳增值税

根据《财政部 国家税务总局关于全面推开营业税改征增值税试点的通知》（财税〔2016〕36号）规定，单位或者个体工商户向其他单位或者个体工商户无偿提供服务（用于公益事业或者以社会公众为对象除外）应视同销售服务。

昊天公司向元天公司提供无偿贷款服务，应视同销售服务，按照无关联关系的企业间进行同期同类贷款业务活动收取的利息，确认昊天公司应向元天公司收取的利息。在案例8–1中，建设银行同期同类贷款利率为4%，可以作为昊天公司视同销售服务的利率，则昊天公司虽然提供的是无偿贷款服务，但要确认视同销售服务收入为：300×4%=12万元；确认增值税销项税额：120 000÷1.06×6%=6 792.45元。

8.6.2.1.2 视同销售收入计算缴纳城建税、教育费附加

案例8–6中，假设昊天公司本期没有进项税额，则无偿贷款视同销售收入确认的增值税销项税额就是应纳税额，该应纳税增值税额还需要计算缴纳城市维护建设税、教育费附加和地方教育附加：

城市维护建设税=6 792.45×7%=475.47（元）

教育费附加=6 792.45×3%=203.77（元）

地方教育附加=6 792.45×1%=67.92（元）

8.6.2.1.3 调整确认企业所得税利息收入

关联交易减少企业所得税应税收入或所得额的，原则上要做调整。

根据《中华人民共和国企业所得税法》第四十一条规定，企业与其关联方之间的业务往来，不符合独立交易原则而减少企业或者其关联方应纳

税收入或者所得额的，税务机关有权按照合理方法调整。

8.6.2.1.4 境内关联交易不调整企业所得税的例外情况

《财政部 国家税务总局关于企业关联方利息支出税前扣除标准有关税收政策问题的通知》（财税〔2008〕121号）规定，企业如果能够按照税法及其实施条例的有关规定提供相关资料，并证明相关交易活动符合独立交易原则的；或者该企业的实际税负不高于境内关联方的，其实际支付给境内关联方的利息支出，在计算应纳税所得额时准予扣除。

8.6.2.1.5 境内关联交易的判断

元天公司与昊天公司均为按照我国法律注册成立的企业，属于我国的居民企业，其相互之间的关联交易属于境内居民企业之间的关联交易。元天公司属于高新技术企业，享受15%的企业所得税优惠税率，比昊天公司25%的企业所得税法定税率要低，且元天公司正处于亏损状态，其利息支出仅增加元天公司的亏损额，即元天公司的企业所得税实际税负低于昊天公司实际税负，昊天公司与元天公司的无偿借贷业务，减少了企业所得税应税收入和所得额，并且不属于可以不进行调整的例外情况，需要调增企业所得税的收入及所得额：120 000 ÷ 1.06=113 207.55元。

8.6.2.2 对借入方的处理

8.6.2.2.1 增值税不能抵扣进项税额

《财政部 国家税务总局关于全面推开营业税改征增值税试点的通知》（财税〔2016〕36号）附件2规定，利息支出不能抵扣增值税销项税额。

在案例8–6中，无论税务机关是否要调整昊天公司与元天公司之间的无偿借贷交易，元天公司均无法就利息支出在增值税计算中抵扣增值税进项税额。

8.6.2.2.2 企业所得税不能税前扣除

税务机关按照征管法、企业所得税法及有关税收规定对昊天公司进行了关联交易的调整，调增昊天公司无偿借贷应确认企业所得税应税所得后，元天公司对该笔无偿借贷交易，虽然没有实际支付利息，也应当视同支付了利息进行企业所得税税前扣除。但是，元天公司进行企业所得税税前扣除，需要取得增值税发票作为税前扣除凭据。

在案例8-6中，昊天公司提供的无偿贷款服务，没有向元天公司开具增值税发票，元天公司无法在企业所得税前扣除该项关联交易调整的利息支出。

8.6.2.2.3 无偿借款借入方无利息税前扣除的补救措施

元天公司应在税务机关对其与昊天公司的无偿借贷行为进行关联交易调整后，积极与昊天公司联系，按照有关利率计算并收取（支付）利息，取得昊天公司补开的增值税发票，凭该发票作为企业所得税税前扣除凭证，在企业所得税前扣除该项利息支出。

第九章

资产购置

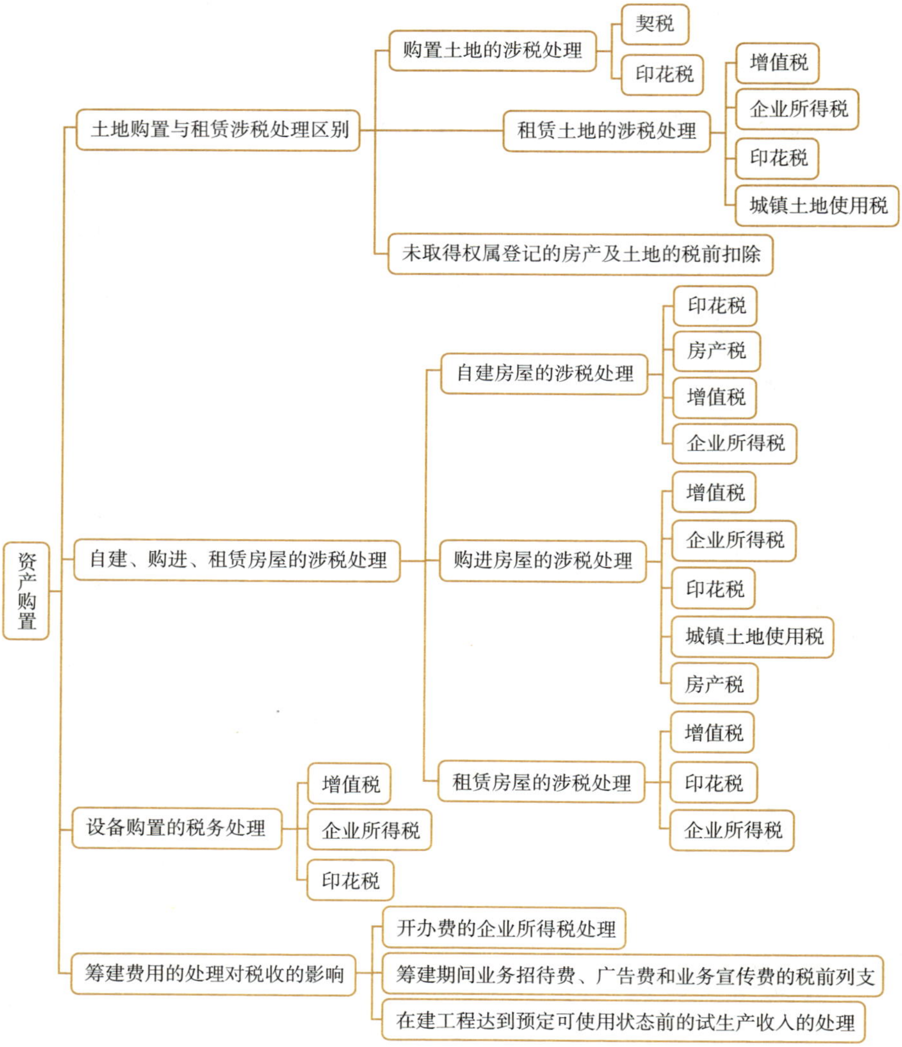

图9-1　资产购置相关内容思维导图

9.1 土地购置与租赁涉税处理区别

“跑马圈地”是企业腾飞的起点，但是这个“圈”是购买还是租赁，有很大区别，不同企业要根据自身实际情况做出最适合自身发展的选择。

9.1.1 购置土地的涉税处理

以支付土地出让金方式取得土地使用权，也就是我们俗称的购置土地，需要缴纳契税、印花税，以土地出让金和契税的合计数作为无形资产初始入账价值，并按月摊销，摊销费用允许企业所得税前列支。

9.1.1.1 契税

9.1.1.1.1 计税依据

《中华人民共和国契税法》第四条规定：

契税的计税依据：（一）土地使用权出让、出售，房屋买卖，为土地、房屋权属转移合同确定的成交价格，包括应交付的货币以及实物、其他经济利益对应的价款。

《财政部 税务总局关于贯彻实施契税法若干事项执行口径的公告》（财政部 税务总局公告2021年第23号）第二条关于若干计税依据的具体情形规定：

（五）土地使用权出让的，计税依据包括土地出让金、土地补偿费、安置补助费、地上附着物和青苗补偿费、征收补偿费、城市基础设施配套费、实物配建房屋等应交付的货币以及实物、其他经济利益对应的价款。

因此，企业以出让方式取得土地使用权后，契税的计税依据不仅包括土地出让金，还包括土地补偿费、安置补助费、地上附着物和青苗补偿费、征收补偿费、城市基础设施配套费、实物配建房屋等应交付的货币以及实物、其他经济利益对应的价款。在实务中，由于城市基础配套费和土地出让金支付的时间可能存在差异，企业很容易漏缴城市基础配套费对应的契税，因此企业要防范对城市基础配套费未及时缴纳契税的风险。

9.1.1.1.2　税率

《中华人民共和国契税法》第三条规定：

契税税率为百分之三至百分之五。契税的具体适用税率，由省、自治区、直辖市人民政府在前款规定的税率幅度内提出，报同级人民代表大会常务委员会决定，并报全国人民代表大会常务委员会和国务院备案。

《河北省人民代表大会常务委员会关于河北省契税适用税率等有关事项的决定》第一条规定：

本省契税适用税率为百分之四。其中，个人购买普通住房适用税率为百分之三。

根据上述文件规定，企业以出让方式取得土地使用权的契税税率为百分之四。

9.1.1.2　印花税

根据《中华人民共和国印花税法》印花税税目税率表，产权转移书据中土地使用权出让书据的印花税税率为价款的万分之五。

9.1.2 租赁土地的涉税处理

租赁是指在约定的期间内，出租人将资产的使用权让与承租人以获取租金的行为。租赁类似于杠杆的一种，以较小的成本支出撬动较大的资产利用，在降低了经营风险的同时，扩大了规模，有利于企业利益的最大化。

企业采用租赁土地形式租入土地的，涉及增值税、企业所得税、印花税、城镇土地使用税等。

9.1.2.1 增值税

企业（一般纳税人）通过经营租赁方式租入土地用于正常的生产经营，取得的增值税专用发票，可以认证抵扣相关进项税额。但如果租赁土地用于简易计税方法计税项目、免征增值税项目的业务，对应的进项税是不可以抵扣的。但根据《财政部 税务总局关于租入固定资产进项税额抵扣等增值税政策的通知》（财税〔2017〕90号）第一条规定："自2018年1月1日起，纳税人租入固定资产、不动产，既用于一般计税方法计税项目，又用于简易计税方法计税项目、免征增值税项目、集体福利或者个人消费的，其进项税额准予从销项税额中全额抵扣"，只要租入土地兼用于一般计税项目，其进项税额即可抵扣。

9.1.2.2 企业所得税

《中华人民共和国企业所得税法实施条例》第四十七条第（一）项规定："以经营租赁方式租入固定资产发生的租赁费支出，按照租赁期限均匀扣除。"土地购置需要占用大量资金，要考虑资金的使用成本和使用期限。而租赁土地，则只需要按年支付租金，没有大额的资金压力。如果租赁期限长短适中，如10年或15年，兼顾生产经营的稳定性，更加适合中小企业选择。

9.1.2.3 印花税

根据《中华人民共和国印花税法》印花税税目税率表，租赁土地按照租赁合同缴纳印花税，税率为租金的千分之一。

9.1.2.4 城镇土地使用税

《财政部 税务总局关于承租集体土地城镇土地使用税有关政策的通知》（财税〔2017〕29号）规定：

> 在城镇土地使用税征税范围内，承租集体所有建设用地的，由直接从集体经济组织承租土地的单位和个人，缴纳城镇土地使用税。

《中华人民共和国城镇土地使用税暂行条例》规定：

> 第三条　土地使用税以纳税人实际占用的土地面积为计税依据，依照规定税额计算征收。
>
> 第五条　省、自治区、直辖市人民政府，应当在本条例第四条规定的税额幅度内，根据市政建设状况、经济繁荣程度等条件，确定所辖地区的适用税额幅度。

因此，纳税人如果承租了集体所有建设用地的，需要缴纳城镇土地使用税。计税依据为实际占用的土地面积。

《河北省财政厅 河北省地方税务局关于调整全省城镇土地使用税地段等级和税额标准的通知》（冀财税〔2014〕16号）明确了该地区的税额标准。各地的具体税额标准，建议查询所在省税务局的官方网站或者咨询当地主管税务机关。

【案例9-1】银河系有限公司（一般纳税人）于2021年1月1日通过经营租赁形式租入一块位于城郊的集体土地用于生产经营，面积

10 000平方米，年租金不含税20万元，收到了9%税率的增值税专用发票。租期10年，签订合同不含税金额为200万元，租金按年支付，城镇土地使用税税额标准为每平方米4元/年。则该企业的税务处理涉及增值税、印花税、城镇土地使用税、企业所得税。具体如下：

（1）增值税：可以抵扣的增值税进项税额为1.8万元；

（2）印花税：银河系有限公司按照“财产租赁合同”税目、0.1%税率缴纳印花税0.2万元；

（3）城镇土地使用税：按照每平方米4元缴纳城镇土地使用税0.4万元；

（4）企业所得税：2021年全年允许企业所得税前列支金额为（0.02+0.4+20）=20.42万元。

9.1.3 未取得权属登记的房产及土地的税前扣除

《中华人民共和国企业所得税法实施条例》第五十七条规定：

企业所得税法第十一条所称固定资产，是指企业为生产产品、提供劳务、出租或者经营管理而持有的、使用时间超过12个月的非货币性资产，包括房屋、建筑物、机器、机械、运输工具以及其他与生产经营活动有关的设备、器具、工具等。

《国家税务总局关于未办理土地使用权证转让土地有关税收问题的批复》（国税函〔2007〕645号，部分废止）规定：

土地使用者转让、抵押或置换土地，无论其是否取得了该土地的使用权属证书，无论其在转让、抵押或置换土地过程中是否与对方当事人办理了土地使用权属证书变更登记手续，只要土地使用者享有占有、使用、收益或处分该土地的权利，且有合同等证据表明其实质转让、抵押或置换了土地并取得了相应的经济利益，土地使用者及其对方当事人应当依照税法规定缴纳营业税、土地增值税和契税等相关税收。

按照上述规定，企业购置的房产和土地，即便转让方没有实际取得权属证书，只要发生实际转让，转让方就应该缴纳流转税（上述文件出台时流转税为营业税，现在实施“营改增”后应该缴纳增值税）。转让方缴纳增值税后，可以对外开具增值税发票。依据《国家税务总局关于发布〈企业所得税税前扣除凭证管理办法〉的公告》（国家税务总局公告2018年第28号），受让方企业可以凭借购销合同、发票、原始票据在企业所得税前计提折旧、摊销并申报扣除。

9.2 自建、购进、租赁房屋的涉税处理

9.2.1 自建房屋的涉税处理

自建房屋可能涉及印花税、房产税、增值税、企业所得税等税种。

9.2.1.1 印花税

根据《中华人民共和国印花税法》，如果自行建造房屋，建设过程中发生的材料购进应按买卖合同税目缴纳印花税，税率为价款的万分之三。如果委托施工企业建造的，按照“建设施工合同”税目缴纳印花税，税率为价款的万分之三。

9.2.1.2 房产税

（1）征收时间。

《财政部 税务总局检发〈关于房产税若干具体问题的解释和暂行法规〉〈关于车船使用税若干具体问题的解释和暂行法规〉的通知》（财税地

字〔1986〕8号）第十九条规定：

纳税人自建的房屋，自建成之次月起征收房产税。纳税人委托施工企业建设的房屋，从办理验收手续之次月起征收房产税。纳税人在办理验收手续前已使用或出租、出借的新建房屋，应按规定征收房产税。

因此不论是自己建设房屋还是委托施工企业为自己建设房屋，都需要缴纳房产税。自己建设房屋的，房产税的征收时间为房屋建成后的次月；如果委托施工企业进行建设的，房产税征收时间为办理验收手续之次月。但如果在办理验收手续前就已经使用房屋或者将房屋出租、出借的情况下，应该在使用、出租、出借房屋的次月开始征收房产税。

（2）计税依据及税率。

《中华人民共和国房产税暂行条例》规定：

第三条　房产税依照房产原值一次减除10%至30%后的余值计算缴纳。具体减除幅度，由省、自治区、直辖市人民政府规定。没有房产原值作为依据的，由房产所在地税务机关参考同类房产核定。房产出租的，以房产租金收入为房产税的计税依据。

第四条　房产税的税率，依照房产余值计算缴纳的，税率为1.2%；依照房产租金收入计算缴纳的，税率为12%。

《河北省房产税实施办法》第五条规定：

房产税依照房产原值一次减除百分之三十后的余值计算缴纳。

《财政部 国家税务总局关于安置残疾人就业单位城镇土地使用税等政策的通知》（财税〔2010〕121号）第三款规定：

关于将地价计入房产原值征收房产税问题。对按照房产原值计税的房产，无论会计上如何核算，房产原值均应包含地价，包括为取得土地使用权支付的价款、开发土地发生的成本费用等。宗地容积率低于0.5的，按房产建筑面积的2倍计算土地面积并据此确定计入房产原值的地价。

根据上述规定，企业自建房屋用于生产经营的房产税“从价计征”，按照房产余值1.2%税率缴纳房产税。房产余值依照房产原值一次减除百分之三十来计算。如果企业将自建房屋用于出租，计算房产税需要“从租计征”，按照房屋租金、12%税率缴纳房产税。

9.2.1.3 增值税

企业（一般纳税人）在自建房屋时，购进建筑材料、取得建筑劳务、发生机械租赁业务等所取得的增值税扣除凭证，可以认证抵扣相应的增值税进项税额。

9.2.1.4 企业所得税

《中华人民共和国企业所得税法实施条例》第六十条第一款规定：

除国务院财政、税务主管部门另有规定外，固定资产计算折旧的最低年限如下：（一）房屋、建筑物，为20年。

根据以上规定，自建房屋自建成并交付使用的次月起，按照不低于20年时间计提折旧，在计算企业所得税时允许扣除。

【案例9-2】银河系有限公司于2020年1月1日通过“招拍挂”取得一块土地，支付土地出让金1 000万元，按照4%税率缴纳契税40万元，按照“产权转移书据”税目、0.05%税率缴纳印花税0.5万元，则该无形资产——土地使用权的入账价值为土地出让金、契税的合计数，即1 040万元（假设按50年摊销），银河系有限公司在该土地上建设厂房，占地800平米，容积率为3，厂房于2020年12月16日完工并交付使用，共花费1 000万元（不含税），均取得增值税专用发票（假设税率为9%），则该房屋的入账价值为1 000万元，并于2021年1月1日开始计提房产税。则银河系有限公司2021年自建房屋相关税费如下（假设房产税扣除比例为30%，按20年计提折旧）。

（1）增值税进项税额=1 000×9%=90（万元）

（2）印花税=5+1 000×0.03%=8（万元）

（3）房产税=（1 040+1 000）×（1−30%）×1.2%=17.136（万元）

（4）房屋年折旧额=1 000÷20=50（万元）

（5）土地年摊销额=1 040÷50=20.8（万元）

不考虑其他因素，2021年允许企业所得税前列支金额为8+17.136+50+20.8=95.936万元。

9.2.2 购进房屋的涉税处理

企业购进房屋涉及增值税、企业所得税、印花税、房产税、城镇土地使用税等税种的处理。

9.2.2.1 增值税

企业（一般纳税人）购进房屋用于正常的生产经营，取得的增值税专用发票，可以认证抵扣进项税额。如果购进房屋专用于简易计税方法计税项目、免征增值税项目的业务，对应的进项税是不可以抵扣的。《财政部 国家税务总局关于全面推开营业税改征增值税试点的通知》（财税〔2016〕36号）第二十七条规定：

下列项目的进项税额不得从销项税额中抵扣：（一）用于简易计税方法计税项目、免征增值税项目、集体福利或者个人消费的购进货物、加工修理修配劳务、服务、无形资产和不动产。其中涉及的固定资产、无形资产、不动产，仅指专用于上述项目的固定资产、无形资产（不包括其他权益性无形资产）、不动产。

依据上述规定，企业购进的房屋专用若既用于增值税应税项目，又用于增值税免税项目，其进项税额可以全额抵扣。

9.2.2.2 企业所得税

《企业所得税法实施条例》第五十九条第二款规定："企业应当自固定资产投入使用月份的次月起计算折旧；停止使用的固定资产，应当自停止使用月份的次月起停止计算折旧。"因此企业用于生产经营固定资产的折旧费用在计算企业所得税时可以扣除。

9.2.2.3 印花税

购买房屋需要缴纳产权转移书据印花税，根据《中华人民共和国印花税法》印花税税目税率表，产权转移书据的税率为价款的万分之五。

9.2.2.4 城镇土地使用税

企业在取得购置房产的次月开始缴纳城镇土地使用税。根据《国家税务总局关于房产税 城镇土地使用税有关政策规定的通知》（国税发〔2003〕89号，部分废止）规定：

二、关于确定房产税、城镇土地使用税纳税义务发生时间问题

（一）购置新建商品房，自房屋交付使用之次月起计征房产税和城镇土地使用税。（二）购置存量房，自办理房屋权属转移、变更登记手续，房地产权属登记机关签发房屋权属证书之次月起计征房产税和城镇土地使用税。（三）出租、出借房产，自交付出租、出借房产之次月起计征房产税。

如果企业购置的是新建商品房，自交付使用的次月开始缴纳城镇土地使用税，如果购置的是存量房，自房地产权属登记机关签发房屋权属证书的次月开始缴纳城镇土地使用税，以纳税人实际占用的土地面积为计税依据，依照规定税额计算缴纳。

9.2.2.5 房产税

企业自交付使用（购置新建商品房）或自房地产权属登记机关签发房屋权属证书（购置存量房）的次月开始缴纳房产税。如果企业购进房屋用于生产经营，房产税计算需要“从价计征”，按照房产余值1.2%税率缴纳房产税，河北省房产余值依照房产原值一次减除30%来计算。如果企业将自建房屋用于出租，计算房产税需要“从租计征”，按照房屋租金、12%税率缴纳房产税。

9.2.3 租赁房屋的涉税处理

企业租入房屋，涉及增值税、企业所得税、印花税等税种的涉税业务。

9.2.3.1 增值税

《财政部 国家税务总局关于租入固定资产进项税额抵扣等增值税政策的通知》（财税〔2017〕90号）第一条规定：“自2018年1月1日起，纳税人租入固定资产、不动产，既用于一般计税方法计税项目，又用于简易计税方法计税项目、免征增值税项目、集体福利或者个人消费的，其进项税额准予从销项税额中全额抵扣。”因此，企业（一般纳税人）租入的房屋，只要不专用于简易计税方法计税项目、免征增值税项目、集体福利或者个人消费的，企业取得出租方开具的增值税专用发票，可以认证抵扣增值税进项税额。

9.2.3.2 印花税

根据《中华人民共和国印花税法》印花税税目税率表，租赁房屋按照租赁合同缴纳印花税，税率为租金的千分之一。

9.2.3.3 企业所得税

《中华人民共和国企业所得税法》第八条规定：

> 企业实际发生的与取得收入有关的、合理的支出，包括成本、费用、税金、损失和其他支出，准予在计算应纳税所得额时扣除。

《企业所得税税前扣除凭证管理办法》第五条规定：

> 企业发生支出，应取得税前扣除凭证，作为计算企业所得税应纳税所得额时扣除相关支出的依据。

因此，企业租赁房屋发生的租赁费支出，取得了相应的增值税发票，允许在企业所得税前扣除。

【案例9-3】银河系有限公司于2021年1月1日租入厂房用于生产经营，建筑面积10 000平方米，年租金100万元（不含税），则银河系有限公司2021年相关税费如下。

（1）增值税进项税额=100×9%=9（万元）

（2）印花税=100×0.1%=0.1（万元）

（3）企业所得税税前列支的年租金为100万元。

9.3 设备购置的税务处理

企业购置设备涉及增值税、企业所得税、印花税等税种。

9.3.1 增值税

企业购进设备用于生产经营，取得符合规定的增值税扣税凭证，经认证后其进项税额可以从销项税额中抵扣。

依据《财政部 国家税务总局关于全面推开营业税改征增值税试点的通知》（财税〔2016〕36号）第二十七条规定："下列项目的进项税额不得从销项税额中抵扣：（一）用于简易计税方法计税项目、免征增值税项目、集体福利或者个人消费的购进货物、加工修理修配劳务、服务、无形资产和不动产。其中涉及的固定资产、无形资产、不动产，仅指专用于上述项目的固定资产、无形资产（不包括其他权益性无形资产）、不动产。"如果购进机器设备用于简易计税方法计税项目、免征增值税项目等业务，对应的进项税是不可以抵扣的。但如果企业购进的机械设备兼用于一般项目和简易计税方法计税项目、免征增值税项目的业务是可以抵扣进项税的。如果购进的设备发生了非正常损失，设备以及相关劳务和交通运输服务的进项税额也不可以抵扣。

9.3.2 企业所得税

取得的设备可以按照年限平均法计提折旧，也可以采取加速折旧方式。

（1）单位价值不超500万元。

《财政部 税务总局关于设备器具扣除有关企业所得税政策的通知》（财税〔2018〕54号）规定：

一、企业在2018年1月1日至2020年12月31日期间新购进的设备、器具，单位价值不超过500万元的，允许一次性计入当期成本费用在计算应纳税所得额时扣除，不再分年度计算折旧；单位价值超过500万元的，仍按企业所得税法实施条例、《财政部 国家税务总局关于完善固定资产加速折旧企业所得税政策的通知》（财税〔2014〕75号）、《财政部 国家税务总局关于进一步完善固定资产加速折旧企业所得税政策的通知》（财税〔2015〕106号）等相关规定执行。二、本通知所称设备、器具，是指除房屋、建筑物以外的固定资产。

《财政部 税务总局关于延长部分税收优惠政策执行期限的公告》（财政部 税务总局公告2021年第6号）规定：

一、《财政部 税务总局关于设备器具扣除有关企业所得税政策的通知》（财税〔2018〕54号）等16个文件规定的税收优惠政策凡已经到期的，执行期限延长至2023年12月31日。

根据以上政策规定，企业在2018年1月1日到2023年12月31日之间购买的单位价值不超过500万元的设备（房屋、建筑物除外），企业根据实际经营情况，可以选择计入当期成本一次性进行扣除，不需要分摊到每期进行扣除。如果企业长期处于亏损状态下，不建议选择一次性扣除的方法，按照正常方法计入当期成本在计算所得税时扣除即可。

（2）单位价值超过500万元。

《中华人民共和国企业所得税法实施条例》第六十条规定：

除国务院财政、税务主管部门另有规定外，固定资产计算折旧的最低年限如下：

（一）房屋、建筑物，为20年；

（二）飞机、火车、轮船、机器、机械和其他生产设备，为10年；

（三）与生产经营活动有关的器具、工具、家具等，为5年；

（四）飞机、火车、轮船以外的运输工具，为4年；

（五）电子设备，为3年。

《财政部 税务总局关于中小微企业设备器具所得税税前扣除有关政策的公告》（财政部 税务总局公告2022年第12号）第一条规定：

中小微企业在2022年1月1日至2022年12月31日期间新购置的设备、器具，单位价值在500万元以上的，按照单位价值的一定比例自愿选择在企业所得税税前扣除。其中，企业所得税法实施条例规定最低折旧年限为3年的设备器具，单位价值的100%可在当年一次性税前扣除；最低折旧年限为4年、5年、10年的，单位价值的50%可在当年一次性税前扣除，其余50%按规定在剩余年度计算折旧进行税前扣除。企业选择适用上述政策当年不足扣除形成的亏损，可在以后5个纳税年度结转弥补，享受其他延长亏损结转年限政策的企业可按现行规定执行。

因此，中小微企业在2022年1月1日至2022年12月31日期间新购置单位价值超过500万元的设备（房屋建筑物除外），可以选择按照一定比例在当年一次性扣除。如果选择一次性扣除后当年形成的亏损，可以在以后5个年度结转弥补。

【案例9-4】M企业属于中小微企业，2022年6月购进价值600万元的设备类固定资产，并于当月投入使用。企业所得税法规定，该固定资产的最低折旧年限为5年。那么，假设M企业的会计折旧与税法最低折旧年限，则其会计处理为：2022年，计提折旧额=600÷5×6÷12=60万元；2023—2026年，计提折旧额=600÷5=120万元；2027年，计提折旧额=600÷5×6÷12=60万元。

税收上若采用直线法，则税会无差异。若采用一次性税前扣除政策，M企业的税务处理为：2022年计算折旧额=600×50%=300万元；之后4年，每年度税收计算折旧额=300÷4=75万元。

9.3.3 印花税

根据《中华人民共和国印花税法》规定，购置设备应按照买卖合同缴纳印花税，税率为按照价款的万分之三。

9.4 筹建费用的处理对税收的影响

企业在筹建期间实际发生的费用即开办费，也叫组建成本，是指为设立一家公司而发生的成本费用，包括筹建期间人员的工资、办公费、培训费、差旅费、印刷费、注册登记费以及不符合资本化条件的借款费用。

9.4.1 开办费的企业所得税处理

《国家税务总局关于贯彻落实企业所得税法若干税收问题的通知》（国税函〔2010〕79号）第七条规定：

> 企业自开始生产经营的年度，为开始计算企业损益的年度。企业从事生产经营之前进行筹办活动期间发生筹办费用支出，不得计算为当期的亏损，应按照《国家税务总局关于企业所得税若干税务事项衔接问题的通知》（国税函〔2009〕98号）第九条规定执行。

《国家税务总局关于企业所得税若干税务事项衔接问题的通知》(国税函〔2009〕98号)第九条关于开(筹)办费的处理规定:

新企业所得税法中未明确将开办费列作长期待摊费用，企业可以在开始经营之日的当年一次性扣除，也可以按照新税法有关长期待摊费用的处理规定处理，但一经选定，不得改变。

《中华人民共和国企业所得税法实施条例》第七十条规定:

企业所得税法第十三条第(四)项所称其他应当作为长期待摊费用的支出，自支出发生月份的次月起，分期摊销，摊销年限不得低于3年。

根据上述规定，企业发生的开办费用可以在开始经营之日的当年一次性扣除，也可以当作为长期待摊费用的支出，自支出发生月份的次月起，分期摊销，摊销年限不得低于3年。企业采用一次性扣除开办费用，前期形成的亏损，则很有可能在未来的5年内无法得到弥补。采用分期摊销，则可以将开办费用在企业所得税前的扣除时间向后递延，有利于亏损抵扣期限的调节。

【案例9-5】A公司2020年1月开始筹建，到了2021年1月开始经营。A公司在2020年发生的办公费、招待费、工资等合计100万元。依据上述规定，企业从事生产经营之前进行筹办活动期间发生筹办费用支出100万元，不在2020年扣除。可以一次性计入2021年或者分3年摊销。

9.4.2 筹建期间业务招待费、广告费和业务宣传费的税前列支

《国家税务总局关于企业所得税应纳税所得额若干税务处理问题的公告》(国家税务总局公告2012年第15号)第五条规定:

企业在筹建期间，发生的与筹办活动有关的业务招待费支出，可按实际发生额的60%计入企业筹办费，并按有关规定在税前扣除；发生的广告费和业务宣传费，可按实际发生额计入企业筹办费，并按有关规定在税前扣除。

依据上述规定，企业在筹建期间发生的业务招待费60%以及发生广告费和业务宣传费全部费用，可以计入企业筹办费，在开始经营当年一次性扣除或选择作为长期待摊费用在不低于3年内进行摊销。

【案例9-6】B公司2016年为筹办期，2017年正式经营。2016年发生各类费用化支出350万元（其中业务招待费40万元），计入“长期待摊费用——开办费”科目，2017年一次性摊销计入“管理费用——开办费”。2017年产生收入10 000万元，成本费用8 000万元（包含长期待摊费用——开办费摊销额），其中业务招待费100万元（包含2016年筹办期间的40万元），会计税前利润2 000万元，假如没有其他差异项目。

2017年当年发生的业务招待费60万元，上年结转的业务招待费40万元，共计100万元，按60%计算的限额为100×60%=60万元。按营业收入千分之五计算的限额为50万元。业务招待费应调减10万元。

9.4.3 在建工程达到预定可使用状态前的试生产收入的处理

在建工程达到预定可使用状态前的试生产，如同正常生产产品一样，也要投入一定的原材料、辅助材料、燃料动力费用、人工成本，这些投入最终将构成产品实体实现销售。

《企业所得税汇算清缴管理办法》（国税发〔2009〕79号）第三条规定：

凡在纳税年度内从事生产、经营（包括试生产、试经营），或在纳税年度中间终止经营活动的纳税人，无论是否在减税、免税期间，也无论盈利或亏损，均应按照企业所得税法及其实施条例和本办法的有关规定进行企业所得税汇算清缴。

按照现行会计政策，即《企业会计准则解释第15号》规定：“企业将固定资产达到预定可使用状态前产出的产品或副产品，比如测试固定资产可否正常运转时产出的样品，或者将研发过程中产出的产品或副产品对外销售的（以下统称试运行销售），应当按照《企业会计准则第14号——收入》《企业会计准则第1号——存货》等适用的会计准则对试运行销售相关的收入和成本分别进行会计处理，计入当期损益，不应将试运行销售相关收入抵销相关成本后的净额冲减固定资产成本或者研发支出。”该修订文件自2022年1月1日起施行，该修订改变了原有试运行销售收入冲减固定资产成本的做法，明确要求按相关准则确认试运行销售相关收入和成本，与企业所得税保持了一致。

第十章

企业境外所得税收抵免

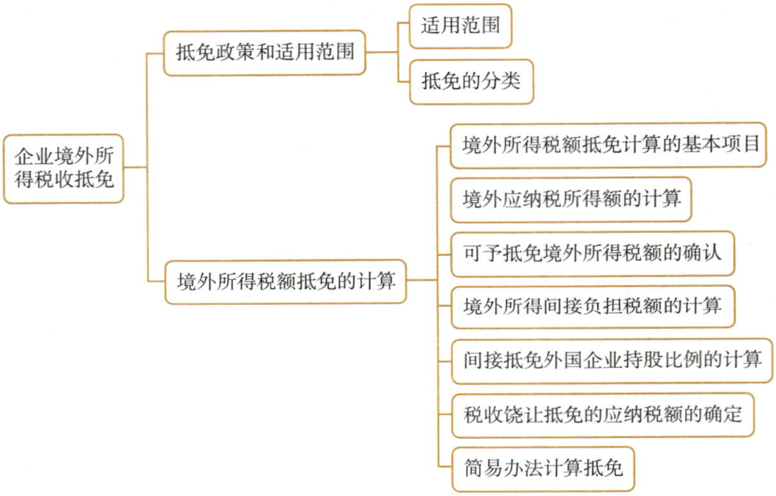

图 10-1　企业境外所得税收抵免相关内容思维导图

10.1　抵免政策和适用范围

10.1.1　适用范围

居民企业以及非居民企业在中国境内设立的机构、场所依照《企业所得税法》第二十三条、第二十四条的有关规定，应在其应纳税额中抵免在境外缴纳的所得税额的，适用境外所得税收抵免。

可以适用境外（包括港澳台地区，下同）所得税收抵免的纳税人包括两类：

（1）居民企业：根据《企业所得税法》第二十三条关于境外税额直接抵免和第二十四条关于境外税额间接抵免的规定，居民企业（包括按境外法律设立但实际管理机构在中国，被判定为中国税收居民的企业）可以就其取得的境外所得直接缴纳和间接负担的境外企业所得税性质的税额进行抵免。

（2）在中国境内设立机构、场所的非居民企业：根据《企业所得税法》第二十三条的规定，非居民企业（外国企业）在中国境内设立的机构（场所）可以就其取得的发生在境外但与其有实际联系的所得直接缴纳的境外企业所得税性质的税额进行抵免。

为缓解由于国家间对所得来源地判定标准的重叠而产生的国际重复征税，我国税法对非居民企业在中国境内分支机构取得的发生于境外的所得所缴纳的境外税额，给予了与居民企业类似的税额抵免待遇。对此类非居民给予的境外税额抵免仅涉及直接抵免。

所谓实际联系是指，据以取得所得的权利、财产或服务活动由非居民企业在中国境内的分支机构拥有、控制或实施，如外国银行在中国境内分行以其可支配的资金向中国境外贷款，境外借款人就该笔贷款向其支付的利息，即属于发生在境外与该分行有实际联系的所得。

10.1.2 抵免的分类

境外税额抵免分为直接抵免和间接抵免。

（1）直接抵免：企业直接作为纳税人就其境外所得在境外缴纳的所得税额在我国应纳税额中抵免。直接抵免主要适用于企业就来源于境外的营业利润所得在境外所缴纳的企业所得税，以及就来源于或发生于境外的股息、红利等权益性投资所得、利息、租金、特许权使用费、财产转让等所得在境外被源泉扣缴的预提所得税。

（2）间接抵免：境外企业就分配股息前的利润缴纳的外国所得税额中由我国居民企业就该项分得的股息性质的所得间接负担的部分，在我国的应纳税额中抵免。例如我国居民企业（母公司）的境外子公司在所在国缴纳企业所得税后，将税后利润的一部分作为股息、红利分配给该母公司，子公司在境外就其应税所得实际缴纳的企业所得税税额中按母公司所得股息占全部税后利润之比的部分即属于该母公司间接负担的境外企业所得税额。间接抵免的适用范围为居民企业从其符合税法规定的境外子公司取得的股息、红利等权益性投资收益所得。

10.2 境外所得税额抵免的计算

10.2.1 境外所得税额抵免计算的基本项目

企业按照税法规定准确计算下列当期与抵免境外所得税有关的项目后，确定当期实际可抵免分国（地区）别的境外所得税税额和抵免限额：

（1）境内应纳税所得额和分国别的境外应纳税所得额；

（2）分国别的可抵免境外所得税税额；

（3）分国别的境外所得税的抵免限额。

企业不能准确计算上述项目实际可抵免分国别的境外所得税税额的，在相应国家（地区）缴纳的税收均不得在该企业当期应纳税额中抵免，也不得结转以后年度抵免。

计算思路：

（1）计算确定分国别的境外应纳税所得额。

（2）确定分国别的可抵免境外所得税税额：即境外已纳税款。

（3）计算抵免限额。

某国（地区）所得税抵免限额=中国境内、境外所得依照企业所得税法及实施条例的规定计算的应纳税总额×来源于某国的应纳税所得额÷中国境内、境外应纳税所得额总额

即：抵免限额=分国别的境外应纳税所得额×我国企业所得税税率（25%或15%）

（4）确定准予抵免的境外税额：不超过抵免限额。

注意：

自2017年1月1日起，企业可以选择“分国（地区）不分项”或者“不分国（地区）不分项”计算其来源于境外的应纳税所得额，并按照有关规定计算其可抵免境外所得税税额和抵免限额。上述方式一经选择，5年内不得改变。

企业选择采用不同于以前年度的方式（以下简称“新方式”）计算可抵免境外所得税税额和抵免限额时，对该企业以前年度按照有关规定没有抵免完的余额，可在税法规定结转的剩余年限内，按新方式计算的抵免限额中继续结转抵免。

【案例10-1】某企业2021年度境内应纳税所得额为200万元，适用25%的企业所得税税率。另外，该企业分别在A、B两国设有分支机构（我国与A、B两国已经缔结避免双重征税协定），在A国的分支机构的应纳税所得额为50万元，A国税率为20%；在B国的分支机构的应纳税所得额为30万元，B国税率为30%。假设该企业在A、B两国所得按我国税法计算的应纳税所得额和按A、B两国税法计算的应纳税所得额一致，两个分支机构在A、B两国分别缴纳了10万元和9万元的企业所得税。

要求：计算该企业汇总时在我国应缴纳的企业所得税税额。

答案解析：

（1）如选择“分国不分项”抵免方法：

境内、境外所得的应纳税额=（200+50+30）×25%=70（万元）

A国抵免限额=50×25%=12.5（万元）

A国实纳税额10万元，可全额扣除。

B国抵免限额=30×25%=7.5（万元）

B国实纳税额9万元，只能扣除7.5万元，其超过抵免限额的部分1.5万元当年不能扣除。

汇总在我国应缴纳的所得税=70−10−7.5=52.5（万元）

（2）如选择“不分国不分项”抵免方法：

境内、境外所得的应纳税额 =（200+50+30）×25%=70（万元）

A、B 两国合计的抵免限额 =（50+30）×25%=20（万元）

A、B 两国合计实纳税额 =10+9=19（万元）

由于实纳税额 < 抵免限额，所以 19 万元可以全部扣除。

汇总在我国应缴纳的所得税 =70−19=51（万元）

10.2.2 境外应纳税所得额的计算

境外所得，在计算适用境外税额直接抵免的应纳税所得额时，应为将该项境外所得直接缴纳的境外所得税额还原计算后的境外税前所得；上述直接缴纳税额还原后的所得中属于股息、红利所得的，在计算适用境外税额间接抵免的境外所得时，应再将该项境外所得间接负担的税额还原计算，即该境外股息、红利所得应为境外股息、红利税后净所得与就该项所得直接缴纳和间接负担的税额之和。

对上述税额还原后的境外税前所得，应再就计算企业应纳税所得总额时已按税法规定扣除的有关成本费用中与境外所得有关的部分进行对应调整扣除后，计算为境外应纳税所得额。

【案例 10-2】居民企业甲于 2020 年投资了位于境外的 ABC 公司，2021 年分回股息 40 万元，已知 ABC 已在所在国缴纳了 20% 的企业所得税。甲当年境内所得 100 万元，要求计算甲境内外所得应缴纳的企业所得税（不考虑预提所得税）。

答案解析：

（1）股息税前所得额 =40÷（1−20%）=50（万元）

（2）境外已纳企业所得税 =50×20%=10（万元）

（3）境外已纳税款抵免限额 =50×25%=12.5（万元）

（4）可抵免的境外已纳税款 10 万元。

（5）境内外所得应纳税额 =（100+50）×25%−10=27.5（万元）

【案例10-3】居民企业甲于2020年投资了位于境外的ABC公司，2021年分配股息，扣除预提所得税后收到36万元。已知ABC已在所在国缴纳了20%的企业所得税。甲当年境内所得100万元，要求计算甲境内外所得应缴纳的企业所得税（ABC所在国预提所得税税率为10%）。

答案解析：

（1）股息税前所得额=36÷（1-10%）÷（1-20%）=50（万元）

（2）境外已纳企业所得税=50×20%+36÷（1-10%）×10%=14（万元）

（3）境外已纳税款抵免限额=50×25%=12.5（万元）

（4）可抵免的境外已纳税款12.5万元。

（5）境内外所得应纳税额=（100+50）×25%-12.5=25（万元）

（1）居民企业在境外投资设立不具有独立纳税地位的分支机构，其来源于境外的所得，以境外收入总额扣除与取得境外收入有关的各项合理支出后的余额为应纳税所得额。各项收入、支出按企业所得税法及其实施条例的有关规定确定。

居民企业在境外设立不具有独立纳税地位的分支机构取得的各项境外所得，无论是否汇回中国境内，均应计入该企业所属纳税年度的境外应纳税所得额。

（2）居民企业应就其来源于境外的股息、红利等权益性投资收益，以及利息、租金、特许权使用费、转让财产等收入，扣除按照企业所得税法及实施条例等规定计算的与取得该项收入有关的各项合理支出后的余额为应纳税所得额。来源于境外的股息、红利等权益性投资收益，应按被投资方作出利润分配决定的日期确认收入实现；来源于境外的利息、租金、特许权使用费、转让财产等收入，应按有关合同约定应付交易对价款的日期确认收入实现。

（3）非居民企业在境内设立机构、场所的，应就其发生在境外但与境内所设机构、场所有实际联系的各项应税所得，比照上述第（2）项的规定计算相应的应纳税所得额。

10.2.3 可予抵免境外所得税额的确认

可抵免境外所得税税额，是指企业来源于中国境外的所得依照中国境外税收法律以及相关规定应当缴纳并已实际缴纳的企业所得税性质的税款。但不包括：

（1）按照境外所得税法律及相关规定属于错缴或错征的境外所得税税款；

（2）按照税收协定规定不应征收的境外所得税税款；

（3）因少缴或迟缴境外所得税而追加的利息、滞纳金或罚款；

（4）境外所得税纳税人或者其利害关系人从境外征税主体得到实际返还或补偿的境外所得税税款；

（5）按照我国企业所得税法及其实施条例规定，已经免征我国企业所得税的境外所得负担的境外所得税税款；

（6）按照国务院财政、税务主管部门有关规定已经从企业境外应纳税所得额中扣除的境外所得税税款。

10.2.4 境外所得间接负担税额的计算

居民企业用境外所得间接负担的税额进行税收抵免时，其取得的境外投资收益实际间接负担的税额，是指根据直接或者间接持股方式合计持股20%以上（含20%）的规定层级的外国企业股份，由此应分得的股息、红利等权益性投资收益中，从最低一层外国企业起逐层计算的属于由上一层企业负担的税额，其计算公式如下：

本层企业所纳税额属于由一家上一层企业负担的税额=（本层企业就利润和投资收益所实际缴纳的税额+符合通知规定的由本层企业间接负担的税额）×本层企业向一家上一层企业分配的股息（红利）÷本层企业所得税后利润额

10.2.5 间接抵免外国企业持股比例的计算

企业在境外取得的股息所得，在按规定计算该企业境外股息所得的可抵免所得税额和抵免限额时，由该企业直接或者间接持有20%以上股份的外国企业，限于按照规定持股方式确定的五层外国企业，即：

第一层：企业直接持有20%以上股份的外国企业；

第二层至第五层：单一上一层外国企业直接持有20%以上股份，且由该企业直接持有或通过一个或多个符合规定持股方式的外国企业间接持有总和达到20%以上股份的外国企业（母子关系+祖孙关系）。

上述符合规定的“持股条件”是指各层企业直接持股、间接持股以及为计算居民企业间接持股总和比例的每一个单一持股，均应达到20%的持股比例。

【案例10-4】中国居民A企业直接持有甲国B企业20%股份，直接持有乙国C企业16%股份，并且B企业直接持有C企业20%股份，如图10-2所示。

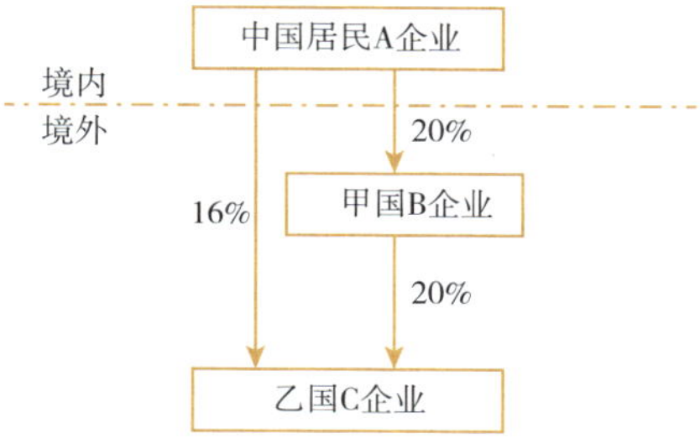

图10-2 间接抵免持股比例计算案例

答案解析：

（1）中国居民A企业直接持有甲国B企业20%股份，满足直接持股20%（含20%）的条件。

（2）中国居民A企业直接持有乙国C企业16%股份，间接持有乙国C企业股份=20%×20%=4%，由于A企业直接持有C企业的股份不足20%，故不能计入A企业对C企业直接持股或间接持股的总和比例之中。因此，C企业未满足居民企业通过一个或多个符合规定持股条件的外国企业间接持有总和达到20%以上股份的外国企业的规定。

10.2.6 税收饶让抵免的应纳税额的确定

（1）居民企业从与我国政府订立税收协定（或安排）的国家（地区）取得的所得，按照该国（地区）税收法律享受了免税或减税待遇，且该免税或减税的数额按照税收协定规定应视同已缴税额在中国的应纳税额中抵免的，该免税或减税数额可作为企业实际缴纳的境外所得税额用于办理税收抵免。

（2）境外所得采用简易办法计算抵免额的，不适用饶让抵免。

（3）企业取得的境外所得根据来源国税收法律法规不判定为所在国应税所得，而按中国税收法律法规规定属于应税所得的，不属于税收饶让抵免范畴，应全额按中国税收法律法规规定缴纳企业所得税。

10.2.7 简易办法计算抵免

采用简易办法须遵循“分国不分项”原则。适用简易办法计算抵免的两种情况：

（1）企业从境外取得营业利润所得以及符合境外税额间接抵免条件的股息所得，虽有所得来源国（地区）政府机关核发的具有纳税性质的凭证或证明，但因客观原因无法真实、准确地确认应当缴纳并已经实际缴纳的境外所得税税额的，除就该所得直接缴纳及间接负担的税额在所得来源国（地区）的实际有效税率低于12.5%以上的外，可按境外应纳税所得额的12.5%作为抵免限额，企业按该国（地区）税务机关或政府机关核发具有纳税性质凭证或证明的金额，其不超过抵免限额的部分，准予抵免；超过的部分不得抵免。

（2）企业从境外取得营业利润所得以及符合境外税额间接抵免条件的

股息所得；凡所得来源国（地区）的法定税率且其实际有效税率明显高于25%的，可直接以按25%计算抵免限额。

居民企业从境外未达到直接持股20%条件的境外子公司取得的股息所得，以及取得利息、租金、特许权使用费、转让财产等所得，向所得来源国直接缴纳的预提所得税额，应按直接抵免有关规定正常计算抵免，不适用简易办法计算抵免。

第 三 篇

生产与采购典型涉税事项

第十一章

采 购

- 采购
  - 购货合同如何计算缴纳印花税
  - 采购业务可抵扣增值税进项税额的计算
    - 一般纳税人增值税进项税额的计算
    - 小规模纳税人不得抵扣增值税进项税额
    - 进口货物对应进项税额的计算
    - 进口货物需要关注的两个要点
      - 海关进口缴款书的取得
      - 增值税进项税额的计算
    - 购进农产品增值税进项税额的抵扣
  - 可抵扣进项税额的有效凭证
    - 增值税普通发票和增值税专用发票的区别
    - 抵扣进项税额的有效凭证
    - 不得从销项税额中抵扣的进项税额
  - 取得凭证未付款项能否抵扣进项税额
  - 销售方走逃失联对购进业务的影响
    - 走逃（失联）企业的判定
    - 走逃（失联）企业开具增值税专用发票的处理
    - 异常增值税扣税凭证
    - 取得异常凭证后采购方如何及时止损
  - 增值税期末留抵退税
    - 留抵退税一般规定
      - 办理留抵退税的条件
      - 退还留抵税额的计算方法
      - 留抵退税和出口退税的衔接
      - 退税后续操作
    - 留抵退税特殊规定
      - 小微企业增值税期末留抵退税
      - 特殊行业增值税期末留抵退税
    - 留抵退税的申请流程

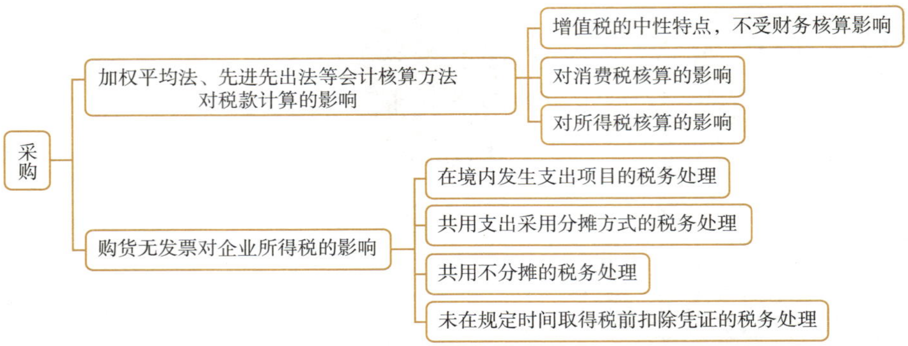

图 11-1　采购相关内容思维导图

采购和销售，无论是生产企业，还是商贸流通企业，在企业的生产经营过程中，是必不可少的。如何做好相应的涉税处理呢？

购销双方订立合同，需要缴纳印花税；货物交易需要缴纳增值税；基于缴纳的增值税，还要计算缴纳城市维护建设税、教育费附加以及地方教育附加等。当然，在会计核算上，还要将购进的原材料、销售的商品分别作为成本和收入进行核算，为后续企业所得税的计算，做好账务记录。本章就采购业务中的主要涉税问题进行分析。

11.1　购货合同如何计算缴纳印花税

在我国境内书立应税凭证的单位和个人，为印花税纳税人。按照“印花税税目税率表”，买卖合同按价款的万分之三计算缴纳印花税。

【案例 11-1】印花税的计算。

甲公司与乙公司签订了采购 100 吨螺纹钢的合同，约定 2022 年 7 月 31 日交货并支付货款 100 000 元（不含税价格）。

上述案例中，签订的购销合同，甲和乙谁是印花税的纳税人？应该缴纳多少印花税呢？

首先，根据《中华人民共和国印花税法》“同一应税凭证由两方以上当事人书立的，按照各自涉及的金额分别计算应纳税额”的政策规定，甲、乙作为书立合同的两方，均为印花税纳税人，应当贴花。

其次，印花税的计税依据：应税合同的计税依据，为合同所列的金额，不包括列明的增值税税款。所以，案例中印花税的税基是100 000元。

综上，甲、乙公司缴纳的印花税为100 000 × 0.0003=30（元）

注：应税合同未列明金额的，印花税的计税依据按照实际结算的金额确定。计税依据按照上述规定，仍不能确定的，按照书立合同时的市场价格确定；依法应当执行政府定价或者政府指导价的，按国家有关规定确定。

下列凭证免征印花税：应税凭证的副本或者抄本；农民、家庭农场、农民专业合作社、农村集体经济组织、村民委员会购买农业生产资料或者销售农产品梳理的买卖合同和农业保险合同；非营利性医疗卫生机构采购药品或者卫生材料书立的买卖合同。

11.2 采购业务可抵扣增值税进项税额的计算

11.2.1 一般纳税人增值税进项税额的计算

【案例11-2】进项税额以及销项税额的计算。

甲公司与乙公司（乙公司所在地为县城）签订了采购100吨螺纹钢的合同，约定2022年7月31日交货并支付货款100 000元（不含税价格）。

上述案例，是典型的直接采购模式。这项买卖螺纹钢的交易中，除印花税之外，对于购买方甲公司和销售方乙公司而言，还需要缴纳哪些税费呢？

甲作为购买方，除了书立合同的印花税之外，就此笔业务而言，暂不涉及其他税费。但是，从乙处购买的货物，取得合法有效凭证后，可以作为增值税的进项税额。

甲公司取得增值税专用发票后，可按照发票上注明的税额抵扣进项。即：甲公司可抵扣的增值税进项税额=100 000×0.13=13 000（元）

乙公司作为销售方还需要缴纳增值税、城市维护建设税和教育费附加。

乙公司缴纳的增值税=100 000×0.13=13 000（元）

乙公司缴纳的城市维护建设税=13 000×0.05=650（元）

乙公司缴纳的教育费附加=13 000×0.03=390（元）

乙公司缴纳的地方教育附加=13 000×0.02=260（元）

11.2.2 小规模纳税人不得抵扣增值税进项税额

小规模纳税人发生应税销售行为，实行按照销售额和征收率计算应纳税额的简易办法，不得抵扣增值税进项税额。

对于小规模纳税人而言，取得增值税普通发票即可。但是政策上，并没有限制小规模纳税人取得增值税专用发票，只是明确不得抵扣进项税额而已。

注：纳税人发生应税销售行为，应当向索取增值税专用发票的购买方开具增值税专用发票，并在增值税专用发票上分别注明销售额和销项税额。

属于下列情形之一的，不得开具增值税专用发票：

（1）应税销售行为的购买方为消费者个人的；

（2）发生应税销售行为适用免税规定的。

（《增值税暂行条例》）

11.2.3 进口货物对应进项税额的计算

【案例 11–3】海关增值税进口专用缴款书对应的进项税额。

承上例，假如乙公司是境外企业，甲公司向其进口货物时，由于乙公司未在我国境内发生销售行为，所以境外的乙公司无须在我国缴纳增值税；甲公司是进口单位，需要计算缴纳关税以及进口增值税。

关税是由海关根据国家制定的有关法律，以进出关境的货物和物品为征税对象而征收的一种商品税。目前，世界各国海关大多采用以课税对象的价格为课税标准对进出境货物征收关税。经海关审查的价格被称为海关价格，再将海关价格作为课税标准，凭以计征关税。

如螺纹钢进口关税税率为 15%，关税完税价格为 10 000 元。

则甲公司应征关税税额 =100 000 × 15%=15 000（元）

甲公司进口货物应缴纳的增值税 =（关税完税价格 + 关税）÷（1–消费税税率）× 13%=（100 000+15 000）× 13%=14 950（元）

在涉税流程上，有异于国内计征税费，而且进口货物应当取得海关开具的“海关进口增值税专用缴款书”。在取得海关开具的“海关进口增值税专用缴款书”后，即可以依据缴款书上注明的增值税额计算抵扣增值税进项税额。

11.2.4 进口货物需要关注的两个要点

11.2.4.1 海关进口缴款书的取得

从海关取得的海关进口增值税专用缴款书上注明的增值税额与增值税专用发票一样，海关进口增值税专用缴款书也是凭票抵扣制度的重要依据。海关征收进口环节增值税时，需要填发海关进口增值税专用缴款书，上面注明纳税人所缴纳的增值税额。相对于专用发票而言，进口环节增值税是纳税人向海关实实在在缴纳的税款，拿到海关进口增值税专用缴款书就意味着纳税人缴纳了增值税，根据增值税“征多少、扣多少”的机制原理，进口环节增值税理应作为进项税额抵扣。

11.2.4.2 增值税进项税额的计算

根据《增值税暂行条例》的规定，纳税人进口货物，按照组成计税价格和条例规定的税率计算应纳税额。组成计税价格和应纳税额计算公式：

组成计税价格＝关税完税价格＋关税＋消费税

应纳税额＝组成计税价格 × 税率

进口货物应纳税额的计算同一般纳税人销售货物或应税劳务的应纳税额的计算相比有两个特点：一是以组成计税价格作为应纳税额的计税依据；二是没有进项税额的抵扣。

组成计税价格的计算比较清楚，关税完税价格是指海关计征关税的价格，由于关税是价内税，构成货物价格的一部分，因此，货物进口价加上关税和消费税，共同组成了增值税的税基。

11.2.5 购进农产品增值税进项税额的抵扣

11.2.5.1 农产品进项税额的抵扣机制

在增值税方面，自1994年税制改革以来，为支持农业发展，国家给予农业生产者销售自产农产品免征增值税的优惠政策。同时，为解决增值税一般纳税人购入上述免税农产品无进项税抵扣的问题，又允许其按照农产品销售发票或收购发票上注明的买价和规定的扣除率计算抵扣进项税额。其实质就是国家给予农产品经销、加工行业的一种补贴。

上述政策实施以来，在促进农产品生产和流通方面发挥了积极作用。但在实际执行中，由于这种“前免后抵、自开自抵”的模式，导致通过虚开农产品发票骗取税款抵扣的问题泛滥。为加强征管，各地基层税务机关在农产品收购发票的领用、抵扣等环节采取了一系列管理措施，包括要求农产品收购企业提供相应证明材料、适当控制收购发票的领用数量和开具额度等。这些措施在一定程度上遏制了农产品发票的虚开虚抵现象，但相关案件仍时有发生。可以说，实践证明，仅仅通过加强管理无法从根本上解决“自开自抵”制度本身带来的税收风险问题。

为从制度层面解决问题，2012年国家税务总局会同财政部研究推出了农产品增值税进项税额核定扣除办法，并率先在液体乳及乳制品、酒及酒精、植物油三个行业开展了核定扣除试点，将试点纳税人购进农产品由“凭票抵扣”改为核定扣除，利用纳税人的销售收入以及成本、费用等财务数据之间的逻辑关系，按照一定扣除标准，实行以销定进。

11.2.5.2 农产品核定扣除政策

2013年，为提高政策的实施效果，扩大政策覆盖面，同时兼顾各地情况差异，国家税务总局联合财政部，授权省级财税部门可根据本地区实际情况选择部分行业开展核定扣除试点。

《财政部 国家税务总局关于在部分行业试行农产品增值税进项税额核定扣除办法的通知》（财税〔2012〕38号）规定：

> （一）试点纳税人以购进农产品为原料生产货物的，农产品增值税进项税额可按照以下方法核定：
>
> 1.投入产出法：参照国家标准、行业标准（包括行业公认标准和行业平均耗用值）确定销售单位数量货物耗用外购农产品的数量（以下称“农产品单耗数量”）。
>
> 当期允许抵扣农产品增值税进项税额依据农产品单耗数量、当期销售货物数量、农产品平均购买单价（含税，下同）和农产品增值税进项税额扣除率（以下简称“扣除率”）计算。公式为：
>
> 当期允许抵扣农产品增值税进项税额=当期农产品耗用数量×农产品平均购买单价×扣除率÷（1+扣除率）
>
> 当期农产品耗用数量=当期销售货物数量（不含采购除农产品以外的半成品生产的货物数量）×农产品单耗数量
>
> 对以单一农产品原料生产多种货物或者多种农产品原料生

产多种货物的，在核算当期农产品耗用数量和平均购买单价时，应依据合理的方法归集和分配。

平均购买单价是指购买农产品期末平均买价，不包括买价之外单独支付的运费和入库前的整理费用。期末平均买价计算公式：

期末平均买价=（期初库存农产品数量×期初平均买价+当期购进农产品数量×当期买价）÷（期初库存农产品数量+当期购进农产品数量）

【案例11-4】农产品核定扣除纳税人进项税额的计算。

某纺织品公司为增值税一般人，2021年4月1日—4月30日销售1 000吨纺纱（普梳），某省财政厅、省税务局联合下达的农产品耗用率标准为1.148，平均购买单价为2.5万元/吨。该纳税人可以抵扣的进项税额是多少。

当期允许抵扣农产品增值税进项税额=当期农产品耗用数量×农产品平均购买单价×扣除率÷（1+扣除率）=1 000×1.148×2.5×13%÷（1+13%）=330.18（万元）

除投入产出法外，还有成本法、参照法等，不再详细阐释。

11.3 可抵扣进项税额的有效凭证

11.3.1 增值税普通发票和增值税专用发票的区别

由于本章节重点讲述购进业务，不再对销售方的涉税处理进行详细阐述。作为购进方而言，在支付款项的同时，需要索取发票，索取增值税普通发票还是增值税专用发票，二者又有什么区别呢？

根据《增值税暂行条例》的规定，进项税额是指纳税人购进货物或者接受应税服务，支付或者负担的增值税额。从销售方取得的增值税专用发票上注明的增值税额，则是最为常见的增值税抵扣凭证之一。

提及增值税普通发票和增值税专用发票的区别，简单而言就是前者不可以抵扣增值税进项税额，后者可以作为抵扣进项税额的凭证。但是，部分普通发票也具有计算抵扣增值税进项税额的功能。比如，可以计算抵扣进项税额的农产品收购发票、农产品销售发票就都是普通发票等。笼统地讲，可以将是否能够抵扣增值税进项税额作为普通发票和专用发票的重要差异。

11.3.2 抵扣进项税额的有效凭证

计算增值税时，准予从销项税额中抵扣的进项税额，限于下列增值税扣税凭证上注明的增值税税额和按规定扣除率计算的进项税额。

（1）从销售方取得的增值税专用发票（含“机动车销售统一发票”）上注明的增值税额。

（2）从海关取得的海关进口增值税专用缴款书上注明的增值税额。

（3）从境外单位或者个人购进劳务、服务、无形资产或者境内的不动产，从税务机关或者扣缴义务人取得的代扣代缴税款的完税凭证上注明的增值税额。

（4）收费公路通行费（过路、过桥、过闸）增值税抵扣规定：收费公路通行费增值税电子普通发票上注明的增值税额抵扣进项税额；桥、闸通行费暂凭取得的通行费发票上注明的收费金额按照下列公式计算可抵扣的进项税额：桥、闸通行费可抵扣进项税额＝桥、闸通行费发票上注明的金额÷（1+5%）×5%

（5）纳税人购进国内旅客运输服务未取得增值税专用发票的，按照表11-1所示规定确定进税额。

表 11-1　旅客运输服务进项税额的计算

抵扣凭证	可抵扣进项税额
增值税电子普通发票	发票上注明的税额
取得注明旅客身份信息的航空运输电子客票行程单	航空旅客运输进项税额＝（票价＋燃油附加费）÷（1+9%）×9%

续表

抵扣凭证	可抵扣进项税额
取得注明旅客身份信息的铁路车票	铁路旅客运输进项税额=票面金额÷（1+9%）×9%
取得注明旅客身份信息的公路、水路等其他客票	公路、水路等其他旅客运输进项税额=票面金额÷（1+3%）×3%

【案例11-5】铁路旅客运输票据进项税额的计算。

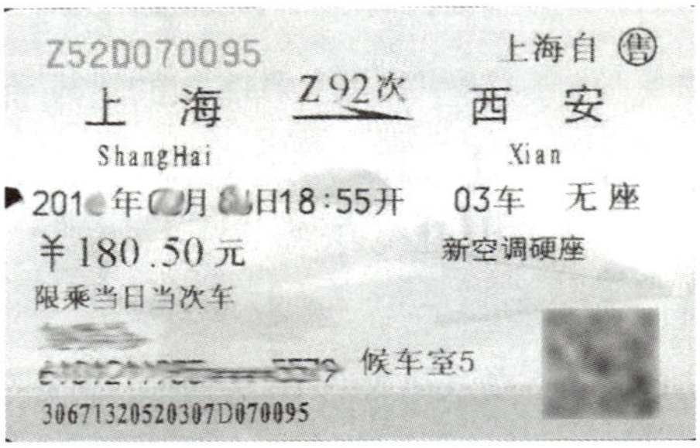

图11-2 铁路客运票据

请根据图11-2所示的铁路客运票据计算增值税进项税额。

铁路旅客运输服务可抵扣的增值税进项税额=票面金额÷（1+9%）×9%=180.50÷（1+9%）×9%=14.90（元）

（6）纳税人购进农产品，按表11-2所示规定抵扣进项税额。

表11-2 购进农产品增值税进项税额的计算

抵扣凭证来源	可抵扣进项税额
一般纳税人开具的增值税专用发票或海关进口增值税专用缴款书	注明增值税额
从按简易计税方法依3%征收率纳的小规模纳税人取得增值税专用发票	注明金额和9%扣除率计算
取得（开具）的农产品销售发票或收购发票	买价和9%扣除率计算

除表11-2之外，我们还需要注意的是，纳税人购进用于生产销售或委托受托加工13%税率货物的农产品维持原扣除力度（10%=9%+加扣1%）

不变。即可按照买价和10%的扣除率计算抵扣增值税进项税额。

【案例11-6】购进农产品增值税进项税额的计算之一。

某一般纳税人，2019年8月收购农业生产者自产的黄桃10吨，开具收购发票9万元。2019年9月全部领用生产水果罐头。该纳税人8月、9月可以抵扣的进项税额分别是多少。

答案解析：

8月属期计算可抵扣进项税额：

90 000×9%=8 100（元）

9月属期计算可抵扣的进项税额：

纳税人购进的农产品，用于生产销售13%税率货物时可以加扣1%。

90 000×1%=900（元）

整体上看，本案例中的纳税人购进黄桃生产罐头，累计计算抵扣的农产品增值税进项税额就是10%。

【案例11-7】购进农产品增值税进项税额的计算之二。

某一般纳税人，2019年8月收购农业生产者自产的黄桃10吨，开具收购发票9万元。2019年9月全部领用生产成冷冻黄桃。该纳税人8月、9月可以抵扣的进项税额分别是多少。

8月属期计算可抵扣进项税额：

90 000×9%=8 100（元）

9月属期计算可抵扣的进项税额为零。

因为冷冻黄桃是农业产品，适用税率为9%，所以在领用生产时，不能加计抵扣增值税进项税额。

注：园艺植物是指可供食用的果实，如水果、果干（如荔枝干、桂圆干、葡萄干等）、干果、果仁、果用瓜（如甜瓜、西瓜、哈密瓜等），以及胡椒、花椒、大料、咖啡豆等。经冷冻、冷藏、包装等工序加工的园艺植物，也属于园艺植物的征税范

围。各种水果罐头，果脯、蜜饯。炒制的果仁、坚果，碾磨后的园艺植物（如胡椒粉、花椒粉等），不属于园艺植物的征税范围。

纳税人购进农产品既用于生产销售或委托受托加工13%税率货物又用于生产销售其他货物服务的，应当分别核算用于生产销售或委托受托加工13%税率货物和其他货物服务的农产品进项税额。未分别核算的，统一以增值税专用发票或海关进口增值税专用缴款书上注明的增值税额为进项税额，或以农产品收购发票或销售发票上注明的农产品买价和9%的扣除率计算进项税额。

纳税人从批发、零售环节购进适用免征增值税政策的蔬菜、部分鲜活肉蛋而取得的普通发票，不得作为计算抵扣进项税额的凭证。

（7）购进烟叶允许抵扣的进项税额

准予抵扣的进项税额=（收购烟叶实际支付的价款总额+烟叶税应纳税额）×扣除率

烟叶税应纳税额=收购烟叶实际支付的价款总额×税率（20%）

注：在中华人民共和国境内，依照《中华人民共和国烟草专卖法》的规定收购烟叶的单位为烟叶税的纳税人。烟叶税的计税依据为纳税人收购烟叶实际支付的价款总额。烟叶税的税率为百分之二十。

11.3.3 不得从销项税额中抵扣的进项税额

11.3.3.1 不得抵扣进项税额的基本规定

（1）根据《增值税暂行条例》和《增值税暂行条例实施细则》的规定，不得从销项税额中抵扣的进项税额包括：

①纳税人购进货物或者应税劳务，取得的增值税扣税凭证不符合法律、行政法规或者国务院税务主管部门有关规定的，其进项税额不得从销项税额中抵扣。

②用于非增值税应税项目（营业税改征增值税后，已实质性失效）、免征增值税项目、集体福利或者个人消费的购进货物或者应税劳务的进项税额。

③非正常损失的购进货物及相关的应税劳务的进项税额。

④非正常损失的在产品、产成品所耗用的购进货物或者应税劳务的进项税额。

⑤国务院财政、税务主管部门规定的纳税人自用消费品的进项税额。

⑥上述第②条至第⑤条规定的货物的运输费用和销售免税货物的运输费用。

（2）根据《营业税改征增值税试点实施办法》的规定，不得从销项税额中抵扣的进项税额包括：

①用于简易计税方法计税项目、免征增值税项目、集体福利或者个人消费的购进货物、加工修理修配劳务、服务、无形资产和不动产。其中涉及的固定资产、无形资产、不动产，仅指专用于上述项目的固定资产、无形资产（不包括其他权益性无形资产）、不动产。

纳税人的交际应酬消费属于个人消费。

②非正常损失的购进货物，以及相关的加工修理修配劳务和交通运输服务。

③非正常损失的在产品、产成品所耗用的购进货物（不包括固定资产）、加工修理修配劳务和交通运输服务。

④非正常损失的不动产，以及该不动产所耗用的购进货物、设计服务和建筑服务。

⑤非正常损失的不动产在建工程所耗用的购进货物、设计服务和建筑服务。

纳税人新建、改建、扩建、修缮、装饰不动产，均属于不动产在建工程。

⑥购进的贷款服务、餐饮服务、居民日常服务和娱乐服务。

⑦财政部和国家税务总局规定的其他情形。

本条第④项、第⑤项所称货物，是指构成不动产实体的材料和设备，包括建筑装饰材料和给排水、采暖、卫生、通风、照明、通信、煤气、消防、中央空调、电梯、电气、智能化楼宇设备及配套设施。

11.3.3.2 不得抵扣进项税额的计算

适用一般计税方法的纳税人，兼营简易计税方法计税项目、免征增值税项目而无法划分不得抵扣的进项税额，按照下列公式计算不得抵扣的进项税额：

不得抵扣的进项税额＝当期无法划分的全部进项税额×（当期简易计税方法计税项目销售额＋免征增值税项目销售额）÷当期全部销售额

主管税务机关可以按照上述公式依据年度数据对不得抵扣的进项税额进行清算。

需要注意的是，《国家税务总局关于增值税若干征管问题的通知》（国税发〔1996〕155号）规定，免税货物恢复征税后，其免税期间外购的货物，一律不得作为当期进项税额抵扣。恢复征税后收到的该项货物免税期间的增值税专用发票，应当从当期进项税额中剔除。

11.4 取得凭证未付款项能否抵扣进项税额

纳税人购进货物或者应税服务所取得的增值税扣税凭证，应当符合法律、行政法规或者国务院税务主管部门有关规定。否则，无论其是否支付或负担了增值税进项税额，均不得从销项税额中抵扣。同时，取得符合规定的扣税凭证，用于简易计税项目、免征增值税项目、集体福利、个人消费的购进货物或者应税服务的进项税额，以及属于自用消费品的进项税额，也是不得抵扣进项税额的。

如果未按照合同约定支付款项，但是取得了销售方开具的增值税专用发票，是否可以抵扣进项税额呢？

一方面，由于纳税人取得的是合法有效的凭证，按照《增值税暂行条例》及相关规定，是可以抵扣进项税额的。

另一方面，按照增值税“征扣一致”的政策原理，销售方开具发票、缴纳税款，已经负担了相应的税款，购入方按照规定，也应允许其进行抵扣。

11.5 销售方走逃失联对购进业务的影响

11.5.1 走逃（失联）企业的判定

发票，不仅是重要的商事凭证，还是财务核算、计算缴纳税款的重要依据之一。作为合法依规的经营者，如实开具发票、取得发票是责任，更是义务。客观上，税务部门也在不断加强增值税发票数据应用，以及时有效防范税收风险，持续提升税收管理质效，营造更健康、更公平的税收环境。

比如，《国家税务总局关于走逃（失联）企业开具增值税专用发票认定处理有关问题的公告》（国家税务总局公告2016年第76号）就对走逃（失联）企业开具增值税专用发票认定处理进行了明确：

> 走逃（失联）企业，是指不履行税收义务并脱离税务机关监管的企业。
>
> 根据税务登记管理有关规定，税务机关通过实地调查、电话查询、涉税事项办理核查以及其他征管手段，仍对企业和企业相关人员查无下落的，或虽然可以联系到企业代理记账、报税人员等，但其并不知情也不能联系到企业实际控制人的，可以判定该企业为走逃（失联）企业。

11.5.2　走逃（失联）企业开具增值税专用发票的处理

走逃（失联）企业存续经营期间发生下列情形之一的，所对应属期开具的增值税专用发票列入异常增值税扣税凭证（以下简称“异常凭证”）范围：

商贸企业购进、销售货物名称严重背离的；生产企业无实际生产加工能力且无委托加工，或生产能耗与销售情况严重不符，或购进货物并不能直接生产其销售的货物且无委托加工的。

直接走逃失踪不纳税申报，或虽然申报但通过填列增值税纳税申报表相关栏次，规避税务机关审核比对，进行虚假申报的。

11.5.3　异常增值税扣税凭证

符合下列情形之一的增值税专用发票，列入异常凭证范围：

（1）纳税人丢失、被盗税控专用设备中未开具或已开具未上传的增值税专用发票；

（2）非正常户纳税人未向税务机关申报或未按规定缴纳税款的增值税专用发票；

（3）增值税发票管理系统稽核比对发现“比对不符”“缺联”“作废”的增值税专用发票；

（4）经税务总局、省税务局大数据分析发现，纳税人开具的增值税专用发票存在涉嫌虚开、未按规定缴纳消费税等情形的；

（5）商贸企业购进、销售货物名称严重背离的；生产企业无实际生产加工能力且无委托加工，或生产能耗与销售情况严重不符，或购进货物并不能直接生产其销售的货物且无委托加工的。直接走逃失踪不纳税申报，或虽然申报但通过填列增值税纳税申报表相关栏次，规避税务机关审核比对，进行虚假申报的。

11.5.4 取得异常凭证后采购方如何及时止损

增值税一般纳税人取得的增值税专用发票列入异常凭证范围的，应按照以下规定处理：

（1）尚未申报抵扣增值税进项税额的，暂不允许抵扣。已经申报抵扣增值税进项税额的，除另有规定外，一律作进项税额转出处理。

（2）尚未申报出口退税或者已申报但尚未办理出口退税的，除另有规定外，暂不允许办理出口退税。适用增值税免抵退税办法的纳税人已经办理出口退税的，应根据列入异常凭证范围的增值税专用发票上注明的增值税额作进项税额转出处理；适用增值税免退税办法的纳税人已经办理出口退税的，税务机关应按照现行规定对列入异常凭证范围的增值税专用发票对应的已退税款追回。

纳税人因骗取出口退税停止出口退（免）税期间取得的增值税专用发票列入异常凭证范围的，按照第（1）项规定执行。

（3）消费税纳税人以外购或委托加工收回的已税消费品为原料连续生产应税消费品，尚未申报扣除原料已纳消费税税款的，暂不允许抵扣；已经申报抵扣的，冲减当期允许抵扣的消费税税款，当期不足冲减的应当补缴税款。

（4）纳税信用A级纳税人取得异常凭证且已经申报抵扣增值税、办理出口退税或抵扣消费税的，可以自接到税务机关通知之日起10个工作日内，向主管税务机关提出核实申请。经税务机关核实，符合现行增值税进项税额抵扣、出口退税或消费税抵扣相关规定的，可不作进项税额转出、追回已退税款、冲减当期允许抵扣的消费税税款等处理。纳税人逾期未提出核实申请的，应于期满后按照第（1）项、第（2）项、第（3）项规定作相关处理。

（5）纳税人对税务机关认定的异常凭证存有异议，可以向主管税务机关提出核实申请。经税务机关核实，符合现行增值税进项税额抵扣或出口退税相关规定的，纳税人可继续申报抵扣或者重新申报出口退税；符合消费税抵扣规定且已缴纳消费税税款的，纳税人可继续申报抵扣消费税税款。

简而言之，采购取得的增值税专用发票等扣税凭证被认定为异常凭证的，采购方即需要作进项税额转出处理，暂不得抵扣对应的增值税进项税额。

纳税信用为A级的纳税人，取得的异常凭证已经申报抵扣进项税额的，自接到税务机关通知之日起10个工作日内，向主管税务机关提出核实申请。经税务机关核实，符合现行增值税进项税额抵扣有关规定的，可不作进项税额转出处理。

纳税信用为A级之外的纳税人，取得的异常凭证已经申报抵扣进项税额的，一律作进项税额转出处理。

那么，遇到此类情况，如何做到损失最小化呢。纳税人对税务机关认定的异常凭证存有异议，可以向主管税务机关提出核实申请。经税务机关核实，符合现行政策规定的，纳税人可继续申报抵扣相应的进项税额。

11.6 增值税期末留抵退税

期末留抵税额是纳税人已缴纳但未抵扣完的进项税额，我国主要采用结转下期继续抵扣的做法，这种做法有利于保持财政收入平稳，但会占压企业资金，影响增值税中性。

2019年深化增值税改革时，试行增值税期末留抵退税制度，将结转下期抵扣的留抵税额在符合一定条件时退还纳税人。同时，考虑到适用先征后退、先征后返、即征即退的企业已有退税制度安排，暂不将上述企业纳入期末留抵退税范围。

11.6.1 留抵退税一般规定

自2019年4月1日起，试行增值税期末留抵税额退税制度。

注：将纳税人2019年3月底的留抵税额时点数固定设为存量留抵，纳税人每个月的增量留抵，都是和2019年3月底的留抵比新增加的留抵税额。

11.6.1.1 办理留抵退税的条件

同时符合以下条件的纳税人，可以向主管税务机关申请退还增量留抵税额。

（1）自2019年4月税款所属期起，连续6个月（按季纳税的，连续两个季度）增量留抵税额均大于零，且第六个月增量留抵税额不低于50万元；

注：由于2019年的改革措施是从4月1日开始的，为避免引起歧义，“从4月税款所属期起连续6个月”的具体含义，是只能从4月开始往后算6个月，而不能往前倒算。也就是说，最早满足连续6个月的情形，是2019年4月至9月的连续6个月。还有一点需要注意的是，连续6个月并不一定从2019年4月开始算，纳税人可以从2019年4月以后的任何一个月开始计算连续6个月，比如5月到10月，6月到11月等。

（2）纳税信用等级为A级或者B级；

注：纳税信用等级，由税务机关在每年三四月，对纳税人上一年度的信用级别进行评价后得出。对于部分纳税人而言，信用等级会发生动态变化。比如，某纳税人2021年度的信用等级

为B级，此等级是税务机关在2022年三四月对该纳税人上一年度信用情况的评价，其评价结果的应用周期是，税务机关在2022年发布上一年度信用评价结果后至2023年发布2022年的信用评价结果前。

纳税人申请办理留抵退税业务时，以申请办理时点的纳税信用等级为准。

（3）申请退税前36个月未发生骗取留抵退税、出口退税或虚开增值税专用发票情形的；

（4）申请退税前36个月未因偷税被税务机关处罚两次及以上的；

（5）自2019年4月1日起未享受即征即退、先征后返（退）政策的。

11.6.1.2 退还留抵税额的计算方法

（1）纳税人当期允许退还的增量留抵税额，按照以下公式计算：

允许退还的增量留抵税额=增量留抵税额 × 进项构成比例 ×60%

（2）进项构成比例是指，2019年4月至申请退税前一税款所属期已抵扣的增值税专用发票（含带有“增值税专用发票”字样全面数字化的电子发票、税控机动车销售统一发票）、收费公路通行费增值税电子普通发票、海关进口增值税专用缴款书、解缴税款完税凭证注明的增值税额占同期全部已抵扣进项税额的比重。

11.6.1.3 留抵退税和出口退税的衔接

当纳税人既有内销业务，又有出口业务时，出口退税和留抵退税制度需要进行有效衔接。

具体来说，对于适用免抵退税办法的生产企业，办理退税的顺序是，先办理出口业务的免抵退税，待免抵退税完成后，还有期末留抵税额且符合留抵退税条件的，可以再申请办理留抵退税。

适用免退税办法的外贸企业，由于其进项税额要求内销和出口分别核算，出口退税退的是出口货物的进项税额。因此，应将这类纳税人的出口和内销分开处理，其出口业务对应的所有进项税额均不得用于留抵退税；内销业务的留抵税额如果符合留抵退税条件，可就其内销业务按规定申请留抵退税。

11.6.1.4 退税后续操作

纳税人取得退税款后，应及时调减留抵税额，否则会造成重复退税。

在完成退税后，如果纳税人要再次申请留抵退税，连续6个月计算区间是不能和上一次申请退税的计算区间重复的。

【案例11-8】增值税期末留抵税额的计算。

某企业2019年3月底存量留抵50万元，4—9月的留抵税额分别为60万元、55万元、80万元、70万元、90万元和100万元，4—9月全部凭增值税专用发票抵扣进项。由于纳税人连续6个月都有增量留抵税额，且9月增量留抵税额为50万元。如果该企业也同时满足其他四项退税条件，则在10月纳税申报期时可向主管税务机关申请退还的留抵税额。

可退还的留抵税额=50×100%×60%=30（万元）

如果该企业10月收到了30万元退税款，则该企业10月的留抵税额就应从100万元调减为70万元（100万元-30万元）。此后，纳税人可将10月作为起始月，再往后连续计算6个月来看增量留抵税额的情况，如再次满足退税条件，可继续按规定申请留抵退税。

11.6.2 留抵退税特殊规定

11.6.2.1 小微企业增值税期末留抵退税

加大小微企业增值税期末留抵退税政策力度，将先进制造业按月全额退还增值税增量留抵税额政策范围扩大至符合条件的小微企业（含个体工商户，下同），并一次性退还小微企业存量留抵税额。

（1）符合条件的小微企业，可以自2022年4月纳税申报期起向主管税务机关申请退还增量留抵税额。在2022年12月31日前，退税条件按照11.6.2.1.1享受条件执行。

（2）符合条件的微型企业，可以自2022年4月纳税申报期起向主管税务机关申请一次性退还存量留抵税额；符合条件的小型企业，可以自2022年5月纳税申报期起向主管税务机关申请一次性退还存量留抵税额。

注：中型企业、小型企业和微型企业，按照《中小企业划型标准规定》（工信部联企业〔2011〕300号）和《金融业企业划型标准规定》（银发〔2015〕309号）中的营业收入指标、资产总额指标确定。其中，资产总额指标按照纳税人上一会计年度年末值确定。营业收入指标按照纳税人上一会计年度增值税销售额确定；不满一个会计年度的，按照以下公式计算：

增值税销售额（年）=上一会计年度企业实际存续期间增值税销售额÷企业实际存续月数×12

上述增值税销售额，包括纳税申报销售额、稽查查补销售额、纳税评估调整销售额。适用增值税差额征税政策的，以差额后的销售额确定。

对于工信部联企业〔2011〕300号和银发〔2015〕309号文件所列行业以外的纳税人，以及工信部联企业〔2011〕300号文件所列行业但未采用营业收入指标或资产总额指标划型确定的纳税人，微型企业标准为增值税销售额（年）100万元以下（不含100万元）；小型企业标准为增值税销售额（年）2 000万元以下（不含2 000万元）；中型企业标准为增值税销售额（年）1亿元以下（不含1亿元）。

大型企业，是指除上述中型企业、小型企业和微型企业外的其他企业。（依据《财政部 税务总局关于进一步加大增值税期末留抵退税政策实施力度的公告》财政部 税务总局公告2022年第14号）

11.6.2.1.1 享受条件

纳税人享受退税需同时符合以下条件：

（1）纳税信用等级为A级或者B级；

（2）申请退税前36个月未发生骗取留抵退税、骗取出口退税或虚开增值税专用发票情形；

（3）申请退税前36个月未因偷税被税务机关处罚两次及以上；

（4）2019年4月1日起未享受即征即退、先征后返（退）政策。

11.6.2.1.2 增量留抵税额与存量留抵税额的区分

（1）纳税人获得一次性存量留抵退税前，增量留抵税额为当期期末留抵税额与2019年3月31日相比新增加的留抵税额。

纳税人获得一次性存量留抵退税后，增量留抵税额为当期期末留抵税额。

（2）纳税人获得一次性存量留抵退税前，当期期末留抵税额大于或等于2019年3月31日期末留抵税额的，存量留抵税额为2019年3月31日期末留抵税额；当期期末留抵税额小于2019年3月31日期末留抵税额的，存量留抵税额为当期期末留抵税额。

纳税人获得一次性存量留抵退税后，存量留抵税额为零。

11.6.2.1.3 留抵税额的计算

纳税人按照以下公式计算允许退还的留抵税额：

允许退还的增量留抵税额=增量留抵税额 × 进项构成比例 × 100%

允许退还的存量留抵税额=存量留抵税额 × 进项构成比例 × 100%

进项构成比例，为 2019 年 4 月至申请退税前一税款所属期已抵扣的增值税专用发票（含带有“增值税专用发票”字样全面数字化的电子发票、税控机动车销售统一发票）、收费公路通行费增值税电子普通发票、海关进口增值税专用缴款书、解缴税款完税凭证注明的增值税额占同期全部已抵扣进项税额的比重。

11.6.2.1.4 与其他增值税政策的衔接

（1）纳税人出口货物劳务、发生跨境应税行为，适用免抵退税办法的，应先办理免抵退税。免抵退税办理完毕后，仍符合规定条件的，可以申请退还留抵税额；适用免退税办法的，相关进项税额不得用于退还留抵税额。

（2）纳税人自2019年4月1日起已取得留抵退税款的，不得再申请享受增值税即征即退、先征后返（退）政策。纳税人可以在2022年10月31日前一次性将已取得的留抵退税款全部缴回后，按规定申请享受增值税即征即退、先征后返（退）政策。

（3）纳税人自2019年4月1日起已享受增值税即征即退、先征后返（退）政策的，可以在2022年10月31日前一次性将已退还的增值税即征即退、先征后返（退）税款全部缴回后，按规定申请退还留抵税额。

11.6.2.2 特殊行业增值税期末留抵退税

11.6.2.2.1 制造业等六行业的留抵退税

加大“制造业”“科学研究和技术服务业”“电力、热力、燃气及水生产和供应业”“软件和信息技术服务业”“生态保护和环境治理业”和“交通运输、仓储和邮政业”（以下称“制造业等行业”）增值税期末留抵退税政策力度，将先进制造业按月全额退还增值税增量留抵税额政策范围扩大至符合条件的制造业等行业企业（含个体工商户，下同），并一次性退还制造业等行业企业存量留抵税额。

（1）符合条件的制造业等行业企业，可以自2022年4月纳税申报期起向主管税务机关申请退还增量留抵税额。

（2）符合条件的制造业等行业中型企业，可以自2022年5月纳税申报期起向主管税务机关申请一次性退还存量留抵税额；符合条件的制造业等行业大型企业，可以自2022年6月纳税申报期起向主管税务机关申请一次性退还存量留抵税额。

11.6.2.2.2 批发零售业等七行业的留抵退税

将制造业等行业按月全额退还增值税增量留抵税额、一次性退还存量留抵税额的政策范围，扩大至“批发和零售业”“农、林、牧、渔业”“住宿和餐饮业”“居民服务、修理和其他服务业”“教育”“卫生和社会工作”和“文化、体育和娱乐业”（以下称“批发零售业等行业”）企业（含个体工商户，下同）。

（1）符合条件的批发零售业等行业企业，可以自2022年7月纳税申报期起向主管税务机关申请退还增量留抵税额。

（2）符合条件的批发零售业等行业企业，可以自2022年7月纳税申报期起向主管税务机关申请一次性退还存量留抵税额。

11.6.2.2.3　制造业、批发零售业等行业的判定标准

所称制造业、批发零售业等行业企业，是指从事《国民经济行业分类》中“制造业”“科学研究和技术服务业”“电力、热力、燃气及水生产和供应业”“软件和信息技术服务业”“生态保护和环境治理业”“交通运输、仓储和邮政业”“批发和零售业”“农、林、牧、渔业”“住宿和餐饮业”“居民服务、修理和其他服务业”“教育”“卫生和社会工作”和“文化、体育和娱乐业”业务相应发生的增值税销售额占全部增值税销售额的比重超过50%的纳税人。

上述销售额比重根据纳税人申请退税前连续12个月的销售额计算确定；申请退税前经营期不满12个月但满3个月的，按照实际经营期的销售额计算确定。

【案例11-9】特殊行业增值税留抵退税的计算。

某纳税人，申请退税前12个月的销售收入累计4 000万元，分别为：制造业收入1 000万元，住宿业收入500万元，娱乐业收入600万元，房地产业收入1 900万元。该纳税人是否可以按照特殊行业申请退税？

答案解析：

按照制造业、批发零售业等行业的判定标准，该纳税人制造业、住宿业和娱乐业的收入均属于制造业、批发零售业等行业范畴，应当计算三者的合计收入。

1 000+500+600=2 100（万元）

2 100 ÷ 4 000=52.5%

超过了50%的标准，从行业归属看，属于制造业、批发零售业等

行业企业，可以按照相应的政策规定办理退税。

11.6.2.2.4　特殊行业留抵退税的享受条件、留抵税额计算等问题

特殊行业留抵退税享受条件及留抵税额计算等，与小微企业增值税期末留抵退税相关内容无异。具体请参阅11.6.2.1.1享受条件、11.6.2.1.2增量留抵税额与存量留抵税额的区分、11.6.2.1.3留抵税额的计算以及11.6.2.1.4与其他增值税政策的衔接等内容。

11.6.3　留抵退税的申请流程

按照国家税务总局规定，设置留抵退税受理岗、审核岗、核准岗、退库岗、风险管理岗、风险应对岗等岗位。

纳税人可以通过电子税务局，在网上申请办理退税，也可以到办税服务厅，在办税窗口提交退税申请。

纳税人可以选择向主管税务机关申请留抵退税，也可以选择结转下期继续抵扣。无特殊规定时，纳税人应在纳税申报期内，完成当期增值税纳税申报后申请留抵退税（见图11–3）。

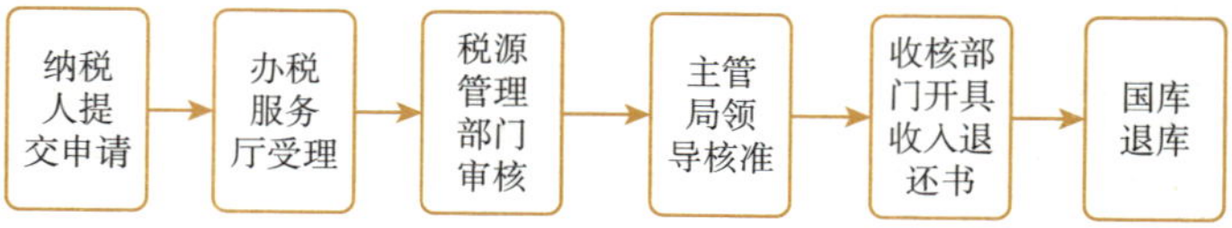

图11–3　增值税留抵退税办理流程图

11.7　加权平均法、先进先出法等会计核算方法对税款计算的影响

采购原材料，自然离不开会计核算方法的选择。在会计核算上，选择加权平均或者先进先出、个别计价等方法，对增值税的计算有影响吗？除增值税之外，又会对哪些税种税款的计算有影响呢？

【案例11-10】核算方法对税款计算的影响

甲公司是珠宝零售商，采用个别计价法对珠宝进行核算。2022年1月，甲公司向乙公司购进2件珠宝首饰，取得增值税专用发票，A珠宝价格1 000万元，适用税率13%，税款130万元；B珠宝价格100万元，适用税率13%，税款13万元。当月，销售B珠宝给消费者，取得销售收入130万元，未开具发票。

11.7.1 增值税的中性特点，不受财务核算影响

增值税是以商品（含应税劳务、服务）在流转过程中产生的增值税额作为计税依据而征收的一种流转税。由于增值税是价外税，它不会直接影响纳税人的收入和成本，纳税人缴纳的增值税与企业利润无关，无论是应负担的销项税额还是可抵扣的进项税额，均不计入损益。

无论甲公司对购进原材料采用怎样的核算方法，均不会对其当期的增值税产生影响。因为增值税的计算方法是，当期应纳增值税额=当期销项税额-当期进项税额，单从计算公式上看，就与财务的核算方法无关。

按照案例11-10所述，甲公司当期应纳增值税=130÷（1+13%）-（130+13）=115.04-143=-27.96万元。

这里值得注意的是，由于取得销售收入是含税价格，所以在计算增值税销项税额时，应先进行价税分离；作为购进货物取得发票对应的进项税额，由纳税人根据自身经营情况可以自主选择是否确认为当期的进项税额。当应纳税额出现负数时，意味着当期产生留抵税额，不用缴纳增值税。

11.7.2 对消费税核算的影响

消费税是列示了具体税目、税率的价内税，在中华人民共和国境内生产、委托加工和进口规定的消费品，要征收消费税。假如甲公司购进的珠

宝首饰，属于消费税税目中的“珠宝玉石”，则需要缴纳消费税；由于案例10-11中，甲公司是购进方，如果销售方乙公司是珠宝玉石的生产者，则应由乙公司计算缴纳消费税。无论选择怎样的核算方法，也不会影响消费税的计算。

乙公司计算缴纳的消费税 =（1 000+100）× 10%=110（万元）

由于消费税的征收原则是在生产、流通或消费的某一环节一次性征收（卷烟和高档汽车除外），所以甲公司再销售已缴纳过消费税的珠宝时，无须再次缴纳消费税。

11.7.3 对所得税核算的影响

案例11-10中，甲公司当期的主营业务收入是115.04万元，在财务核算时，也需对增值税进行价税分离，这一点，也充分证明了增值税价外税的中性特征。

甲公司在计算当期企业所得税时，需要用当期收入减去当期成本计算出当期应纳税所得额，这时，甲公司采用的个别计价法就会对成本的计算产生影响。

当期应纳税所得额=115.04-100=15.04（万元）

若采用的是加权平均法，则当期允许扣除的成本为（1 000+100）÷2=550万元。

不同的核算方法，导致纳税人即期的成本出现差异，就本例看，两者的差异值为450万元，额度较大。但是，我们应该认识到，这只是时间性的差异，如果两件商品全部卖出，税前扣除的成本均为1 100万元，是不存在差异的。

外购应税消费品已纳税款的扣除：用外购已税消费品连续生产应税消费品销售时，按当期生产领用数量计算准予扣除外购的应税消费品已纳的消费税税款。

11.8 购货无发票对企业所得税的影响

税前扣除凭证，是指企业在计算企业所得税应纳税所得额时，证明与取得收入有关的、合理的支出实际发生，并据以税前扣除的各类凭证。

11.8.1 在境内发生支出项目的税务处理

【案例11-11】A企业向银行贷款支付的贷款利息，可以凭银行结算单进行企业所得税税前扣除吗？

答案解析：

由于该行为是增值税应税项目，银行为已办理税务登记的增值税纳税人，其支出以发票作为税前扣除凭证企业向银行支付贷款利息，应以银行开具的发票作为税前扣除凭证，未索取发票仅取得银行结算单，该利息支出不能在企业所得税前扣除。

【案例11-12】单位员工出差，乘机时取得机票，同时按规定购买了人身意外保险，但只取得保险单，这笔保险费可否税前扣除？

答案解析：

由于该行为是增值税应税项目，保险公司为已办理税务登记的增值税纳税人，其支出以发票作为税前扣除凭证。因此，机票后附的保险单不可以作为企业所得税税前扣除凭证，需要开具发票。

【案例11-13】A企业自办食堂从集贸市场农户个人手中购买蔬菜、米、蛋、肉等，每笔销售额不超过500元，没有发票，能否凭借白条入账？

答案解析：

由于该行为是增值税应税项目，该农户个人销售额不超过500元，符合从事小额零星经营业务的个人，支出以税务机关代开的发票或者收款凭证及内部凭证作为税前扣除凭证。因此，可以凭白条及内部凭证作为所得税税前扣除凭证。

【案例11-14】A公司向B公司支付了未履行合同的违约金，没有取得发票，能否税前扣除？

答案解析：

由于该行为是非增值税应税项目，B公司为单位，以对方开具的发票以外的其他外部凭证作为税前扣除凭证。因此，凭双方签订的提供应税货物或应税劳务的协议、打款证明、双方签订的赔偿协议、收款方开具的收据或者有的需要法院判决书或调解书、仲裁机构的裁定书等就可以税前扣除。

11.8.2 共用支出采用分摊方式的税务处理

【案例11-15】A公司与B公司共同聘请讲师甲对公司员工进行培训，由A公司代表两家企业与甲签订相关协议，并获取增值税发票。那么B公司可以以A公司开具的分割单进行税前扣除吗？

答案解析：

A公司与B公司属于在境内共同接受应税劳务且采用分摊方式，A公司以发票和分割单作为税前扣除凭证，B公司则以A公司开具的分割单作为税前扣除凭证。

11.8.3 共用不分摊的税务处理

企业租用（包括企业作为单一承租方租用）办公、生产用房等资产发生的水、电、燃气、冷气、暖气、通信线路、有线电视、网络等费用，出租方作为应税项目开具发票的，企业以发票作为税前扣除凭证；出租方采取分摊方式的，企业以出租方开具的其他外部凭证作为税前扣除凭证。

11.8.4 未在规定时间取得税前扣除凭证的税务处理

企业应当在当年度企业所得税法规定的汇算清缴结束前取得税前扣除凭证。未在税法规定时间内取得税前扣除凭证的，可采取如表11-3所示补救措施。

表 11-3 未在税法规定时间内取得税前扣除凭证的补救措施

取得税前扣除凭证时间	补救措施
汇算清缴结束前	未取得合规税前扣除凭证或取得不合规税前扣除凭证，在当年度汇算清缴结束前补开、换开符合规定的扣除凭证，客观原因不能补开、换开，但汇算清缴结束前能提供支出真实性的证明资料，允许于发生年度前扣除
汇算清缴结束后（且已税前扣除）	税务机关发现企业应当取得而未取得合规税前扣除凭证或取得不合规税前扣除凭证，并且告知企业，企业应当自被告知之日60日内补开、换开符合规定的发票、其他外部凭证，客观原因不能补开、换开，应于被告知之日起60日内提供支出真实性的证明资料，允许于发生年度税前扣除
汇算清缴结束后（且未税前扣除）	企业以前年度应当取得合规税前扣除凭证，且相应支出在该年度没有税前扣除，以后年度取得符合规定的税前扣除凭证，可追补至发生年度扣除，但追补年限不得超过5年，客观原因不能补开、换开，但能于5年内提供支出真实性的证明资料，允许追补至发生年度扣除，但追补期限不得超过5年

【案例11-16】A公司2019年度从个体工商户B处购进货物，当时未取得发票，A当年主动未在企业所得税前扣除。如果2020年12月，A公司终于取得了发票，还能够进行税前扣除吗？

答案解析：

该企业2019年度实际发生了购销业务，但是未取得发票，且相关支出当年没有税前扣除；而2020年取得了发票，没有超过5年追补年限，因此就可以追补至发生年度（2019年）进行扣除。实际操作中，更正2019年度的企业所得税汇算清缴年度报表即可。

第十二章

生 产

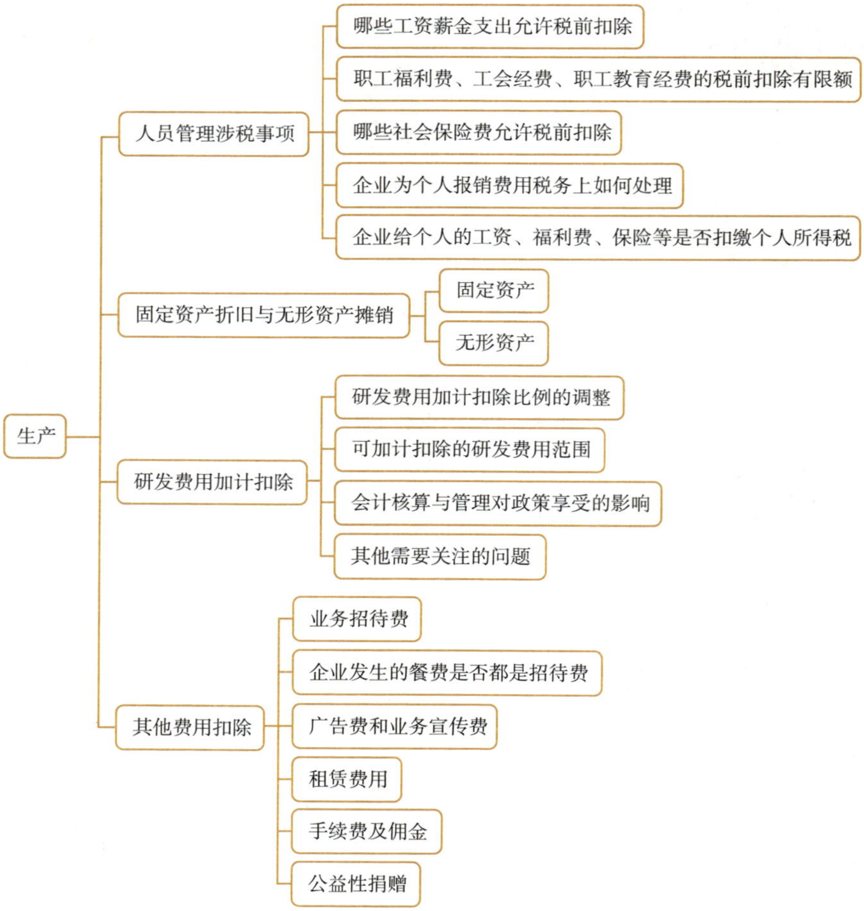

图 12-1 生产相关内容思维导图

12.1 人员管理涉税事项

企业成立后就要考虑雇用人员，企业用人主要有直接聘用人员和接受外部劳务派遣用工两种形式。劳务派遣用工支付费用不同，企业所得税税前扣除规定不同，直接支付给劳务派遣公司的费用应作为劳务费支出，直接支付给员工个人的费用，应作为工资薪金支出和职工福利费支出，两种方式在税收方面主要影响了计算职工福利费、工会经费、职工教育经费等以工资薪金为基数计算限额的费用扣除上限。企业人员费用主要包括：工资薪金、职工福利费、职工教育经费、工会经费、社会保险费等。

12.1.1 哪些工资薪金支出允许税前扣除

工资、薪金是指企业每一纳税年度支付给在本企业任职或者受雇的员工的所有现金形式或者非现金形式的劳动报酬，包括基本工资、奖金、津贴、补贴、年终加薪、加班工资，以及与员工任职或者受雇有关的其他支出。

（1）准予税前扣除的“合理工资薪金”，是指企业按照股东大会、董事会、薪酬委员会或相关管理机构制定的工资薪金制度规定实际发放给员工的工资薪金。符合以下合理性原则：

①企业制定了较为规范的员工工资薪金制度；

②企业所制定的工资薪金制度符合行业及地区水平；

③企业在一定时期所发放的工资薪金是相对固定的，工资薪金的调整是有序进行的；

④企业对实际发放的工资薪金，已依法履行了代扣代缴个人所得税义务；

⑤有关工资薪金的安排，不以减少或逃避税款为目的。

（2）“工资薪金总额”，不包括企业的职工福利费、职工教育经费、工会经费以及养老保险费、医疗保险费、失业保险费、工伤保险费、生育保险费等社会保险费和住房公积金。

（3）企业年度汇算清缴结束前支付汇缴年度工资薪金税前扣除问题，企业在年度汇算清缴结束前向员工实际支付的已预提汇缴年度工资薪金，准予在汇缴年度按规定扣除。

（4）关于季节工、临时工等费用税前扣除问题，企业因雇用季节工、临时工、实习生、返聘离退休人员所实际发生的费用，应区分为工资薪金支出和职工福利费支出，在企业所得税税前扣除。其中属于工资薪金支出的，准予计入企业工资薪金总额的基数，作为计算其他各项相关费用扣除的依据。

12.1.2 职工福利费、工会经费、职工教育经费的税前扣除有限额

企业发生的职工福利费支出，不超过工资、薪金总额14%的部分，准予扣除。企业拨缴的工会经费，不超过工资、薪金总额2%的部分，准予扣除。企业发生的职工教育经费支出，自2018年1月1日起，不超过工资薪金总额8%的部分，准予在计算企业所得税应纳税所得额时扣除；超过部分，准予在以后纳税年度结转扣除。

（1）企业职工福利费，包括以下内容：

尚未实行分离办社会职能的企业，其内设福利部门所发生的设备、设施和人员费用，包括职工食堂、职工浴室、理发室、医务所、托儿所、疗养院等集体福利部门的设备、设施及维修保养费用和福利部门工作人员的工资薪金、社会保险费、住房公积金、劳务费等。

为职工卫生保健、生活、住房、交通等所发放的各项补贴和非货币性福利，包括企业向职工发放的因公外地就医费用、未实行医疗统筹企业职工医疗费用、职工供养直系亲属医疗补贴、供暖费补贴、职工防暑降温费、职工困难补贴、救济费、职工食堂经费补贴、职工交通补贴等。

按照其他规定发生的其他职工福利费，包括丧葬补助费、抚恤费、安

家费、探亲假路费等。

企业发生的职工福利费，应该单独设置账册，进行准确核算。没有单独设置账册准确核算的，税务机关应责令企业在规定的期限内进行改正。逾期仍未改正的，税务机关可对企业发生的职工福利费进行合理的核定。

（2）企业职工教育培训经费列支范围包括：

①上岗和转岗培训；②各类岗位适应性培训；③岗位培训、职工技术等级培训、高技能人才培训；④专业技术人员培训；⑤特种作业人员培训；⑥企业组织的职工外送培训的经费支出；⑦职工参加的职工技能鉴定、职业资格认证等经费支出；⑧购置教学设备与设施；⑨职工岗位自学成才奖励费用；⑩职工教育培训管理费用；⑪有关职工教育的其他开支。

（3）企业职工参加社会上的学历教育以及个人为取得学位而参加的在职教育，所需费用应由个人承担，不能挤占企业的职工教育培训经费。对于企业高层管理人员的境外培训和考察，其一次性单项支出较高的费用应从其他管理费用中支出，避免挤占日常的职工教育培训经费开支。

12.1.3 哪些社会保险费允许税前扣除

（1）企业依照国务院有关主管部门或者省级人民政府规定的范围和标准为职工缴纳的基本养老保险费、基本医疗保险费、失业保险费、工伤保险费、生育保险费等基本社会保险费和住房公积金，准予扣除。

（2）企业根据国家有关政策规定，为在本企业任职或者受雇的全体员工支付的补充养老保险费、补充医疗保险费，分别在不超过职工工资总额5%标准内的部分，在计算应纳税所得额时准予扣除；超过的部分，不予扣除。

（3）除企业依照国家有关规定为特殊工种职工支付的人身安全保险费和国务院财政、税务主管部门规定可以扣除的其他商业保险费外，企业为投资者或者职工支付的商业保险费，不得扣除。

（4）企业参加财产保险，按照规定缴纳的保险费，准予扣除。

（5）企业参加雇主责任险、公众责任险等责任保险，按照规定缴纳的保险费，准予在企业所得税税前扣除。

12.1.4 企业为个人报销费用税务上如何处理

12.1.4.1 企业为个人报销的旅游等消费能否在税前扣除

对于企业股东个人的旅游等消费等支出，企业不得承担属于个人娱乐、旅游等支出，不能列为费用在税前扣除。政策依据是《企业财务通则》第四十六条规定，企业不得承担属于个人的下列支出：

（1）娱乐、健身、旅游、招待、购物、馈赠等支出。

（2）购买商业保险、证券、股权、收藏品等支出。

（3）个人行为导致的罚款、赔偿等支出。

（4）购买住房、支付物业管理费等支出。

（5）应由个人承担的其他支出。

12.1.4.2 个人在企业报销的费用是否扣缴个人所得税

（1）企业为个人报销的旅游等消费是否涉及个人所得税？

股东个人的旅游等消费在企业报销将被纳入个人收入征收个人所得税。以何种品目征收，与股东是否在企业任职有关，如果股东在企业任职的，应按照工资薪金所得，由企业扣缴个人所得税；如果股东不在企业任职的，应按照股息红利所得，由企业扣缴个人所得税。

企业为了激励业绩突出人员，以培训班、研讨会、工作考察等名义组织旅游活动，通过免收差旅费、旅游费对个人实行的业绩奖励（包括实物、有价证券等），应根据所发生费用全额计入个人应税所得，依法征收个人所得税，并由企业代扣代缴。其中，对企业雇员享受的此类奖励，应与当期的工资薪金合并，按照“工资、薪金所得”项目征收个人所得税；对其他人员享受的此类奖励，应作为当期的劳务收入，按照“劳务报酬所得”项目征收个人所得税。

（2）企业购买房产、车辆并将所有权办到股东个人名下是否涉及个人所得税？

其实质为企业对股东进行了红利性质的实物分配，应按“利息、股息、红利所得”项目征收个人所得税，并由企业代扣代缴。

12.1.5 企业给个人的工资、福利费、保险等是否扣缴个人所得税

企业向居民个人支付工资、薪金所得应按照累计预扣法计算预扣税款，并按月办理扣缴申报。个人所得税的“工资、薪金所得”征税范围为个人因任职或者受雇而取得的工资、薪金、奖金、年终加薪、劳动分红、津贴、补贴以及与任职或者受雇有关的其他所得。在实践中，个人所得税的“工资薪金”征税范围，既包括了企业所得税税前扣除的工资薪金，还包括了部分福利费、保险费等项目。

12.1.5.1 差旅费津贴、误餐补助、独生子女补贴、托儿补助费是否扣缴个人所得税

《国家税务总局关于印发〈征收个人所得税若干问题的规定〉的通知》（国税发〔1994〕89号）规定，差旅费津贴、误餐补助、独生子女补贴、托儿补助费是不属于工资、薪金性质的补贴、津贴或者不属于纳税人本人工资、薪金所得项目的收入，不征个人所得税。文件规定的误餐补助，是指按财政部门规定，个人因公在城区、郊区工作，不能在工作单位或返回就餐，确实需要在外就餐的，根据实际误餐顿数，按规定的标准领取的误餐费。企业以误餐补助名义发给职工的补贴、津贴，应当并入当月工资、薪金所得计征个人所得税。

12.1.5.2 住房补贴、医疗补助费是否扣缴个人所得税

《财政部 国家税务总局关于住房公积金、医疗保险金、养老保险金征收个人所得税问题的通知》（财税字〔1997〕144号）规定，企业以现金形式发给个人的住房补贴、医疗补助费，应全额计入领取人的当期工资、薪金收入计征个人所得税。但对外籍个人以实报实销形式取得的住房补贴，仍按照《财政部 国家税务总局关于个人所得税若干政策问题的通知》（财税字〔1994〕20号）的规定，暂免征收个人所得税。

12.1.5.3 哪些福利费需要扣缴个人所得税

依据《个人所得税法》第四条及《个人所得税法实施条例》第十四条规定，福利费免征个人所得税的范围是从企业、事业单位、国家机关、社会团体提留的福利费或者工会经费中支付给个人的生活补助费。

《国家税务总局关于生活补助费范围确定问题的通知》（国税发〔1998〕155号）规定，生活补助费是指由于某些特定事件或原因而给纳税人本人或其家庭的正常生活造成一定困难，其任职单位按国家规定从提留的福利费或者工会经费中向其支付的临时性生活困难补助。下列收入不属于免税的福利费范围，应当并入纳税人的工资、薪金收入计征个人所得税：一是从超出国家规定的比例或基数计提的福利费、工会经费中支付给个人的各种补贴、补助；二是从福利费和工会经费中支付给本单位职工的人人有份的补贴补助；三是单位为个人购买汽车、住房、电子计算机等不属于临时性生活困难补助性质的支出。

企业发放给员工个人的供暖费补贴、职工防暑降温费、职工食堂经费补贴、职工交通补贴、通信补贴等都应该计入工资总额，由企业扣缴个人所得税。

12.1.5.4 企业为员工缴纳的“三险一金”是否扣缴个人所得税

企业按照国家或省（自治区、直辖市）人民政府规定的缴费比例或办法实际缴付的基本养老保险费、基本医疗保险费和失业保险费，免征个人所得税；个人按照国家或省（自治区、直辖市）人民政府规定的缴费比例或办法实际缴付的基本养老保险费、基本医疗保险费和失业保险费，允许在个人应纳税所得额中扣除。企业和个人分别在不超过职工本人上一年度月平均工资12%的幅度内，其实际缴存的住房公积金，允许在个人应纳税所得额中扣除。单位和职工个人缴存住房公积金的月平均工资不得超过职工工作地所在设区城市上一年度职工月平均工资的3倍，具体标准按照各地有关规定执行。企业和个人超过上述规定比例和标准缴付的住房公积金，应将超过部分并入个人当期的工资、薪金收入，计征个人所得税。

12.1.5.5 企业为员工购买商业保险是否扣缴个人所得税

企业为职工个人购买商业性补充养老保险等，在办理投保手续时应作为个人所得税的“工资、薪金所得”项目，按税法规定缴纳个人所得税。对企业为员工支付各项免税之外的保险金，应在企业向保险公司缴付时（即该保险落到被保险人的保险账户）并入员工当期的工资收入，按“工资、薪金所得”项目计征个人所得税，税款由企业负责代扣代缴。

12.2 固定资产折旧与无形资产摊销

12.2.1 固定资产

企业的生产经营离不开固定资产。固定资产是一个企业为生产产品、提供劳务、出租或者经营管理而持有的、使用时间超过12个月的非货币性资产，包括房屋、建筑物、机器、机械、运输工具以及其他与生产经营活动有关的设备、器具、工具等。企业购入固定资产涉及增值税、企业所得税、印花税、契税等，增值税进项税额可以按规定抵扣，企业所得税的成本税前扣除不是一次性当期扣除（税收优惠政策除外），而是采用折旧的方法在一定年限均匀扣除，印花税按合同金额的万分之五缴纳，如果购入的是房产按4%缴纳契税。下面重点介绍固定资产的企业所得税税前扣除的计税基础和折旧要求。

12.2.1.1 固定资产的计税基础

企业在无论是通过购买、自行建造、融资租入，或其他方式取得固定资产后，在税法上要有一个价值作为允许税前扣除的价值，这就是固定资产的计税基础。关于计税基础的确定，不同取得形式，确定方法不同。

（1）外购的固定资产，以购买价款和支付的相关税费以及直接归属于使该资产达到预定用途发生的其他支出为计税基础；

（2）自行建造的固定资产，以竣工结算前发生的支出为计税基础；

（3）融资租入的固定资产，以租赁合同约定的付款总额和承租人在签订租赁合同过程中发生的相关费用为计税基础，租赁合同未约定付款总额的，以该资产的公允价值和承租人在签订租赁合同过程中发生的相关费用为计税基础；

（4）盘盈的固定资产，以同类固定资产的重置完全价值为计税基础；

（5）通过捐赠、投资、非货币性资产交换、债务重组等方式取得的固定资产，以该资产的公允价值和支付的相关税费为计税基础；

（6）改建的固定资产，除作为长期待摊费用支出外，以改建过程中发生的改建支出增加计税基础。

12.2.1.2 固定资产的折旧

按照会计制度和税法的要求，企业购入、建造或其他方式形成的固定资产除选择税收优惠政策外不应一次性在当期扣除，而是应按照一定的年限均匀扣除，也就是固定资产的折旧。固定资产折旧涉及三个要素：范围、方法、年限（注：2018年以来出台了符合条件的固定资产一次性扣除税收优惠政策）。

12.2.1.2.1 固定资产计提折旧的范围

范围的确定应用的排除法，即列举了7项不得折旧的情形，原则上均允许准予扣除。不得计算折旧扣除的固定资产：

（1）房屋、建筑物以外未投入使用的固定资产；

（2）以经营租赁方式租入的固定资产；

（3）以融资租赁方式租出的固定资产；

（4）已足额提取折旧仍继续使用的固定资产；

（5）与经营活动无关的固定资产；

（6）单独估价作为固定资产入账的土地；

（7）其他不得计算折旧扣除的固定资产。

12.2.1.2.2 固定资产计提折旧方法

固定资产按照直线法计算的折旧，准予扣除。企业应当自固定资产投入使用月份的次月起计算折旧；停止使用的固定资产，应当自停止使用月份的次月起停止计算折旧。

关于固定资产的残值，企业应当根据固定资产的性质和使用情况，合理确定固定资产的预计净残值，一经确定，不得变更。

企业对房屋、建筑物固定资产在未足额提取折旧前进行改扩建的，如属于推倒重置的，该资产原值减除提取折旧后的净值，应并入重置后的固定资产计税成本，并在该固定资产投入使用后的次月起，按照税法规定的折旧年限，一并计提折旧；如属于提升功能、增加面积的，该固定资产的改扩建支出，并入该固定资产计税基础，并从改扩建完工投入使用后固定资产的次月起，重新按税法规定的该折旧年限计提折旧，如该改扩建后的固定资产尚可使用的年限低于税法规定的最低年限的，可以按尚可使用的年限计提折旧。

12.2.1.2.3 固定资产计提折旧的最低年限

（1）房屋、建筑物，为20年；

（2）飞机、火车、轮船、机器、机械和其他生产设备，为10年；

（3）与生产经营活动有关的器具、工具、家具等，为5年；

（4）飞机、火车、轮船以外的运输工具，为4年；

（5）电子设备，为3年。

【案例12-1】2021年6月，A企业在成立后购入2台生产设备并于当月投入使用，增值税专用发票注明价款600万元，进项税78万元，企业采用直线法按5年计提折旧，残值率8%。

A企业的涉税事项：

增值税：进项税额78万元允许抵扣。

企业所得税：由于企业所得税法规定，生产设备的最低折旧年限为10年，而企业会计核算选择按5年计提折旧，因此产生了税会差异，企业在申报2021年企业所得税时要将固定资产的折旧金额进行纳税调整。

会计上计提的折旧额=600×（1–8%）÷5÷12×6=55.2（万元）

所得税允许税前扣除的折旧额=600×（1−8%）÷10÷12×6=27.6（万元）

会计计提金额比税法允许扣额金额多了27.6万元，因此在企业申报2021年所得税时要做纳税调增27.6万元。

12.2.1.3 固定资产加速折旧和一次性扣除政策的选择对企业税负的影响

企业所得税法规定符合一定条件的固定资产可以选择加速折旧的方法。近几年，国家又推出了一系列的加速折旧的税收优惠政策，还有一次性扣除的政策，这些政策的选择将会对企业当期及以后年度的扣除金额产生影响。因此，当企业购置的固定资产同时符合加速折旧、一次性扣除政策时，企业要根据当年及以后几年盈利预期进行选择。

（1）税法规定：企业的固定资产由于技术进步等原因，确需加速折旧的，可以缩短折旧年限或者采取加速折旧的方法。

①可以采取缩短折旧年限或者采取加速折旧方法的固定资产，包括：由于技术进步，产品更新换代较快的固定资产；常年处于强震动、高腐蚀状态的固定资产。

②购置的新固定资产，最低折旧年限不得低于税法规定折旧年限的60%；购置已使用过的固定资产，其最低折旧年限不得低于税法规定的最低折旧年限减去已使用年限后剩余年限的60%。最低折旧年限一经确定，一般不得变更。

③采取加速折旧方法的，可以采取双倍余额递减法或者年数总和法。

【案例12-2】某制造业企业2016年12月购入一批家具，价值为100万元，折旧年限为5年，预计净残值为固定资产原值的4%，假设固定资产符合加速折旧的条件，下面对比一下企业采用不同加速折旧方法每年计提折旧的数额。

①采用最低折旧年限的方法，不得低于税法规定折旧年限的60%，该固定资产税法规定最低折旧年限为5年，企业选用最低折旧年限为5×60%=3年。

固定资产年折旧额=（100–4）÷3=32（万元）

月折旧额=32÷12=2.67（万元）

2017年、2018年、2019年每年折旧额为32万元。

②采用双倍余额递减法，是指在不考虑固定资产预计净残值的情况下，根据每期期初固定资产原值减去累计折旧后的金额和双倍的直线法折旧率计算固定资产折旧的一种方法。应用这种方法计算折旧额时，由于每年年初固定资产净值没有减去预计净残值，所以在计算固定资产折旧额时，应在其折旧年限到期前的两年期间，将固定资产净值减去预计净残值后的余额平均摊销。计算公式如下：

年折旧率=2÷预计使用寿命（年）×100%

月折旧率=年折旧率÷12

月折旧额=月初固定资产账面净值×月折旧率

固定资产预计净残值=100×4%=4（万元）

2017年计提的折旧额=100×2÷5=40（万元）

2018年计提的折旧额=（100–40）×2÷5=24（万元）

2019年计提的折旧额=（100–40–24）×2÷5=14.4（万元）

2020年、2021年计提的折旧额=（100–40–24–14.4–100×4%）÷2=8.8（万元）

③采用年数总和法计算每年计提的折旧额，年数总和法是指将固定资产的原值减去预计净残值后的余额，乘以一个以固定资产尚可使用寿命为分子、以预计使用寿命逐年数字之和为分母的逐年递减的分数计算每年的折旧额。计算公式如下：

年折旧率=尚可使用年限÷预计使用寿命的年数总和×100%

月折旧率=年折旧率÷12

月折旧额=（固定资产原值–预计净残值）×月折旧率

该固定资产预计使用寿命的年数总和=5+4+3+2+1=15（年）

2017年计提的折旧额=（100–4）×5÷15=32（万元）

2018年计提的折旧额=（100–4）×4÷15=25.6（万元）

2019年计提的折旧额=（100–4）×3÷15=19.2（万元）

2020年计提的折旧额 =（100−4）×2÷15=12.8（万元）

2021年计提的折旧额 =（100−4）×1÷15=6.4（万元）

以上三种加速折旧的方法，固定资产购置次年折旧额最高的是采用双倍余额递减法，固定资产购置后三年内折旧额最高的最低年限法，因此企业选用加速折旧方法时应充分考虑企业的近年的盈利预期情况。

（2）集成电路生产企业的生产设备，其折旧年限可以适当缩短，最短可为3年（含）。

（3）对所有行业企业2014年1月1日后新购进的专门用于研发的仪器、设备，单位价值不超过100万元的，允许一次性计入当期成本费用在计算应纳税所得额时扣除，不再分年度计算折旧；单位价值超过100万元的，可缩短折旧年限或采取加速折旧的方法。对所有行业企业持有的单位价值不超过5 000元的固定资产，允许一次性计入当期成本费用在计算应纳税所得额时扣除，不再分年度计算折旧。

（4）企业在2018年1月1日至2023年12月31日期间新购进的设备、器具，单位价值不超过500万元的，允许一次性计入当期成本费用在计算应纳税所得额时扣除，不再分年度计算折旧。所称设备、器具，是指除房屋、建筑物以外的固定资产。

（5）自2019年1月1日起，对全部制造业领域新购进的固定资产，可由企业选择缩短折旧年限或采取加速折旧的方法；对制造业的小型微利企业新购进的研发和生产经营共用的仪器、设备，单位价值不超过100万元的，允许一次性计入当期成本费用在计算应纳税所得额时扣除，不再分年度计算折旧；单位价值超过100万元的，可缩短折旧年限或采取加速折旧的方法。

【案例12−3】某制造业企业在2021年2月购进了一台单位价值300万元的生产机器，假设不考虑残值，下面对比一下企业选择一次扣除政策和选择最低折旧年限法，企业2021年享受加速折旧的金额。

①采用一次性扣除方法，企业所得税年度申报表A105080“资产

折旧、摊销及纳税调整明细表”中“享受加速折旧政策的资产按税收一般规定计算的折旧、摊销额”填报数据为固定资产投入使用次月1个月的金额。

按照税收一般规定计算的折旧金额=300÷10÷12×1=2.5（万元）

税收折旧金额为300万元。

享受加速政策优惠金额=300−2.5=297.5（万元）

②采用最低折旧年限的方法，“享受加速折旧政策的资产按税收一般规定计算的折旧、摊销额”填报数据为该固定资产投入使用次月至年底共10个月的金额。

按照税收一般规定计算的折旧金额=300÷10÷12×10=25（万元）

税收折旧金额=300÷6÷12×10=41.67（万元）

享受加速政策优惠金额=41.67−25=16.67（万元）

综上，当企业购置固定资产当年预计盈利较大时，选择一次性扣除政策，会增加企业当期扣除金额，减少当期的税负；当企业当年有盈利但不大，可以考虑选择加速折旧的政策；当企业短期内盈利预期不高，甚至亏损，可以不选择加速折旧或一次性扣除政策，按税法规定的年限进行扣除，折旧年限相对较长，在以后年度盈利后还可以扣除。

12.2.2 无形资产

无形资产，是指企业为生产产品、提供劳务、出租或者经营管理而持有的、没有实物形态的非货币性长期资产，包括专利权、商标权、著作权、土地使用权、非专利技术、商誉等。

12.2.2.1 无形资产的计税基础

无形资产按照以下方法确定计税基础：

（1）外购的无形资产，以购买价款和支付的相关税费以及直接归属于使该资产达到预定用途发生的其他支出为计税基础；

（2）自行开发的无形资产，以开发过程中该资产符合资本化条件后至达到预定用途前发生的支出为计税基础；

（3）通过捐赠、投资、非货币性资产交换、债务重组等方式取得的无形资产，以该资产的公允价值和支付的相关税费为计税基础。

12.2.2.2 无形资产的摊销范围

在计算应纳税所得额时，企业按照规定计算的无形资产摊销费用，准予扣除。

下列无形资产不得计算摊销费用扣除：

（1）自行开发的支出已在计算应纳税所得额时扣除的无形资产；

（2）自创商誉；

（3）与经营活动无关的无形资产；

（4）其他不得计算摊销费用扣除的无形资产。

12.2.2.3 无形资产的摊销方法和年限

无形资产的摊销，采用直线法计算。摊销年限不得低于10年。作为投资或者受让的无形资产，有关法律规定或者合同约定使用年限的，可以按照规定或者约定的使用年限分期摊销。外购商誉的支出，在企业整体转让或者清算时，准予扣除。

企事业单位外购的软件，凡符合固定资产或无形资产确认条件的，可以按照固定资产或无形资产进行核算，其折旧或摊销年限可以适当缩短，最短可为2年（含）。

12.3 研发费用加计扣除

12.3.1 研发费用加计扣除比例的调整

依据《企业所得税法实施条例》第九十五条，企业所得税法第三十条第（一）项所称研究开发费用的加计扣除，是指企业为开发新技术、新产品、新工艺发生的研究开发费用，未形成无形资产计入当期损益的，在按照规定据实扣除的基础上，按照研究开发费用的50%加计扣除；形成无形资产的，按照无形资产成本的150%摊销。

依据《财政部 税务总局关于进一步完善研发费用税前加计扣除政策的公告》（财政部 税务总局公告2023年第7号），企业开展研发活动中实际发生的研发费用，未形成无形资产计入当期损益的，在按规定据实扣除的基础上，自2023年1月1日起，再按照实际发生额的100%在税前加计扣除；形成无形资产的，自2023年1月1日起，按照无形资产成本的200%在税前摊销。

12.3.2 可加计扣除的研发费用范围

12.3.2.1 研发活动的范围

（1）研发活动，是指企业为获得科学与技术新知识，创造性运用科学技术新知识，或实质性改进技术、产品（服务）、工艺而持续进行的具有明确目标的系统性活动。

（2）七类一般的知识性、技术性活动不适用加计扣除政策。

①企业产品（服务）的常规性升级。

②对某项科研成果的直接应用，如直接采用公开的新工艺、材料、装置、产品、服务或知识等。

③企业在商品化后为顾客提供的技术支持活动。

④对现存产品、服务、技术、材料或工艺流程进行的重复或简单改变。

⑤市场调查研究、效率调查或管理研究。

⑥作为工业（服务）流程环节或常规的质量控制、测试分析、维修维护。

⑦社会科学、艺术或人文学方面的研究。

（3）六个行业不适用税前加计扣除政策。

①烟草制造业。

②住宿和餐饮业。

③批发和零售业。

④房地产业。

⑤租赁和商务服务业。

⑥娱乐业。

上述行业以《国民经济行业分类与代码（GB/T 4754–2017）》为准，并随之更新。判断主营业务，以其研发费用发生当年的主营业务收入占企业按《企业所得税法》第六条规定计算的收入总额减除不征税收入和投资收益的余额50%（不含）以上的企业。

（4）创意设计活动可享受加计扣除政策。

企业为获得创新性、创意性、突破性的产品进行创意设计活动而发生的相关费用，可按照规定进行税前加计扣除。

创意设计活动是指多媒体软件、动漫游戏软件开发，数字动漫、游戏设计制作；房屋建筑工程设计（绿色建筑评价标准为三星）、风景园林工程专项设计；工业设计、多媒体设计、动漫及衍生产品设计、模型设计等。

12.3.2.2 允许加计扣除的研发费用范围

（1）人员人工费用，指直接从事研发活动人员的工资薪金、基本养老保险费、基本医疗保险费、失业保险费、工伤保险费、生育保险费和住房公积金，以及外聘研发人员的劳务费用。

①直接从事研发活动人员包括研究人员、技术人员、辅助人员。研究人员是指主要从事研究开发项目的专业人员；技术人员是指具有工程技术、自然科学和生命科学中一个或一个以上领域的技术知识和经验，在研究人员指导下参与研发工作的人员；辅助人员是指参与研究开发活动的技工。外聘研发人员是指与本企业或劳务派遣企业签订劳务用工协议（合同）和临时聘用的研究人员、技术人员、辅助人员。

接受劳务派遣的企业按照协议（合同）约定支付给劳务派遣企业，且由劳务派遣企业实际支付给外聘研发人员的工资薪金等费用，属于外聘研发人员的劳务费用。

②工资薪金包括按规定可以在税前扣除的对研发人员股权激励的支出。

③直接从事研发活动的人员、外聘研发人员同时从事非研发活动的，企业应对其人员活动情况做必要记录，并将其实际发生的相关费用按实际工时占比等合理方法在研发费用和生产经营费用间分配，未分配的不得加计扣除。

（2）直接投入费用，指研发活动直接消耗的材料、燃料和动力费用；用于中间试验和产品试制的模具、工艺装备开发及制造费，不构成固定资产的样品、样机及一般测试手段购置费，试制产品的检验费；用于研发活动的仪器、设备的运行维护、调整、检验、维修等费用，以及通过经营租赁方式租入的用于研发活动的仪器、设备租赁费。

以经营租赁方式租入的用于研发活动的仪器、设备，同时用于非研发活动的，企业应对其仪器设备使用情况做必要记录，并将其实际发生的租赁费按实际工时占比等合理方法在研发费用和生产经营费用间分配，未分配的不得加计扣除。

（3）折旧费用，指用于研发活动的仪器、设备的折旧费。

①用于研发活动的仪器、设备，同时用于非研发活动的，企业应对其仪器设备使用情况做必要记录，并将其实际发生的折旧费按实际工时占比等合理方法在研发费用和生产经营费用间分配，未分配的不得加计扣除。

②企业用于研发活动的仪器、设备，符合税法规定且选择加速折旧优惠政策的，在享受研发费用税前加计扣除政策时，就税前扣除的折旧部分计算加计扣除。

（4）无形资产摊销，指用于研发活动的软件、专利权、非专利技术（包括许可证、专有技术、设计和计算方法等）的摊销费用。

①用于研发活动的无形资产，同时用于非研发活动的，企业应对其无形资产使用情况做必要记录，并将其实际发生的摊销费按实际工时占比等合理方法在研发费用和生产经营费用间分配，未分配的不得加计扣除。

②用于研发活动的无形资产，符合税法规定且选择缩短摊销年限的，

在享受研发费用税前加计扣除政策时，就税前扣除的摊销部分计算加计扣除。

（5）新产品设计费、新工艺规程制定费、新药研制的临床试验费、勘探开发技术的现场试验费，指企业在新产品设计、新工艺规程制定、新药研制的临床试验、勘探开发技术的现场试验过程中发生的与开展该项活动有关的各类费用。

（6）其他相关费用，指与研发活动直接相关的其他费用，如技术图书资料费、资料翻译费、专家咨询费、高新科技研发保险费，研发成果的检索、分析、评议、论证、鉴定、评审、评估、验收费用，知识产权的申请费、注册费、代理费，差旅费、会议费，职工福利费、补充养老保险费、补充医疗保险费。此类费用总额不得超过可加计扣除研发费用总额的10%。

企业在一个纳税年度内进行多项研发活动的，统一计算全部研发项目"其他相关费用"限额。计算公式：

全部研发项目的其他相关费用限额=全部研发项目的人员人工等五项费用之和 ×10%÷（1-10%）

当其他相关费用实际发生数小于限额时，按实际发生数计算税前加计扣除数额；当其他相关费用实际发生数大于限额时，按限额计算税前加计扣除数额。

12.3.2.3　企业研发活动的形式

（1）自主研发，是指企业主要依靠自己的资源，独立进行研发，并在研发项目的主要方面拥有完全独立的知识产权。

（2）委托研发。

①委托境内研发。企业委托外部机构或个人开展研发活动发生的费用，可按规定税前扣除；企业委托外部机构或个人进行研发活动所发生的费用，按照费用实际发生额的80%计入委托方研发费用并计算加计扣除，受托方不得再进行加计扣除。

②委托境外进行研发。委托境外进行研发活动所发生的费用，按照费

用实际发生额的80%计入委托方的委托境外研发费用。委托境外研发费用不超过境内符合条件的研发费用三分之二的部分，可以按规定在企业所得税前加计扣除。

（3）合作研发。企业共同合作开发的项目，由合作各方就自身实际承担的研发费用分别计算加计扣除。

（4）集团研发。企业集团根据生产经营和科技开发的实际情况，对技术要求高、投资数额大，需要集中研发的项目，其实际发生的研发费用，可以按照权利和义务相一致、费用支出和收益分享相配比的原则，合理确定研发费用的分摊方法，在受益成员企业间进行分摊，由相关成员企业分别计算加计扣除。

12.3.3 会计核算与管理对政策享受的影响

（1）企业应按照国家财务会计制度要求，对研发支出进行会计处理。对享受加计扣除的研发费用，应按研发项目设置辅助账，准确归集核算当年可加计扣除的各项研发费用实际发生额，年末汇总分析填报研发支出辅助账汇总表。企业在一个纳税年度内进行多项研发活动的，应按照不同研发项目分别归集可加计扣除的研发费用。

企业按照研发项目设置辅助账时，可以自主选择使用2015年版研发支出辅助账样式，或者2021年版研发支出辅助账样式，也可以参照上述样式自行设计研发支出辅助账样式。企业自行设计的研发支出辅助账样式，应当包括2021年版研发支出辅助账样式所列数据项，且逻辑关系一致，能准确归集允许加计扣除的研发费用。

（2）企业应对研发费用和生产经营费用分别核算，准确、合理归集各项费用支出，对划分不清的，不得实行加计扣除。

（3）财政性资金的处理。企业取得作为不征税收入处理的财政性资金用于研发活动所形成的费用或无形资产，不得计算加计扣除或摊销。企业取得的政府补助，会计处理时采用直接冲减研发费用方法且税务处理时未将其确认为应税收入的，应按冲减后的余额计算加计扣除金额。

（4）企业开展研发活动中实际发生的研发费用形成无形资产的，其资本化的时点与会计处理保持一致。

12.3.4 其他需要关注的问题

12.3.4.1 盈利企业和亏损企业都可以享受加计扣除政策

现行企业所得税法第五条明确企业每一纳税年度的收入总额，减除不征税收入、免税收入、各项扣除以及允许弥补的以前年度亏损后的余额，为应纳税所得额，因此，企业发生的研发费用，不论企业当年是盈利还是亏损，都可以加计扣除。

12.3.4.2 直接形成产品对外销售的问题

企业研发活动直接形成产品或作为组成部分形成的产品对外销售的，研发费用中对应的材料费用不得加计扣除。

产品销售与对应的材料费用发生在不同纳税年度且材料费用已计入研发费用的，可在销售当年以对应的材料费用发生额直接冲减当年的研发费用，不足冲减的，结转以后年度继续冲减。

12.3.4.3 处理下脚料等收入扣减问题

企业取得研发过程中形成的下脚料、残次品、中间试制品等特殊收入，在计算确认收入当年的加计扣除研发费用时，应从已归集研发费用中扣减该特殊收入，不足扣减的，加计扣除研发费用按零计算。

【案例12-4】某制造业企业在2021年度实现利润总额1 000万元，归集的研发费用中研发人员工资及“五险一金”100万元，外聘研发人员劳务费用30万元，直接投入的原材料成本150万元，研发设备固定资产折旧费用20万元，其他相关费用40万元，研发过程中形成的下脚料销售收入15万元，求企业2021年度应纳所得税额。

其他相关费用的限额=（100+30+150+20）×10%÷（1−10%）=33.33（万元）

其他相关费用发生额大于限额，仅能扣除33.33万元。

研发费用加计扣除额=（100+30+150+20+33.33−15）×100%=318.33（万元）

2021年度应纳所得税额=（1 000−318.33）×25%=170.42（万元）

12.4 其他费用扣除

12.4.1 业务招待费

12.4.1.1 哪些费用是业务招待费

业务招待费是指企事业单位为生产经营业务活动的需要而合理开支的接待费用。在业务招待费的范围上，不论是财务会计制度还是新旧税法都未给予准确的界定。在实践中，业务招待费用主要包括以下开支：

（1）因生产经营需要而宴请或工作餐的开支；

（2）因企业生产经营需要赠送纪念品的开支；

（3）因企业生产经营需要而发生的景点参观费和及其他费用的开支；

（4）因企业生产经营需要而发生的业务关系人员的差旅费开支。

12.4.1.2 业务招待费的税前扣除限额

业务招待是正常的商业做法，但商业招待又不可避免包括个人消费的成分，在许多情况下，无法将商业招待与个人消费区分开，因此对企业发生的与生产经营活动有关的业务招待费支出，要求仅能将发生额的60%税前扣除，且最高不得超过当年销售（营业）收入的5‰。企业在计算业务招待费、广告费和业务宣传费等费用扣除限额时，其销售（营业）收入额应包括《企业所得税法实施条例》第二十五条规定的视同销售（营业）收入额。具体来说，就是以主营业务收入、其他业务收入、视同销售收入合计为计算基数，不包括营业外收入。

12.4.1.3 业务招待费用不应与会议费、业务宣传费混淆

税法规定，企业应将业务招待费与会议费严格区分，不得将业务招待费挤入会议费。纳税人发生的与其经营活动有关的差旅费、会议费、董事费，主管税务机关要求提供证明资料的，应能够提供证明其真实性的合法凭证，否则不得在税前扣除。在业务招待费用核算中要按规定的科目进行归集，如果不按规定而将属于业务招待费性质的支出隐藏在其他科目，不允许税前扣除。

一般来讲，外购礼品用于赠送的，应作为业务招待费，但如果礼品是纳税人自行生产或经过委托加工，对企业的形象、产品有标记及宣传作用的，也可作为业务宣传费。同时要严格区分给客户的回扣、贿赂等非法支出，对此不能作为业务招待费而应直接作纳税调整。业务招待费仅限于与企业生产经营活动有关的招待支出，与企业生产经营活动无关的职工福利、职工奖励、为企业销售产品而产生的佣金，以及支付给个人的劳务支出都不得列支招待费。

12.4.2 企业发生的餐费是否都是招待费

餐费是业务招待费的主要组成部分，但并不是所有的餐费都是业务招待费。企业列支的餐费，只要企业依据财务会计制度规定，并实际在财务会计处理上已确认的支出，凡没有超过《企业所得税法》和有关税收法规规定的税前扣除范围和标准的，可按企业实际会计处理确认的支出，在企业所得税税前扣除，计算其应纳税所得额。

12.4.2.1 出差期间的餐费是否属于招待费

公司职工因工作需要到外地出差，差旅途中的用餐支出，企业将职工差旅途中的用餐支出计入“差旅费”科目核算。在企业所得税处理中，依据《企业所得税法》第八条规定，职工出差的用餐支出作为企业实际发生的与取得收入有关的、合理的费用，可以在计算应纳税所得额时据实扣除。

12.4.2.2 会议期间的餐费是否属于招待费

企业组织员工召开工作总结、表彰等工作会议时发生的餐费支出。对于会议费开支范围的界定，会计和税法都没有明确的规定，参照《财政部关于印发〈中央和国家机关会议费管理办法〉的通知》(财行〔2016〕214号)第十四条规定：会议费开支范围包括会议住宿费、伙食费、会议场地租金、交通费、文件印刷费、医药费等。企业将工作会议发生的餐费支出，在财务核算时计入“管理费用——会议费”科目核算，是符合企业所得税法相关规定的，可以在计算应纳税所得额时据实扣除。

12.4.2.3 福利性质的餐费是否属于招待费

企业没有食堂，统一为员工购买午餐发生的支出，年终组织聚餐发生的支出，以及员工因工作需要加班，由企业按一定标准予以报销的加班餐支出，企业在财务核算时计入“职工福利费”科目核算，在企业所得税税前扣除时，按照企业发生的职工福利费支出，不超过工资、薪金总额14%的部分可在税前扣除。

12.4.2.4 招待客户的餐费支出是否属于招待费

招待客户的餐费支出就属于为生产经营业务活动的需要而合理开支的接待费用，在会计处理上计入“管理费用——业务招待费”科目核算。在企业所得税处理上，按照业务招待费的限额进行税前扣除。

12.4.3 广告费和业务宣传费

企业发生的符合条件的广告费和业务宣传费支出，除国务院财政、税务主管部门另有规定外，不超过当年销售（营业）收入15%的部分，准予扣除；超过部分，准予在以后纳税年度结转扣除。

（1）关于销售（营业）收入基数的确定问题。

企业在计算业务招待费、广告费和业务宣传费等费用扣除限额时，其销售（营业）收入额应包括《企业所得税法实施条例》第二十五条规定的视同销售（营业）收入额。

（2）企业发生的与生产经营活动无关的各种非广告性质的赞助支出不得扣除。

（3）企业在筹建期间，发生的广告费和业务宣传费，可按实际发生额计入企业筹办费，并按有关规定在税前扣除。

（4）对化妆品制造或销售、医药制造和饮料制造（不含酒类制造）企业发生的广告费和业务宣传费支出，不超过当年销售（营业）收入30%的部分，准予扣除；超过部分，准予在以后纳税年度结转扣除。

（5）烟草企业的烟草广告费和业务宣传费支出，一律不得在计算应纳税所得额时扣除。

12.4.4 租赁费用

企业根据生产经营活动的需要租入固定资产应区分经营租赁方式和融资租赁方式分别适用扣除方法。

企业根据生产经营活动的需要租入固定资产支付的租赁费，按照以下方法扣除：

（1）以经营租赁方式租入固定资产发生的租赁费支出，按照租赁期限均匀扣除；

（2）以融资租赁方式租入固定资产发生的租赁费支出，按照规定构成融资租入固定资产价值的部分应当提取折旧费用，分期扣除。

12.4.5 手续费及佣金

企业发生与生产经营有关的手续费及佣金支出，不超过规定计算限额以内的部分，准予扣除；超过部分，不得扣除。

（1）保险企业发生与其经营活动有关的手续费及佣金支出，不超过当年全部保费收入扣除退保金等后余额的18%（含本数）的部分，在计算应纳税所得额时准予扣除；超过部分，允许结转以后年度扣除。其他企业：按与具有合法经营资格中介服务机构或个人（不含交易双方及其雇员、代理人和代表人等）所签订服务协议或合同确认的收入金额的5%计算限额。

（2）企业应与具有合法经营资格中介服务企业或个人签订代办协议或合同，并按国家有关规定支付手续费及佣金。除委托个人代理外，企业以现金等非转账方式支付的手续费及佣金不得在税前扣除。企业为发行权益性证券支付给有关证券承销机构的手续费及佣金不得在税前扣除。

（3）企业不得将手续费及佣金支出计入回扣、业务提成、返利、进场费等费用。

（4）企业已计入固定资产、无形资产等相关资产的手续费及佣金支出，应当通过折旧、摊销等方式分期扣除，不得在发生当期直接扣除。

（5）企业支付的手续费及佣金不得直接冲减服务协议或合同金额，并如实入账。

12.4.6 公益性捐赠

企业发生的公益性捐赠支出，在年度利润总额12%以内的部分，准予在计算应纳税所得额时扣除；超过年度利润总额12%的部分，准予结转以后3年内在计算应纳税所得额时扣除。

（1）公益性捐赠，是指企业通过公益性社会组织或者县级以上人民政府及其部门，用于符合法律规定的慈善活动、公益事业的捐赠。

（2）公益性社会组织，是指同时符合下列条件的慈善组织以及其他社会组织：①依法登记，具有法人资格；②以发展公益事业为宗旨，且不以营利为目的；③全部资产及其增值为该法人所有；④收益和营运结余主要用于符合该法人设立目的的事业；⑤终止后的剩余财产不归属任何个人或者营利组织；⑥不经营与其设立目的无关的业务；⑦有健全的财务会计制度；⑧捐赠者不以任何形式参与该法人财产的分配；⑨国务院财政、税务主管部门会同国务院民政部门等登记管理部门规定的其他条件。

（3）企业在非货币性资产捐赠过程中发生的运费、保险费、人工费用等相关支出，凡纳入国家机关、公益性社会组织开具的公益捐赠票据记载的数额中的，作为公益性捐赠支出按照规定在税前扣除；上述费用未纳入公益性捐赠票据记载的数额中的，作为企业相关费用按照规定在税前扣除。

第四篇

销售与应收款典型涉税事项

第十三章

销 售

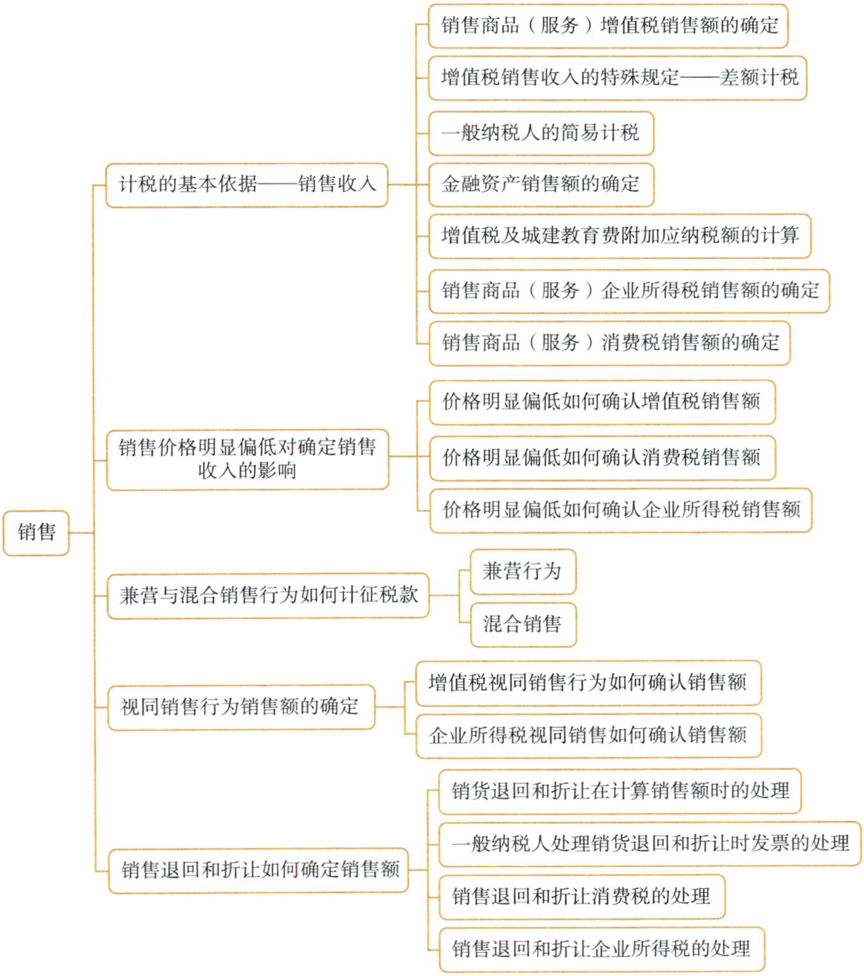
销售
计税的基本依据——销售收入
销售商品（服务）增值税销售额的确定
增值税销售收入的特殊规定——差额计税
一般纳税人的简易计税
金融资产销售额的确定
增值税及城建教育费附加应纳税额的计算
销售商品（服务）企业所得税销售额的确定
销售商品（服务）消费税销售额的确定
销售价格明显偏低对确定销售收入的影响
价格明显偏低如何确认增值税销售额
价格明显偏低如何确认消费税销售额
价格明显偏低如何确认企业所得税销售额
兼营与混合销售行为如何计征税款
兼营行为
混合销售
视同销售行为销售额的确定
增值税视同销售行为如何确认销售额
企业所得税视同销售如何确认销售额
销售退回和折让如何确定销售额
销货退回和折让在计算销售额时的处理
一般纳税人处理销货退回和折让时发票的处理
销售退回和折让消费税的处理
销售退回和折让企业所得税的处理

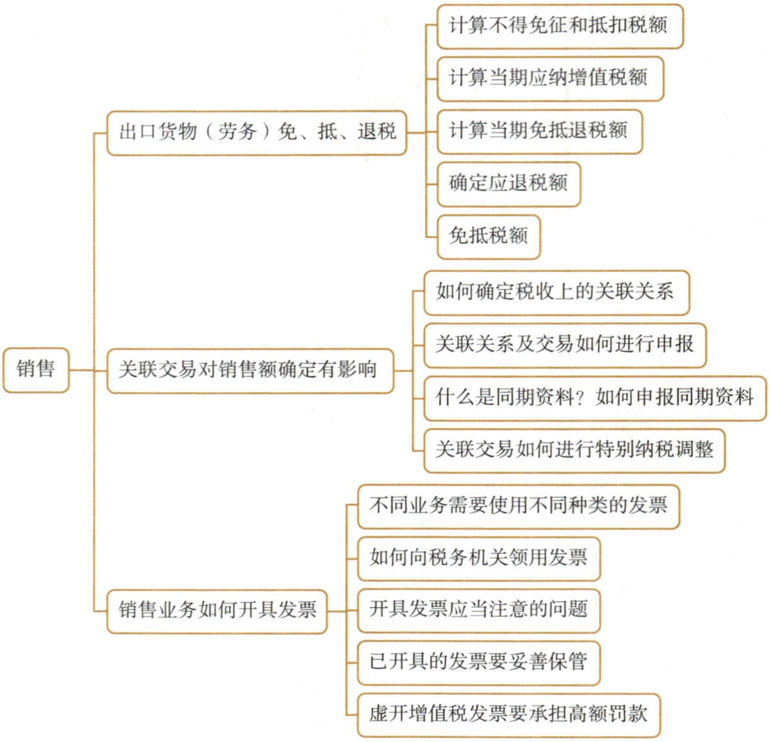

图 13-1　销售相关内容思维导图

销售，是企业收益的重要来源，做好相关涉税业务处理尤为重要。销售环节涉及的税费，主要有增值税和消费税，以及以上述两个税种作为税基的城市维护建设税、教育费附加、地方教育附加。同时，销售时确认的收入，还是计算企业所得税的重要依据。

13.1　计税的基本依据——销售收入

就税法而言，流转税（如增值税）的课税基础是流转额，所得税的课税基础是所得额，房产税的课税基础是房产，车船税的课税基础是车船等。各税费种的课税基础存在差异，但是从本质上看，其课税基础都是可以为企业带来收益。流转税（主要涉及增值税和消费税）更是以销售收入作为课税基础的典型税种。

13.1.1 销售商品（服务）增值税销售额的确定

我国增值税采用按不含销项税额、应纳税额的销售额计算征收的办法，税款是附加在价格之外另行征收的，由购买方支付并最终由消费者负担。因此，增值税的核算与成本利润是分开的，征收增值税并不影响企业制定产品价格、确定经营利润。

销售额的范围包括全部价款和价外费用。价款一般是根据成本和利润而核定的价格。价外费用包括价外向购买方收取的手续费、补贴、基金、集资费、返还利润、奖励费、违约金、滞纳金、延期付款利息、赔偿金、代收款项、代垫款项、包装费、包装物租金、储备费、优质费、运输装卸费以及其他各种性质的价外收费。

13.1.1.1 增值税不含税销售额的计算

（1）确定一般纳税人的销售额时，可能会遇到一般纳税人由于销售的对象不同、开具的发票种类不同而将销售额和销项税额合并定价的情况。对此，《增值税暂行条例实施细则》对此做出了规定，一般纳税人销售货物或者应税劳务，采用销售额和销项税额合并定价方法的，按下列公式计算销售额：

销售额=含税销售额 ÷（1+税率）

【案例13-1】增值税一般纳税人不含税销售额以及应纳税额的计算。

2023年6月，消费者从甲超市（甲超市为增值税一般纳税人）购买一箱饮料，结账时支付了150元。此笔业务中，甲超市计算增值税的销售额是多少？应当缴纳的增值税是多少？

答案解析：

销售额=150÷（1+13%）=132.74（元）

缴纳的增值税税款=132.74×13%=17.26（元）

（2）确定小规模纳税人的销售额时，对其销售货物或应税劳务采用销售额和应纳税额合并定价方法的，根据《增值税暂行条例实施细则》的规定，应按下列公式计算销售额：

销售额=含税销售额÷（1+征收率）

【案例13-2】增值税小规模纳税人不含税销售额以及应纳税额的计算。

2023年6月，消费者从甲超市（甲超市为增值税小规模纳税人，且不适用免征增值税政策）购买一箱饮料，结账时支付了150元。此笔业务中，甲超市计算增值税的销售额是多少？应当缴纳的增值税是多少？

答案解析：

在没有优惠政策的情况下：

销售额=150÷（1+3%）=145.63（元）

缴纳的增值税税款=145.63×3%=4.37（元）

按照《财政部 税务总局关于增值税小规模纳税人减免增值税政策的公告》（财政部 税务总局公告2023年第19号）政策规定，增值税小规模纳税人适用3%征收率的应税销售收入，减按1%征收率征收增值税。此政策执行至2027年12月31日。

按照上述政策规定，甲超市的销售额及应纳税额为：

销售额=150÷（1+1%）=148.51（元）

缴纳的增值税税款=148.51×1%=1.49（元）

13.1.1.2 销售二手车如何缴纳增值税

【案例13-3】销售二手车增值税税款的计算。

甲公司是增值税小规模纳税人，从事二手车经销业务，2019年9

月3日，销售其收购的二手车一辆，收取价款50 000元。请思考，此笔业务中，甲公司应当确认的增值税销售额和应纳税额分别是多少？

答案解析：

销售额=50 000÷（1+3%）=48 543.69（元）

缴纳的增值税税款=48 543.69×2%=970.87（元）

注：根据《财政部 国家税务总局关于部分货物适用增值税低税率和简易办法征收增值税政策的通知》（财税〔2009〕9号），纳税人销售旧货，按照简易办法依照3%征收率减按2%征收增值税。所称旧货，是指进入二次流通的具有部分使用价值的货物（含旧汽车、旧摩托车和旧游艇），但不包括自己使用过的物品。

【案例13-4】销售二手车增值税税款的计算。

甲公司是增值税小规模纳税人，从事二手车经销业务，2022年9月3日，销售其收购的二手车一辆，收取价款50 000元。请思考，此笔业务中，甲公司应当确认的增值税销售额和应纳税额分别是多少？

答案解析：

案例13-3和案例13-4的文字表述几乎一致，只是时间发生了变化，前者是2019年，后者是2022年。那么，二者确认的销售收入还一样吗？

销售额=50 000÷（1+0.5%）=49 751.24（元）

缴纳的增值税税款=49 751.24×0.5%=248.76（元）

显而易见，二者确认的销售收入和应纳税额不一致。因为自2020年5月1日起，再出台新的增值税征收率变动政策，计算销售额的原理发生了变化。即：销售额=含税销售额÷（1+新的征收率）。这一点，值得格外注意。

注：根据《国家税务总局关于明确二手车经销等若干增值税征管问题的公告》（国家税务总局公告2020年第9号），自2020年5月1日至2023年12月31日，从事二手车经销业务的纳税人销售其收购的二手车，纳税人减按0.5%征收率征收增值税，并按下列公式计算销售额：销售额=含税销售额÷（1+0.5%）。

本公告发布后出台新的增值税征收率变动政策，比照上述公式原理计算销售额。

13.1.2 增值税销售收入的特殊规定——差额计税

2016年营业税改征增值税后，在政策上对营业税的有关政策进行了平移，自此，增值税中有了差额征税的概念。

营业税改征增值税试点纳税人按照以下规定从全部价款和价外费用中扣除的价款，应当取得符合法律、行政法规和国家税务总局规定的有效凭证。否则，不得扣除。

有效凭证是指：

（1）支付给境内单位或者个人的款项，以发票为合法有效凭证。

（2）支付给境外单位或者个人的款项，以该单位或者个人的签收单据为合法有效凭证，税务机关对签收单据有疑义的，可以要求其提供境外公证机构的确认证明。

（3）缴纳的税款，以完税凭证为合法有效凭证。

（4）扣除的政府性基金、行政事业性收费或者向政府支付的土地价款，以省级以上（含省级）财政部门监（印）制的财政票据为合法有效凭证。

（5）国家税务总局规定的其他凭证。

纳税人取得的上述凭证属于增值税扣税凭证的，其进项税额不得从销项税额中抵扣。

13.1.2.1 经纪代理服务的差额计税

经纪代理服务，以取得的全部价款和价外费用，扣除向委托方收取并代为支付的政府性基金或者行政事业性收费后的余额为销售额。

向委托方收取的政府性基金或者行政事业性收费，不得开具增值税专用发票。

13.1.2.2 航空运输企业的差额计税

航空运输企业的销售额，不包括代收的机场建设费和代售其他航空运输企业客票而代收转付的价款。

13.1.2.3 客运场站的差额计税

提供客运场站服务的纳税人，以其取得的全部价款和价外费用，扣除支付给承运方运费后的余额为销售额。

13.1.2.4 旅游服务的差额计税

纳税人提供旅游服务，可以选择以取得的全部价款和价外费用，扣除向旅游服务购买方收取并支付给其他单位或者个人的住宿费、餐饮费、交通费、签证费、门票费和支付给其他接团旅游企业的旅游费用后的余额为销售额。

选择上述办法计算销售额的试点纳税人，向旅游服务购买方收取并支付的上述费用，不得开具增值税专用发票，可以开具普通发票。

特别需要注意的是上文中“可以选择”四个字。这意味着，提供旅游服务的纳税人也可以不选择“差额计税”的方式，而选择一般计税方法计算缴纳增值税。即以全部价款和价外费用为销售额，按照6%的适用税率计算缴纳增值税。选择了一般计税方法的纳税人，向旅游服务购买方收取并支付给其他单位或者个人的住宿费、餐饮费、交通费、签证费、门票费和支付给其他接团旅游企业的旅游费用，就可以取得增值税专用发票，作为进项税额进行抵扣。

13.1.2.5 建筑服务的差额计税

纳税人提供建筑服务适用简易计税方法的，以取得的全部价款和价外费用扣除支付的分包款后的余额为销售额。

13.1.2.6 房地产企业的差额计税

房地产开发企业中的一般纳税人销售其开发的房地产项目（选择简易计税方法的房地产老项目除外），以取得的全部价款和价外费用，扣除受让土地时向政府部门支付的土地价款后的余额为销售额。

房地产老项目，是指“建筑工程施工许可证”注明的合同开工日期在2016年4月30日前的房地产项目。

销售额=（全部价款和价外费用－当期允许扣除的土地价款）÷（1+9%）

当期允许扣除的土地价款=（当期销售房地产项目建筑面积 ÷ 房地产项目可供销售建筑面积）× 支付的土地价款

支付的土地价款，是指向政府、土地管理部门或受政府委托收取土地价款的单位直接支付的土地价款。

房地产项目可供销售建筑面积指可出售的总建筑面积，不包括未单独作价结算的配套公共设施建筑面积。

销售自行开发的房地产老项目可选择适用简易计税方法全部价款和价外费用为销售额按照5%的征收率计税，不得扣除对应的土地价款。一经选择简易计税方法计税的，36个月内不得变更为一般计税方法计税。

需要特别注意的是：房地产开发企业的一般纳税人采取预收款方式销售自行开发的房地产项目，应在收到预收款时按照3%的预征率预缴增值税。应预缴税款=预收款 ÷（1+适用税率9%或征收率5%）× 3%

一般纳税人销售自行开发的房地产项目适用一般计税方法计税的，应当按照纳税义务发生时间，以当期销售额和9%的适用税率计算当期应纳税额，抵减已预缴的税款后，向主管税务机关申报纳税。未抵减完的预缴税款可以结转下期继续抵减。

一般纳税人销售自行开发的房地产项目适用简易计税方法计税的，应当按照纳税义务发生时间，以当期销售额和5%的征收率计算当期应纳税额，抵减已预缴的税款后，向主管税务机关申报纳税。未抵减完的预缴税款可以结转下期继续抵减。

13.1.2.7 融资租赁和融资性售后回租业务的差额计税

详见13.1.4.2。

13.1.3 一般纳税人的简易计税

相对于小规模纳税人而言，一般纳税人按照简易办法计算应纳税额的情形多，征收率的规定也更加复杂，主要可以分为以下几种情况：

（1）一般纳税人销售自产的下列货物，可选择按照简易办法依照3%征收率计算缴纳增值税：

①县级及县级以下小型水力发电单位生产的电力。小型水力发电单位，是指各类投资主体建设的装机容量为5万千瓦以下（含5万千瓦）的小型水力发电单位。

②建筑用和生产建筑材料所用的砂、土、石料。

③以自己采掘的砂、土、石料或其他矿物连续生产的砖、瓦、石灰（不含黏土实心砖、瓦）。

④用微生物、微生物代谢产物、动物毒素、人或动物的血液或组织制成的生物制品。

⑤自来水。

⑥商品混凝土（仅限于以水泥为原料生产的水泥混凝土）。

一般纳税人选择简易办法计算缴纳增值税后，36个月内不得变更。

这里需要注意的是，一般纳税人销售自产的生物制品、自来水等特定货物，是可以选择应纳税额的计算方法的，既可选择按照简易办法计算，也可以选择按照销项税额减进项税额的方法计算。但是，一般纳税人选择简易办法计算缴纳增值税后，36个月内不得变更。

（2）一般纳税人销售货物属于下列情形之一的，暂按简易办法依照3%征收率计算缴纳增值税：

①寄售商店代销寄售物品（包括居民个人寄售的物品在内）；

②典当业销售死当物品；

③经国务院或国务院授权机关批准的免税商店零售的免税品。

（3）一般纳税人发生下列应税行为可以选择适用简易计税方法计税：

①公共交通运输服务。

公共交通运输服务，包括轮客渡、公交客运、地铁、城市轻轨、出租车、长途客运、班车。

班车，是指按固定路线、固定时间运营并在固定站点停靠的运送旅客的陆路运输服务。

②经认定的动漫企业为开发动漫产品提供的动漫脚本编撰、形象设计、背景设计、动画设计、分镜、动画制作、摄制、描线、上色、画面合成、配音、配乐、音效合成、剪辑、字幕制作、压缩转码（面向网络动漫、手机动漫格式适配）服务，以及在境内转让动漫版权（包括动漫品牌、形象或者内容的授权及再授权）。

动漫企业和自主开发、生产动漫产品的认定标准和认定程序，按照《文化部 财政部 国家税务总局关于印发〈动漫企业认定管理办法（试行）〉的通知》（文市发〔2008〕51号）的规定执行。

③电影放映服务、仓储服务、装卸搬运服务、收派服务和文化体育服务。

④以纳入营改增试点之日前取得的有形动产为标的物提供的经营租赁服务。

⑤在纳入营改增试点之日前签订的尚未执行完毕的有形动产租赁合同。

（4）一般纳税人以清包工方式提供的建筑服务，可以选择适用简易计税方法计税。

以清包工方式提供建筑服务，是指施工方不采购建筑工程所需的材料或只采购辅助材料，并收取人工费、管理费或者其他费用的建筑服务。

（5）一般纳税人为甲供工程提供的建筑服务，可以选择适用简易计税方法计税。

甲供工程，是指全部或部分设备、材料、动力由工程发包方自行采购的建筑工程。

（6）一般纳税人为建筑工程老项目提供的建筑服务，可以选择适用简易计税方法计税。

13.1.4 金融资产销售额的确定

13.1.4.1 金融商品转让的销售额

金融商品转让，按照卖出价扣除买入价后的余额为销售额。

销售额=卖出价－买入价

金融商品的买入价可选择按照加权平均法或移动加权平均法进行核算，选择后36个月内不得变更。

金融商品转让，不得开具增值税专用发票。转让金融商品出现的正负差，按盈亏相抵后的余额为销售额。若相抵后出现负差，可结转下一纳税期与下期转让金融商品销售额相抵，但年末时仍出现负差的，不得转入下一个会计年度。

【案例13-5】转让金融商品增值税以及企业所得税的计算。

甲银行为增值税一般纳税人，第三季度7月1日购买债券支付价款3 000万元，9月20日转让购入的债券取得含税收入4 000万元。第二季度末金融商品转让负差100万元。

计算应缴纳的增值税税额：

含税销售额=4 000–3 000–100=900（万元）

当期应缴纳的增值税=900 ÷ 1.06 × 6%=50.94（万元）

计算应缴纳的企业所得税：

该纳税人二季度金融商品转让出现了负差，当期应纳税所得额为零；

该纳税人三季度应纳税所得额=4 000–3 000=1 000（万元）

应预缴的企业所得税=1 000×25%=250（万元）

假设年度内，该纳税人无其他业务收入、其他业务支出，就示例中的业务进行企业所得税汇算清缴时，应纳税所得额=4 000–3 000–100=900（万元）

年度应纳所得税额=900×25%–250=225–250=–25（万元）

13.1.4.2 融资租赁和融资性售后回租业务的销售额

13.1.4.2.1 融资租赁

经人民银行、原银监会或者商务部批准从事融资租赁业务的试点纳税人，提供融资租赁服务，以取得的全部价款和价外费用，扣除支付的借款利息（包括外汇借款和人民币借款利息）、发行债券利息和车辆购置税后的余额为销售额。

融资租赁服务销售额=全部价款和价外费用–支付的借款利息（包括外汇借款和人民币借款利息）–债券利息–车辆购置税

13.1.4.2.2 融资性售后回租

经人民银行、原银监会或者商务部批准从事融资租赁业务的试点纳税人，提供融资性售后回租服务，以取得的全部价款和价外费用（不含本金），扣除对外支付的借款利息（包括外汇借款和人民币借款利息）、发行债券利息后的余额作为销售额。

融资性售后回租销售额=全部价款和价外费用（不含本金）–对外支付的借款利息（包括外汇借款和人民币借款利息）–债券利息

【案例13–6】融资性售后回租业务增值税的计算。

甲公司与乙公司于2022年1月签订了一个融资性售后回租业务合同，合同约定甲公司将价值1 200万元的标的物出售给乙公司，乙公司将该标的物回租给甲公司，租期5年，每月固定收取租金25万元，其中本金20万元。乙公司购买标的物支付给甲公司的1 200万元是向银行借款取得，借款期限为5年，每月需向银行支付借款利息2万元。

乙公司为增值税一般纳税人且符合差额征税条件。

乙公司每月应缴纳的增值税：

不含税销售额 =（25–20）÷（1+6%）=2.83（万元）

应缴纳的增值税 =2.83×6%=0.17（万元）

13.1.4.2.3 其他特殊事项

发放贷款后自结息日起90天内发生的应收未收利息按现行规定缴纳增值税，自结息日起90天后发生的应收未收利息暂不缴纳增值税，待实际收到利息时按规定缴纳增值税。

此时，对于增值税的计算缴纳而言，贷款的利息收入以90天为界限，由权责发生制变为收付实现制；对于企业所得税而言，则无收付实现制可言。

由此可见，各税、费种具体的涉税处理规定，可能出现差异，导致同一涉税行为在不同税、费种之间的处理大相径庭。

13.1.5 增值税及城建教育费附加应纳税额的计算

《增值税暂行条例》对应纳税额的计算进行了详细规定。在第十章，本书也对进项税额有关内容以及应纳税额的计算进行了阐释。在学习过程中，应先准确掌握进项税额、销项税额有关知识，应纳税额的计算自然水到渠成。

13.1.5.1 一般纳税人应纳税额的计算

根据《增值税暂行条例》的规定，一般纳税人销售货物或者提供应税服务，应纳税额为当期销项税额抵扣当期进项税额后的余额。应纳税额计算公式：

应纳税额 = 当期销项税额 – 当期进项税额

具体而言，销项税额是销售货物、服务、无形资产、不动产的销售额（详见13.1.1）与税率的乘积；进项税额是指纳税人购进货物或者接受应税服务，支付或者负担的增值税额（详见第十一章）。

除一般计算方法外，符合政策规定的增值税一般纳税人也可实行简易办法计算应纳税额，其应纳税额的计算公式与小规模纳税人相同。

【案例 13-7】增值税一般纳税人增值税应纳税额的计算。

甲企业是生产A产品的增值税一般纳税人，2022年9月生产并销售A商品1 500件，销售单价为1 000元，税率为13%。同月，购进原材料一批，取得增值税专用发票，票面金额200万元，税率为13%。2022年10月生产并销售A商品1 700件，销售单价为1 000元，税率为13%。请分别计算甲企业9月、10月应缴纳的增值税。

2022年9月，甲企业当期销项税额=1 500×1 000×13%=195 000（元）

当期进项税额=2 000 000×13%=260 000（元）

当期应纳税额=当期销项税额－当期进项税额=195 000–260 000=–65 000（元）

当期应纳税额为负数，形成该纳税人的留抵税额。可抵减下期应纳税额，申请如符合留抵退税条件，办理留抵退税。

2022年10月，甲企业当期销项税额=1 700×1 000×13%=221 000（元）

当期无新增进项税额。同时，结转上期（2022年9月）留抵税额65 000元。

当期应纳税额=当期销项税额－当期进项税额－上期期末留抵税额=221 000–0–65 000=156 000（元）

13.1.5.2 小规模纳税人应纳税额的计算

根据《增值税暂行条例》的规定，小规模纳税人销售货物或者应税劳务，实行按照销售额和征收率计算应纳税额的简易办法，并不得抵扣进项税额。

应纳税额计算公式：应纳税额=销售额×征收率

小规模纳税人的销售额比照一般纳税人的规定来确定。

注：在我国的增值税征管中，增值税的纳税人分为一般纳税人和小规模纳税人两大类。按照《增值税一般纳税人登记管理办法》（国家税务总局令第43号）规定，小规模纳税人的标准是：

增值税纳税人，年应税销售额超过财政部、国家税务总局规定的小规模纳税人标准（500万元）的，除按照政策规定选择按照小规模纳税人纳税的；以及年应税销售额超过规定标准的其他个人之外，均应当向主管税务机关办理一般纳税人登记。

【案例13–8】增值税小规模纳税人应纳税款的计算。

甲企业是生产A产品的增值税小规模纳税人，2022年9月生产并销售A商品1 500件，销售单价为1 000元，税率为3%。同月，购进原材料一批，取得增值税专用发票，票面金额200万元，税率为13%。请计算甲企业当期应缴纳的增值税。

2022年9月，甲企业虽然取得了增值税专用发票，但是小规模纳税人不能抵扣增值税进项税额，在计算应纳税额时，只需要按照销售额与征收率计算即可。

甲企业当期应纳增值税=1 500×1 000×3%=45 000（元）

此例中，需要注意的是，甲企业9月的销售额为150万元，暂未达到需要登记为增值税一般纳税人的条件（连续12个月销售收入超过500万元）。当然，纳税人可以根据自身核算实际，向税务机关申请登记为增值税一般纳税人。

13.1.5.3 城市维护建设税的计算

在中华人民共和国境内缴纳增值税、消费税的单位和个人，为城市维护建设税的纳税人，应当依照《中华人民共和国城市维护建设税法》规定缴纳城市维护建设税。

城市维护建设税以纳税人依法实际缴纳的增值税、消费税税额为计税依据。城市维护建设税的计税依据应当按照规定扣除期末留抵退税退还的增值税税额。对进口货物或者境外单位和个人向境内销售劳务、服务、无形资产缴纳的增值税、消费税税额，不征收城市维护建设税。

【案例13–9】城市维护建设税的计算。

甲企业是生产A产品的增值税小规模纳税人，2022年9月生产并销售A商品1 500件，销售单价为1 000元，税率为3%，已缴纳入库。请计算甲企业当期应缴纳的城市维护建设税。

答案解析：

甲企业城市维护建设税的税基是缴纳的增值税税额，从案例13–8的计算中可知，甲企业当期应纳增值税=1 500×1 000×3%=45 000元。城市维护建设税的税基为45 000元。

按照城市维护建设税税率：纳税人所在地在市区的，税率为7%；纳税人所在地在县城、镇的，税率为5%；纳税人所在地不在市区、县城或者镇的，税率为1%。

假设甲企业所在地是市区，则其适用7%的税率。

应缴纳的城市维护建设税=45 000×7%=3 150（元）

13.1.5.4 教育费附加和地方教育附加的计算

教育费附加，是为加快发展地方教育事业，扩大地方教育经费的资金来源，对缴纳增值税、消费税的单位和个人征收的政府性基金。

地方教育附加，是指省、自治区、直辖市人民政府根据《中华人民共和国教育法》和国务院的有关规定，开征的用于教育的政府性基金。

教育费附加和地方教育附加，均以单位和个人实际缴纳的增值税、消费税的税额为计征依据，教育费附加率3%，地方教育附加率2%。

【案例13–10】教育费附加和地方教育附加的计算。

甲企业是生产A产品的增值税小规模纳税人，2022年9月生产并销售A商品1 500件，销售单价为1 000元，税率为3%，已缴纳入库。请计算甲企业当期应缴纳的城市维护建设税。

答案解析：

甲企业应当缴纳的教育费附加和地方教育附加的计征依据是缴纳的增值税税额，从案例13–8的计算中可知，甲企业当期应纳增值税=1 500×1 000×3%=45 000元，其计税依据为45 000元。

应缴纳的教育费附加=45 000×3%=1 350（元）

应缴纳的地方教育附加=45 000×2%=900（元）

13.1.6 销售商品（服务）企业所得税销售额的确定

《企业所得税法》对所得的概念作出规定，居民企业应当就其来源于中国境内、境外的所得缴纳企业所得税；非居民企业在中国境内设立机构、场所的，应当就其所设机构、场所取得的来源于中国境内的所得，以及发生在中国境外但与其所设机构、场所有实际联系的所得，缴纳企业所得税；非居民企业在中国境内未设立机构、场所的，或者虽设立机构、场所但取得的所得与其所设机构、场所没有实际联系的，应当就其来源于中国境内的所得缴纳企业所得税。那么，在企业所得税中如何确定销售额呢?

13.1.6.1 所得包括哪些具体内容

《企业所得税法》中所称所得，包括销售货物所得、提供劳务所得、转让财产所得、股息红利等权益性投资所得、利息所得、租金所得、特许权使用费所得、接受捐赠所得和其他所得。

同时，需要注意的是：企业应纳税所得额的计算，以权责发生制为原则，属于当期的收入和费用，不论款项是否收付，均作为当期的收入和费用；不属于当期的收入和费用，即使款项已经在当期收付，均不作为当期的收入和费用。

13.1.6.2 企业所得税收入如何确定

企业以货币形式和非货币形式从各种来源取得的收入，为收入总额。

包括：销售货物收入；提供劳务收入；转让财产收入；股息、红利等权益性投资收益；利息收入；租金收入；特许权使用费收入；接受捐赠收入；其他收入。

企业取得收入的货币形式，包括现金、存款、应收账款、应收票据、准备持有至到期的债券投资以及债务的豁免等。取得收入的非货币形式，包括固定资产、生物资产、无形资产、股权投资、存货、不准备持有至到期的债券投资、劳务以及有关权益等。

以非货币形式取得的收入，应当按照公允价值（市场价格）确定收入额。

具体看，销售收入的确定区分为以下情形：

（1）销售货物收入，是指企业销售商品、产品、原材料、包装物、低值易耗品以及其他存货取得的收入。

（2）提供劳务收入，是指企业从事建筑安装、修理修配、交通运输、仓储租赁、金融保险、邮电通信、咨询经纪、文化体育、科学研究、技术服务、教育培训、餐饮住宿、中介代理、卫生保健、社区服务、旅游、娱乐、加工以及其他劳务服务活动取得的收入。

（3）转让财产收入，是指企业转让固定资产、生物资产、无形资产、股权、债权等财产取得的收入。

（4）股息、红利等权益性投资收益，是指企业因权益性投资从被投资方取得的收入。

股息、红利等权益性投资收益，除国务院财政、税务主管部门另有规定外，按照被投资方作出利润分配决定的日期确认收入的实现。

（5）利息收入，是指企业将资金提供他人使用但不构成权益性投资，或者因他人占用本企业资金取得的收入，包括存款利息、贷款利息、债券利息、欠款利息等收入。

利息收入，按照合同约定的债务人应付利息的日期确认收入的实现。

（6）租金收入，是指企业提供固定资产、包装物或者其他有形资产的使用权取得的收入。

租金收入，按照合同约定的承租人应付租金的日期确认收入的实现。

（7）特许权使用费收入，是指企业提供专利权、非专利技术、商标权、著作权以及其他特许权的使用权取得的收入。

特许权使用费收入，按照合同约定的特许权使用人应付特许权使用费的日期确认收入的实现。

（8）接受捐赠收入，是指企业接受的来自其他企业、组织或者个人无偿给予的货币性资产、非货币性资产。

接受捐赠收入，按照实际收到捐赠资产的日期确认收入的实现。

（9）其他收入，包括企业资产溢余收入、逾期未退包装物押金收入、确实无法偿付的应付款项、已作坏账损失处理后又收回的应收款项、债务重组收入、补贴收入、违约金收入、汇兑收益等。

13.1.6.3 特殊业务的收入如何确认

（1）企业以分期收款方式销售货物的，按照合同约定的收款日期确认收入的实现。

（2）企业受托加工制造大型机械设备、船舶、飞机，以及从事建筑、安装、装配工程业务或者提供其他劳务等，持续时间超过12个月的，按照纳税年度内完工进度或者完成的工作量确认收入的实现。

（3）企业采取产品分成方式取得收入的，按照企业分得产品的日期确认收入的实现，其收入额按照产品的公允价值确定。

（4）企业发生非货币性资产交换，以及将货物、财产、劳务用于捐赠、偿债、赞助、集资、广告、样品、职工福利或者利润分配等用途的，应当视同销售货物、转让财产或者提供劳务，但国务院财政、税务主管部门另有规定的除外。

（5）企业取得的财政拨款，依法收取并纳入财政管理的行政事业性收费、政府性基金，国务院规定的其他不征税收入属于不征税收入。

其中，财政拨款，是指各级人民政府对纳入预算管理的事业单位、社会团体等组织拨付的财政资金。

行政事业性收费，是指依照法律法规等有关规定，按照国务院规定程序批准，在实施社会公共管理，以及在向公民、法人或者其他组织提供特定公共服务过程中，向特定对象收取并纳入财政管理的费用。

政府性基金，是指企业依照法律、行政法规等有关规定，代政府收取的具有专项用途的财政资金。

国务院规定的其他不征税收入，是指企业取得的，由国务院财政、税务主管部门规定专项用途并经国务院批准的财政性资金。

13.1.7 销售商品（服务）消费税销售额的确定

纳税人生产的应税消费品，于纳税人销售时纳税。纳税人自产自用的应税消费品，用于连续生产应税消费品的，不纳税；用于其他方面的，于移送使用时纳税。那么如何确定消费税的销售额呢？

13.1.7.1 消费税销售额与增值税销售额的异同

消费税销售额为纳税人销售应税消费品向购买方收取的全部价款和价外费用。从全部价款和价外费用的表述上看，二者的销售额概念基本一致，尤其是价外费用的概念。

注：增值税和消费税关于价外费用的概念，均包括价外向购买方收取的手续费、补贴、基金、集资费、返还利润、奖励费、违约金、滞纳金、延期付款利息、赔偿金、代收款项、代垫款项、包装费、包装物租金、储备费、优质费、运输装卸费以及其他各种性质的价外收费。

但是，在除外项目中，增值税价外费用明确——受托加工应征消费税的消费品所代收代缴的消费税不包括在内。

对于消费税的销售额，需要特别注意的是，不包括应向购货方收取的增值税税款。如果纳税人应税消费品的销售额中未扣除增值税税款或者因不得开具增值税专用发票而发生价款和增值税税款合并收取的，在计算消费税时，应当换算为不含增值税税款的销售额。

其换算公式为：

应税消费品的销售额=含增值税的销售额 ÷（1+增值税税率或者征收率）

13.1.7.2 消费税销售额并非计算消费税的唯一依据

与其他税费中相区别，消费税最大的特点就是计税依据并不单一以销售额为准。

消费税实行从价定率、从量定额，或者从价定率和从量定额复合计税（以下简称“复合计税”）的办法计算应纳税额。

应纳税额计算公式：

实行从价定率办法计算的应纳税额=销售额 × 比例税率

实行从量定额办法计算的应纳税额=销售数量 × 定额税率

实行复合计税办法计算的应纳税额=销售额 × 比例税率+销售数量 × 定额税率

【案例13–11】消费税销售额的计算。

甲企业销售酒精（消费税税率为5%）100吨，每吨2 000元。请计算甲企业应该缴纳的消费税。

答案解析：

甲企业缴纳消费税的销售额=100 × 2 000=200 000（元）

这里可以看出，甲企业缴纳消费税的销售额与其缴纳增值税的销售额一致。

由于酒精是从价定率方法计征消费税，所以甲企业缴纳的消费税=200 000 × 5%=10 000元。

【案例13–12】消费税从量计征的税款计算。

乙企业销售甲类啤酒（甲类啤酒消费税税率为250元/吨）100吨，每吨2 000元。请计算乙企业应该缴纳的消费税。

答案解析：

由于啤酒是从量定额方法计征消费税，所以乙企业缴纳的消费

税=100×250=25 000（元）

此案例中，甲企业销售啤酒的销售额=100×2 000=200 000元，与计征消费税无关。

【案例13–13】复合计税方法计算消费税。

丙企业是卷烟生产企业，销售甲类卷烟（甲类卷烟消费税税率为56%加0.003元/支）1 000条（每条卷烟200支），每条2 000元。请计算丙企业应该缴纳的消费税。

答案解析：

卷烟实行复合计税方法计征消费税，丙企业应缴纳消费税=销售额×比例税率+销售数量×定额税率=1 000×2 000×56%+1 000×200×0.003=1 120 000+600=1 120 600（元）

这里的销售额，依然与增值税的销售额一致。

13.1.7.3　特殊业务中消费税销售额的计算

（1）纳税人自产自用的应税消费品，按照纳税人生产的同类消费品的销售价格计算纳税；没有同类消费品销售价格的，按照组成计税价格计算纳税。

实行从价定率办法计算纳税的组成计税价格计算公式：

组成计税价格=（成本+利润）÷（1-比例税率）

实行复合计税办法计算纳税的组成计税价格计算公式：

组成计税价格=（成本+利润+自产自用数量×定额税率）÷（1-比例税率）

（2）委托加工的应税消费品，按照受托方的同类消费品的销售价格计算纳税；没有同类消费品销售价格的，按照组成计税价格计算纳税。

实行从价定率办法计算纳税的组成计税价格计算公式：

组成计税价格=（材料成本+加工费）÷（1-比例税率）

实行复合计税办法计算纳税的组成计税价格计算公式：

组成计税价格 =（材料成本 + 加工费 + 委托加工数量 × 定额税率）÷（1− 比例税率）

（3）进口的应税消费品，按照组成计税价格计算纳税。

实行从价定率办法计算纳税的组成计税价格计算公式：

组成计税价格 =（关税完税价格 + 关税）÷（1− 消费税比例税率）

实行复合计税办法计算纳税的组成计税价格计算公式：

组成计税价格 =（关税完税价格 + 关税 + 进口数量 × 消费税定额税率）÷（1− 消费税比例税率）

13.2 销售价格明显偏低对确定销售收入的影响

经济活动强调自治原则，具体的交易方式、交易金额等都由交易双方商定。但由于增值税是从价计征的，销售额是增值税的计算依据，直接影响着应纳税额的多少，在经济活动中可能出现纳税人之间进行关联交易，共谋达到互惠或减少纳税之目的，这就危害到国家的税收利益，需要税务机关的及时介入，施行反避税措施，制裁各种逃避税收义务的行为，以确保国家的税收利益不受影响。

一般而言，市场交易活动中，作为以追求利益最大化为目标的经济人，为了谋求更大的利润或者尽可能地减少损失，往往不会将自己的商品低价出售，但也可能基于减少经济损失等原因低价出售商品。从根本上说，纳税人销售货物或者应税服务的价格，由市场决定并受供求关系影响，价格合理与否是根据市场理性标准来判断的，可能偏高也可能偏低。就增值税而言，由于链条机制的存在，销售价格高低对于总体税收收入而言没有太大的影响，但具体到不同地方的纳税人，情况就比较复杂。对于纳税人确有条例所说的价格明显偏低并无正当理由的，就需要由主管税务机关根据交易的情形，实事求是地加以确认，按规定的政策和程序行使自由裁量权，科学、合理地核定销售额。

13.2.1 价格明显偏低如何确认增值税销售额

根据《增值税暂行条例实施细则》规定，纳税人有价格明显偏低并无正当理由或者按视同销售征税而无销售额的，将按照一定的顺序确定销售额；营业税改征增值税试点实施办法规定，纳税人发生应税行为价格明显偏低或者偏高且不具有合理商业目的的，或者发生无销售额的应税行为，主管税务机关有权按照一定顺序确定销售额。

总体上，都是按照以下顺序确定：

（1）按纳税人最近时期同类货物、服务、无形资产或者不动产的平均销售价格确定；

（2）按其他纳税人最近时期同类货物、服务、无形资产或者不动产的平均销售价格确定；

（3）按组成计税价格确定。组成计税价格的公式为：

组成计税价格=成本×（1+成本利润率）

属于应征消费税的货物，其组成计税价格中应加消费税额。

公式中的成本利润率由国家税务总局确定。

【案例13–14】甲公司与乙公司（甲公司所在地为县城）签订了销售100吨铁精粉的销售合同，约定甲公司于2022年7月31日交货，乙公司收到货物后即支付货款100 000元（不含税价格）。但是，该企业最近时期同类货物的平均销售价格为每吨铁精粉2 300元。

这项业务中，签订合同需按照政策规定缴纳印花税，对于销售方甲公司和购买方乙公司而言，均需要缴纳印花税；除此之外，甲公司作为销售方还需要缴纳增值税、城市维护建设税和教育费附加。

企业自行计算缴纳的税费：

甲、乙公司缴纳的印花税=100 000×0.0003=30（元）

甲公司缴纳的增值税=100 000×0.13=13 000（元）

甲公司缴纳的城市维护建设税=13 000×0.05=650（元）

甲公司缴纳的教育费附加=13 000 × 0.03=390（元）

甲公司缴纳的地方教育附加=13 000 × 0.02=260（元）

税务部门检查发现，该纳税人此笔销售业务，销售价格明显偏低。按照政策规定，税务机关有权按照该纳税人最近时期同类货物平均销售价格确定。即按照230 000元的销售收入计算缴纳增值税，并以缴纳的增值税为税基，计算缴纳城市维护建设税和教育费附加。

甲公司应缴纳的增值税=2 300 × 100 × 0.13=29 900（元）

甲公司缴纳的城市维护建设税=29 900 × 0.05=1 495（元）

甲公司缴纳的教育费附加=29 900 × 0.03=897（元）

甲公司缴纳的地方教育附加=29 900 × 0.02=598（元）

13.2.2 价格明显偏低如何确认消费税销售额

纳税人应税消费品的计税价格明显偏低并无正当理由的，由主管税务机关核定其计税价格。

具体核定计税价格时，应税消费品的计税价格的核定权限规定如下：

（1）卷烟、白酒和小汽车的计税价格由国家税务总局核定，送财政部备案；

（2）其他应税消费品的计税价格由省、自治区和直辖市国家税务局核定；

（3）进口的应税消费品的计税价格由海关核定。

13.2.3 价格明显偏低如何确认企业所得税销售额

企业所得税中并无专门针对销售价格明显偏低的规定，一是因为货物（劳务）销售时，若价格偏低，适用增值税、消费税等流转税有关政策规定，由主管税务机关对其价格进行调整。二是为了避免发生纳税人恶意用偏低的价格，少缴企业所得税，专门有针对关联交易中销售额的调整，详见13.7。

13.3 兼营与混合销售行为如何计征税款

增值税、消费税根据商品（服务）或应税消费品的不同，适用不同的税率，因此，在企业兼营不同税率的商品（服务）或应税消费品，或一项销售行为涉及不同的商品（服务）时，如何准确计算应征收的增值税、消费税需要特别注意。

13.3.1 兼营行为

兼营行为是指，纳税人应税行为涉及不同税率的商品（服务）或应税消费品；或涉及两种以上的销售行为。

前者容易理解，如增值税纳税人应税行为既涉及13%的货物，又涉及6%的服务；后者则过于泛泛，如政策中“热力产品生产企业包括专业供热企业、兼营供热企业和自供热单位”。

13.3.1.1 兼营行为如何征收增值税

纳税人兼营销售货物、劳务、服务、无形资产或者不动产，适用不同税率或者征收率的，应当分别核算适用不同税率或者征收率的销售额；未分别核算的，从高适用税率。

试点纳税人发生应税销售行为适用不同税率或者征收率的，应当分别核算适用不同税率或者征收率的销售额，未分别核算销售额的，按照以下方法适用税率或者征收率：

（1）兼有不同税率的应税销售行为，从高适用税率。

（2）兼有不同征收率的应税销售行为，从高适用征收率。

（3）兼有不同税率和征收率的应税销售行为，从高适用税率。

（4）纳税人销售活动板房、机器设备、钢结构件等自产货物的同时提供建筑、安装服务，不属于混合销售，应分别核算货物和建筑服务的销售额，分别适用不同的税率或者征收率。

13.3.1.2 兼营行为如何征收消费税

纳税人兼营不同税率的应当缴纳消费税的消费品，即纳税人生产销售两种税率以上的应税消费品时，应当分别核算不同税率应税消费品的销售额、销售数量；未分别核算销售额、销售数量，或者将不同税率的应税消费品组成成套消费品销售的，从高适用税率。

13.3.2 混合销售

一项销售行为如果既涉及服务又涉及货物，为混合销售。从事货物的生产、批发或者零售的单位和个体工商户的混合销售行为，按照销售货物缴纳增值税；其他单位和个体工商户的混合销售行为，按照销售服务缴纳增值税。

（1）混合销售行为成立的行为标准有两点：一是其销售行为必须是一项；二是该项行为必须既涉及货物销售又涉及应税服务。

（2）税务处理：从事货物生产、批发或者零售的单位和个体工商户按销售货物纳税；其他单位和个体工商户按销售服务纳税。简单地理解，就是需要“从主”，即按照主要的销售行为计算缴纳税款。

例如：电器商店在销售空调的同时提供安装服务，就属于混合销售的范畴。但是，如果纳税人乐于分开核算，即销售空调按照销售货物核算、提供安装服务按照提供服务核算，也是没有问题的。需要注意的是，分开核算后，就应该按照兼营，按照不同的应税行为，分别计算缴纳增值税。

【案例13–15】混合销售应纳增值税额的计算。

2022年7月，甲家用电器商店，销售空调的同时提供安装服务，销售的空调价格为11 300元，请问甲家用电器商店需要缴纳的增值税是多少？

答案解析：

由于甲销售空调的同时提供了安装服务，属于混合销售，其需要缴纳的增值税=11 300÷（1+13%）×13%=1 300元。

【案例13-16】应纳增值税税额的计算。

2022年7月，甲家用电器商店，甲在销售空调之后，向第三方购买空调安装服务，并免费为消费者安装空调，销售的空调价格为11 300元，请问甲家用电器商店需要缴纳的增值税是多少？

答案解析：

甲销售空调需要缴纳的增值税=11 300÷（1+13%）×13%=1 300（元）

同时，其免费向消费者提供安装空调的服务，属于应当“视同销售”的应税行为，假设安装空调的应税行为视同销售价格为109元，则甲提供免费的安装服务，需要按照视同销售计算缴纳的增值税=109÷（1+9%）×9%=9元。

由于甲向第三方购买了空调安装服务，可以向其索取增值税专用发票用于抵扣，如果第三方是增值税一般纳税人，则可以向甲开具适用税率为9%的增值税专用发票；如果第三方是增值税小规模纳税人，则可以向甲开具适用征收率为3%的增值税专用发票。取得相应的增值税专用发票后，甲可以依据发票注明的税额，进行进项税额的抵扣。

13.4 视同销售行为销售额的确定

13.4.1 增值税视同销售行为如何确认销售额

增值税视同销售征税的行为中，有些行为是不以资金的形式反映出来的，也就是我们所称的无销售额或者无偿赠送。在征税时，如何确定销售额呢？

根据《增值税暂行条例实施细则》规定，纳税人按视同销售征税而无销售额的，按一定的顺序确定销售额。

具体方法是：按照纳税人最近时期同类货物、服务、无形资产或者不动产的平均销售价格确定；按照其他纳税人最近时期同类货物、服务、无形资产或者不动产的平均销售价格确定；按照组成计税价格确定。

注：根据《增值税暂行条例实施细则》（财政部 国家税务总局令第50号），1.单位或者个体工商户的下列行为，视同销售货物：

①将货物交付其他单位或者个人代销；

②销售代销货物；

③设有两个以上机构并实行统一核算的纳税人，将货物从一个机构移送其他机构用于销售，但相关机构设在同一县（市）的除外；

④将自产或者委托加工的货物用于非增值税应税项目（营业税改征增值税后，已实质性失效）；

⑤将自产、委托加工的货物用于集体福利或者个人消费；

⑥将自产、委托加工或者购进的货物作为投资，提供给其他单位或者个体工商户；

⑦将自产、委托加工或者购进的货物分配给股东或者投资者；

⑧将自产、委托加工或者购进的货物无偿赠送其他单位或者个人。

根据《财政部 国家税务总局关于全面推开营业税改征增值税试点的通知》（财税〔2016〕36号），2.下列情形视同销售服务、无形资产或者不动产：

①单位或者个体工商户向其他单位或者个人无偿提供服务，但用于公益事业或者以社会公众为对象的除外。

②单位或者个人向其他单位或者个人无偿转让无形资产或

者不动产，但用于公益事业或者以社会公众为对象的除外。

③财政部和国家税务总局规定的其他情形。

案例13-16中，免费为消费者安装空调的业务行为，就要视同销售。由此可见，在税法中的“销售收入”，不仅指从购买方取得的货币，还包括从购买方取得的货物、服务或者其他经济利益。

13.4.2 企业所得税视同销售如何确认销售额

企业在生产经营过程中发生的非货币性资产交换，如将货物、财产、劳务用于捐赠、偿债、赞助、集资、广告、样品、职工福利或者利润分配，在企业所得税上应按照视同销售货物、转让财产或者提供劳务进行处理。

在确认收入时，一般情况下应按企业同类货物或者服务同期对外销售价格确定销售收入。但是，也会存在特殊情况。比如企业处置资产，还要以资产所有权属在形式和实质上是否发生改变的原则，判断是否属于内部处置资产的行为。若属于内部处置资产，则不视同销售确认收入（除将资产转移至境外以外）；若不属于内部处置资产，则需按规定视同销售确定收入。视同销售时，属于企业自制的资产，按企业同类资产同期对外销售价格确定销售收入；属于外购的资产，按照被移送资产的公允价值确定销售收入。

13.5 销售退回和折让如何确定销售额

销货退回和折让指的是纳税人由于售出商品质量不合格等原因，发生退货或者给予购买方价格的减让。销售行为在先，购货方希望退货或者价格减让在后，因此，销货退回与折让发生在销售收入已经确认之后。

13.5.1 销货退回和折让在计算销售额时的处理

根据《增值税暂行条例实施细则》的规定，纳税人因销售货物退回或者折让而退还给购买方的增值税额，应从发生销售货物退回或者折让当期的销项税额中扣减。一般纳税人销售货物或者应税劳务，开具增值税专用发票后，发生销售货物退回或者折让，应按国家税务总局的规定开具红字增值税专用发票，未按规定开具红字增值税专用发票的，增值税额不得从销项税额中扣减。

根据《营业税改征增值税试点实施办法》规定，纳税人适用一般计税方法计税的，因销售折让、中止或者退回而退还给购买方的增值税额，应当从当期的销项税额中扣减；因销售折让、中止或者退回而收回的增值税额，应当从当期的进项税额中扣减。

13.5.2 一般纳税人处理销货退回和折让时发票的处理

（1）一般纳税人在开具专用发票当月，发生销货退回、开票有误等情形，收到退回的发票联、抵扣联符合作废条件的，按作废处理。

（2）一般纳税人取得专用发票后，发生销货退回、开票有误等情形但不符合作废条件的，或者因销货部分退回及发生销售折让的，购买方应向主管税务机关填报“开具红字增值税专用发票申请单”，主管税务机关审核后出具“开具红字增值税专用发票通知单”。购买方必须暂依“通知单”所列增值税税额从当期进项税额中转出，未抵扣增值税进项税额的可列入当期进项税额，待取得销售方开具的红字专用发票后，与留存的“通知单”一并作为记账凭证。销售方凭购买方提供的“通知单”开具红字专用发票，在防伪税控系统中以销项负数开具。

（3）有些企业为了促销，与客户协议约定，在销售货物并向购买方开具增值税专用发票后，如果购货方在一定时期内累计购买货物达到一定数量，或者出现市场价格下降等情况，销货方将给予购货方相应的价格优惠或补偿等折扣、折让。对此，《国家税务总局关于纳税人折扣折让行为开具红字增值税专用发票问题的通知》（国税函〔2006〕1279号）规定，上述销货方给予购货方相应的价格优惠或补偿等折扣、折让行为，销货方可按现行《增值税专用发票使用规定》的有关规定开具红字增值税专用发票。

13.5.3　销售退回和折让消费税的处理

消费税，由于其特定征收以及计税方法的特点，发生销售退回和折让时，需“因地制宜”。

对于从量计征的啤酒等消费品，由于计算消费税时与售价无关，即便发生销售折让，也不会影响应纳消费税额的计算。对于从价计征的金银首饰等消费品，由于消费税是“价内税”，发生销售退回和折让，自然会冲减消费品对应的应纳消费税税额。

13.5.4　销售退回和折让企业所得税的处理

在企业所得税上，销售退回和折让的处理与增值税的处理原则一致。即发生销售退回的，在发生当期冲减当期销售收入。

13.6　出口货物（劳务）免、抵、退税

纳税人出口货物，税率为零；但是，国务院另有规定的除外。增值税主要涉及“免、抵、退”税和“免、退”税两种涉税事项的处理。简单看，生产企业适用于“免、抵、退”税的政策，外贸经销企业则适用于“免、退”税的政策。

本节主要介绍生产企业“免、抵、退”税的基本计算方法。

13.6.1 计算不得免征和抵扣税额

当期不得免征和抵扣的税额=当期出口货物离岸价格×外汇人民币折合率×（出口货物适用税率-出口货物退税率）

13.6.2 计算当期应纳增值税额

当期应纳税额=当期销项税额-（当期进项税额-“剔税”数额）-上期留抵税款

当期应纳税额大于0：本期应纳税额；小于0：进入下一步。

13.6.3 计算当期免抵退税额

免抵退税额=当期出口货物离岸价×外汇人民币折合率×出口货物退税率

13.6.4 确定应退税额

第2步与第3步相比，谁小按谁退。

第2步的当期应纳税额>第3步的免抵退税额时，第2步减第3步=下期留抵税额。

13.6.5 免抵税额

第3步减第4步=免抵税额。

【案例13-17】某自营出口的生产企业为增值税一般纳税人，出口货物的征税税率为13%，退税税率为11%。

2022年5月有关经营业务为：购进原材料一批，取得的增值税专用发票注明的价款400万元，外购货物准予抵扣的进项税额52万元通过认证。上期末留抵税款5万元。本月内销货物不含税销售额100万元，收款113万元存入银行。本月出口货物的销售额折合人民币200万元。

请计算该企业5月的“免、抵、退”税额。

答案解析：

当期免抵退税不得免征和抵扣税额=200×（13%−11%）=4（万元）

当期应纳税额=100×13%−（52−4）−5=13−48−5=−40（万元）

出口货物“免、抵、退”税额=200×11%=22（万元）

按规定，如当期期末留抵税额>当期免抵退税额时，当期应退税额=当期“免、抵、退”税额，即该企业当期应退税额=22（万元）

当期免抵税额=当期“免、抵、退”税额−当期应退税额，该企业当期免抵税额=22−22=0（万元）

5月期末留抵结转下期继续抵扣税额为=40−22=18（万元）

13.7　关联交易对销售额确定有影响

13.7.1　如何确定税收上的关联关系

关联关系的判定有7种情况，企业与其他企业、组织或者个人具有下列关系之一的，构成关联关系：

（1）一方直接或者间接持有另一方的股份总和达到25%以上（含25%）；双方直接或者间接同为第三方所持有的股份达到25%以上。如果一方通过中间方对另一方间接持有股份，只要其对中间方持股比例达到25%以上，则其对另一方的持股比例按照中间方对另一方的持股比例计算。两个以上具有夫妻、直系血亲、兄弟姐妹以及其他抚养、赡养关系的自然人共同持股同一企业，在判定关联关系时持股比例合并计算。

【案例13–18】

直接持股（见图13–2）：A公司直接持有B公司25%的股份，则A公司与B公司构成关联关系。

图13–2 直接持股

间接持股（见图13–3）：A公司持有B公司50%的股份，B公司持有C公司40%股份，则A公司间接持有C公司40%股份，构成关联关系。

图13–3 间接持股

同为第三方持股（见图13–4）：A公司分别持有B和C公司25%的股份，B公司持有D公司25%股份，则B与C公司同为A公司直接持有股份达到25%以上，构成关联关系；C被A直接持股，D被A间接持股，且均达到25%以上，C与D公司也构成关联关系。

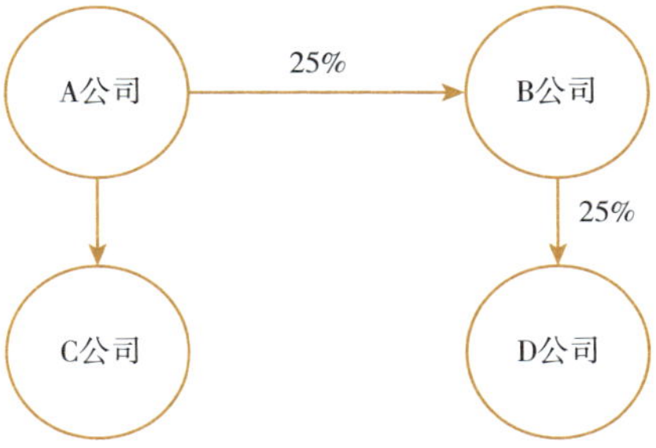

图13–4 同为第三方持股

夫妻共同持股（见图13–5）：丈夫持有A公司25%的股份，持有B公司15%的股份，妻子持有B公司15%的股份，则B公司被丈夫和妻子共同持有30%的股份，A与B公司构成关联关系。

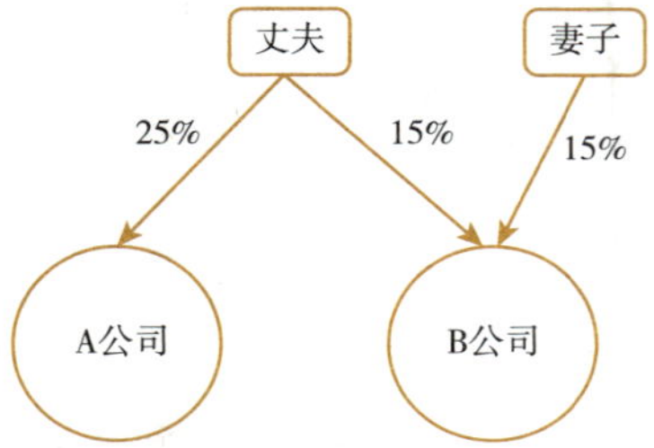

图13-5　夫妻共同持股

（2）双方存在持股关系或者同为第三方持股，虽持股比例未达到本条第（1）项规定，但双方之间借贷资金总额占任一方实收资本比例达到50%以上，或者一方全部借贷资金总额的10%以上由另一方担保（与独立金融机构之间的借贷或者担保除外）。

借贷资金总额占实收资本比例=年度加权平均借贷资金 ÷ 年度加权平均实收资本，其中：

年度加权平均借贷资金=国家税务总局公告2016年第42号关联申报同期资料i笔借入或者贷出资金账面金额 ×i笔借入或者贷出资金年度实际占用天数 ÷365

年度加权平均实收资本=国家税务总局公告2016年第42号关联申报同期资料i笔实收资本账面金额 ×i笔实收资本年度实际占用天数 ÷365

【案例13-19】甲公司直接持有乙公司24%的股权，2019年甲实收资本为3 000万元，乙实收资本1 500万元，且全年无变化。2019年，甲从乙借入3笔借款分别为3 000万元（使用50天），2 000万元（使用60天），1 000万元（使用30天）。

甲乙双方年度借贷资金总额占甲方实收资本比例为：

（3 000×50+2 000×60+1 000×30）÷365÷3 000=27.4%

甲乙双方年度借贷资金总额占乙方实收资本比例为：（3 000×50+2 000×60+1 000×30）÷365÷1 500=54.8%

甲乙双方年度借贷资金总额占甲公司的实收资本比例未超过

50%，但占乙公司的实收资本比例超过50%，因此可以认定甲乙双方构成关联关系。

（3）双方存在持股关系或者同为第三方持股，虽持股比例未达到本条第（1）项规定，但一方的生产经营活动必须由另一方提供专利权、非专利技术、商标权、著作权等特许权才能正常进行。

（4）双方存在持股关系或者同为第三方持股，虽持股比例未达到本条第（1）项规定，但一方的购买、销售、接受劳务、提供劳务等经营活动由另一方控制。

上述控制是指一方有权决定另一方的财务和经营政策，并能据以从另一方的经营活动中获取利益。

（5）一方半数以上董事或者半数以上高级管理人员（包括上市公司董事会秘书、经理、副经理、财务负责人和公司章程规定的其他人员）由另一方任命或者委派，或者同时担任另一方的董事或者高级管理人员；或者双方各自半数以上董事或者半数以上高级管理人员同为第三方任命或者委派。

（6）具有夫妻、直系血亲、兄弟姐妹以及其他抚养、赡养关系的两个自然人分别与双方具有本条第（1）至（5）项关系之一。

（7）双方在实质上具有其他共同利益。

13.7.2 关联关系及交易如何进行申报

（1）申报主体：存在关联交易的企业，在向税务机关报送年度企业所得税纳税申报表时，要进行关联申报，附送"中华人民共和国企业年度关联业务往来报告表（2016年版）"。

（2）申报时间：需关联申报的纳税人，应当在报送年度企业所得税纳税申报表的同时（年度终了之日起5个月内）报送"中华人民共和国企业年度关联业务往来报告表（2016年版）"。

（3）关联交易主要包括：

①有形资产使用权或者所有权的转让。有形资产包括商品、产品、房

屋建筑物、交通工具、机器设备、工具器具等。

②金融资产的转让。金融资产包括应收账款、应收票据、其他应收款项、股权投资、债权投资和衍生金融工具形成的资产等。

③无形资产使用权或者所有权的转让。无形资产包括专利权、非专利技术、商业秘密、商标权、品牌、客户名单、销售渠道、特许经营权、政府许可、著作权等。

④资金融通。资金包括各类长短期借贷资金（含集团资金池）、担保费、各类应计息预付款和延期收付款等。

⑤劳务交易。劳务包括市场调查、营销策划、代理、设计、咨询、行政管理、技术服务、合约研发、维修、法律服务、财务管理、审计、招聘、培训、集中采购等。

（4）注意事项：

①“中华人民共和国企业年度关联业务往来报告表（2016年版）”共22张表格。除“报告企业信息表”“中华人民共和国企业年度关联业务往来汇总表”和“关联关系表”3张表格必填外，其他表格由纳税人根据实际情况选填。不属于关联申报主体的企业无须填报。

②需要准备同期资料的企业，应在“报告企业信息表”124栏“本年度准备同期资料”进行相应勾选。不需要准备同期资料的企业，则在相应栏目勾选“无”。并如实填写“年度关联交易财务状况分析表”。

③企业年度内未与其关联方发生业务往来，但需要报送国别报告的，只填报“报告企业信息表”和国别报告的6张表。企业年度内未与其关联方发生业务往来，且不符合国别报告报送条件的，可以不进行关联申报。

13.7.3 什么是同期资料？如何申报同期资料

关联交易达到一定标准的，要准备同期资料，包括主体文档、本地文档、特殊事项文档（见表13–1）。

表 13-1 同期资料表

	主体文档	本地文档	特殊事项文档
报告主体	符合下列条件之一的企业，应当准备主体文档： （1）年度发生跨境关联交易，且合并该企业财务报表的最终控股企业所属企业集团已准备主体文档 （2）年度关联交易总额超过10亿元	年度关联交易金额符合下列条件之一的企业，应准备本地文档： （1）有形资产所有权转让金额（来料加工业务按照年度进出口报关价格计算）超过2亿元 （2）金融资产转让金额超过1亿元 （3）无形资产所有权转让金额超过1亿元 （4）其他关联交易金额合计超过4 000万元	符合下列条件之一的企业，应准备相应特殊事项文档： （1）签订或者执行成本分摊协议的，应当准备成本分摊协议特殊事项文档 （2）关联债资比例超过标准比例需要说明符合独立交易原则的，应准备资本弱化特殊事项文档
	企业仅与境内关联方发生关联交易的，可以不准备以上同期资料		
准备期限	集团最终控股企业会计年度终了之日起12个月内准备完毕	次年6月30日前准备完毕	
报送期限	自税务机关要求之日起30日内提供		

13.7.4 关联交易如何进行特别纳税调整

【案例13-20】张总在境内拥有A公司100%的股权，为了便于开展全球贸易，A公司在中国香港投资成立了B公司，拥有B公司100%股权，A公司生产出的产品全部销售给香港的B公司，再由B公司销售至全球最终客户。由于香港企业所得税税率大幅低于内地，于是张总为了降低整体税负，统筹考虑，将A公司的产品以较低价格销售给B公司，B公司以市场价格销售至终端客户，于是大量利润留存在香港B公司，在香港征税。

经税务机关调查发现，香港B公司不承担任何功能和风险，其只是一个空壳公司，挂名人员均为A公司员工，销售职能也由A公司实际完成。A公司持有B公司超过25%的股权，认定A、B公司构成关联关系，双方交易为关联交易。因为B公司不承担任何功能和风险，A公司低价将产品销售给B公司，在B公司留存大量利润的行为不符合独立交易原则，应将B公司所有利润调整至A公司，对A公司做出特别纳税调查补缴税款的处理决定，并加收补缴税款所产生的利息。

企业与其关联方之间的产品购销、特许权使用、资金融通、提供或接受劳务等业务往来，不符合独立交易原则而减少企业或者关联方应纳税收入或者所得额的，税务机关有权按照合理的方法调整。违背独立交易原则的行为将面临被税务机关特别纳税调整的风险。

13.8 销售业务如何开具发票

《中华人民共和国发票管理办法》规定，发票是指在购销商品、提供或者接受服务以及从事其他经营活动中，开具、收取的收付款凭证。在企业经营业务中，发票也具有商事凭证的作用，而且随着全面数字化电子发票的推广、应用，发票的各种作用也愈发凸显。

发票是一切经营业务活动过程中发生收付款时开具和收取的一种合法凭证，它与每个企业单位和个人都有着密切的关系。首先，它是一种资金结算凭证，记载了经济交往中的一切基本内容，可以用来证明资金所有权的转移，监督财务收支，是进行会计核算、计算税款的最主要的原始凭证。其次，它是一种权利凭证，可用作申请保险、分割财产、车辆登记等寻求财产法律保障的证明文件。此外，它还可作为契约凭证，契约双方可凭此享有约定的权利，并承担相应的义务。

13.8.1 不同业务需要使用不同种类的发票

为持续深化税务系统“放管服”改革，优化税收营商环境，方便纳税人开具和使用增值税发票，提升纳税人办税质效，税务机关按照是否使用增值税发票管理系统开具，划分为税控发票和非税控发票，基本涵盖了现行有效的发票种类。

13.8.1.1 税控发票的种类

（1）增值税专用发票（折叠式）：可用于抵扣一般纳税人和自愿使用增值税发票管理系统自行开具专用发票的小规模纳税人。

（2）增值税电子专用发票：其法律效力、基本用途、基本使用规定与纸质增值税专用发票相同。但相对纸质专票来讲，电子专票的样式更加简洁、领用方式更快捷、远程交付更便利、财务管理更高效、存储保管更经济，更有利于服务市场主体。

（3）增值税普通发票（折叠式、卷式、电子发票）：比较常见，发生于大多数购买物品的行为中，一般纳税人和小规模纳税人均可领购，票面税款一般不可作为进项抵扣和扣除。经税务机关确认，纳税人可通过增值税发票开票软件开具印有本单位名称的增值税普通发票（折叠票）、增值税普通发票（卷票）。

（4）机动车销售统一发票（折叠式）：凡从事机动车零售业务的单位和个人，在销售机动车（不包括销售旧机动车）收取款项时，必须开具税务机关统一印制的新版“机动车销售统一发票”，作为车辆上牌凭证。购买方为单位的，票面税款可作为进项抵扣。

（5）二手车销售统一发票（折叠式）：从事二手车销售的企业领用，二手车销售企业、经纪机构和拍卖企业在销售、中介和拍卖二手车收取款项时，必须开具“二手车销售统一发票”。

13.8.1.2 非税控发票税务种类

（1）通用机打发票（折叠式、卷式）：联次和规模多样，一般为未达起征点纳税人和某些特殊行业企业领用。

（2）定额发票（订本式）：单张发票金额固定，无须打印即可开具，通常为个体定额户和某些特殊行业的企业领用。

13.8.1.3 其他特殊发票

电子客票行程单、中国铁路总公司及其所属运输企业（含分支机构）

自行印制的铁路票据、门票等。

13.8.2 如何向税务机关领用发票

需要领购发票的单位和个人，应当持税务登记证件、经办人身份证明、按照国务院税务主管部门规定式样制作的发票专用章的印模，向主管税务机关办理发票领购手续。主管税务机关根据领购单位和个人的经营范围和规模，确认领购发票的种类、数量以及领购方式，在5个工作日内发给发票领购簿。

13.8.2.1 新办企业首次如何领用发票

A公司是一家新办企业，小张是该公司的办税人员，首次到税务机关申领发票，应该如何做呢?

到税务机关首次进行发票领用，要首先到主管税务机关办税服务厅办理以下事项：一是补充更正登记；二是法定代表人、办税人持身份证原件完成实名信息采集。这些办理好之后，就可以按照以下程序办理首次申领发票业务了。

（1）受理。主管税务机关办税服务厅前台人员会查验营业执照和经办人身份证，在系统内核验实名采集信息，确认无误后进行票种核定。

（2）票种核定。票种核定是指核定纳税人领用发票的种类、版面和份数。增值税发票包括增值税专用发票、增值税普通发票和机动车统一销售发票等，一般纳税人可以领用专票和普票，小规模纳税人可以领用普票。自2020年2月1日起，增值税小规模纳税人（其他个人除外）发生增值税应税行为，需要开具专票的可以自行开具，领用电子发票只发放电子数据，企业可自行打印。首次领用增值税发票最高开票限额不超过10万元，专用发票领用份数不超过25份，普通发票不超过50份。纳税人可在规定范围内根据自身需求选择领用发票的种类、版面和份数。在税务机关出具的“纳税人领用发票票种核定表”“税务行政许可申请表”“增值税专用发票最高开票限额申请单”等文书上加盖发票专用章和公章，凭增值税税控系统安装使用告知书到税控系统服务单位领购税控设备。

（3）增值税税控系统专用设备初始发行。前台人员将信息载入金税盘、税控盘纳税人完成初始发行。

（4）发票领用。完成初始发行后，经办人便可到自助办税终端、办税服务厅前台、24小时自助机、电子税务局领用发票。

13.8.2.2 日常经营中如何领用发票

小张首次领用的发票都开完了，如何领用新发票呢？

小张可以到自助办税终端、办税服务厅前台、24小时自助机领用，但是要带税控设备先办理发票验旧。

此外，根据《发票管理办法》等相关规定，发票日常领用会因纳税信用等级不同有所区别，A级纳税人一次可以领用不超过3个月的发票量，B级纳税人一次可以领用不超过2个月的发票量，D级纳税人领用专票时最高开票限额不得超过10万元（含本数），并且实行分次限量发放，每次最多领25份还要预缴增值税。也可以通过电子税务局办理，网上申领线下配送。

13.8.2.3 发票面额不满足业务需要，如何增版增量

随着A公司经营业务的发展，其领用发票的版面和数量都不够用了，应该怎么办？

可以到主管税务机关办税服务厅申请增版增量。具体包括以下程序：

（1）受理。前台人员查验经办人的身份证原件，在系统内核验实名采集信息，确认无误后开始办理。增值税发票申请增版不超过10万元（含本数）的，普通发票申请增量的，纳税信用A、B级的纳税人申请专票增量的，纳税信用C、M级纳税人申请万元版（含本数）以下专票增量的，都可以按需办理并即时办结。增值税发票申请增版一百万元（含本数）以上的，纳税信用C、M级纳税人申请万元版（含本数）以上专票增量的，前台受理后传递给税源管理部门，经核查符合条件的，在规定时间内办结。

（2）票种核定。办理增版增量会更新票种核定信息，要在“纳税人票

种核定申请表”等相关规定文书上加盖发票专用章和公章。

（3）增值税税控系统专用设备变更发行。前台人员将新的票种信息载入金税盘、税控盘，就可以领用增版增量后的发票了。

13.8.3 开具发票应当注意的问题

13.8.3.1 一般性政策规定

（1）销售商品、提供服务以及从事其他经营活动的单位和个人，对外发生经营业务收取款项，收款方应当向付款方开具发票；特殊情况下，由付款方向收款方开具发票。

所谓的特殊情况，即收购单位和扣缴义务人支付个人款项时。如收购农产品的甲企业，向种麦子的乙农民收购小麦。甲向乙支付收购麦子的款项，甲向乙开具农产品收购发票。

（2）需要临时使用发票的单位和个人，可以凭购销商品、提供或者接受服务以及从事其他经营活动的书面证明、经办人身份证明，直接向经营地税务机关申请代开发票。依照税收法律、行政法规规定应当缴纳税款的，税务机关应当先征收税款，再开具发票。

13.8.3.2 开具发票的规范

填开发票的单位和个人必须在发生经营业务确认营业收入时开具发票。未发生经营业务一律不准开具发票。

所有单位和从事生产、经营活动的个人在购买商品、接受服务以及从事其他经营活动支付款项，应当向收款方取得发票。取得发票时，不得要求变更品名和金额。

（1）不符合规定的发票，不得作为财务报销凭证，任何单位和个人有权拒收。

【案例13–21】A公司最近收到了客户开具的一张增值税专用发票，但是开具的内容压线错格了，A公司可以拒收吗？

答案解析：

可以拒收，并要求销货方重新开具符合规定的发票。

注：根据《国家税务总局关于修订〈增值税专用发票使用规定〉的通知》（国税发〔2006〕156号），专用发票应按下列要求开具：

（一）项目齐全，与实际交易相符；

（二）字迹清楚，不得压线、错格；

（三）发票联和抵扣联加盖财务专用章或者发票专用章；

（四）按照增值税纳税义务的发生时间开具。

对不符合上列要求的专用发票，购买方有权拒收。

（2）开具发票应当按照规定的时限、顺序、栏目，全部联次一次性如实开具，并加盖发票专用章。

（3）任何单位和个人不得有下列虚开发票行为：

①为他人、为自己开具与实际经营业务情况不符的发票；

②让他人为自己开具与实际经营业务情况不符的发票；

③介绍他人开具与实际经营业务情况不符的发票。

13.8.3.3 其他注意事项

13.8.3.3.1 未正确填写购货方全称的发票

《国家税务总局关于进一步加强普通发票管理工作的通知》（国税发〔2008〕80号）第八条第（二）项规定：

在日常检查中发现纳税人使用不符合规定发票特别是没有填开付款方全称的发票，不得允许纳税人用于税前扣除、抵扣税款、出口退税和财务报销。

13.8.3.3.2　未按规定填写纳税人识别号或统一社会信用代码

《国家税务总局关于增值税发票开具有关问题的公告》(国家税务总局公告2017年第16号)第一条规定:

自2017年7月1日起，购买方为企业的，索取增值税普通发票时，应向销售方提供纳税人识别号或统一社会信用代码；销售方为其开具增值税普通发票时，应在“购买方纳税人识别号”栏填写购买方的纳税人识别号或统一社会信用代码。不符合规定的发票，不得作为税收凭证。本公告所称企业，包括公司、非公司制企业法人、企业分支机构、个人独资企业、合伙企业和其他企业。

13.8.3.3.3　填开内容与实际交易不符的发票

《国家税务总局关于增值税发票开具有关问题的公告》(国家税务总局公告2017年第16号)第二条规定:

销售方开具增值税发票时，发票内容应按照实际销售情况如实开具，不得根据购买方要求填开与实际交易不符的内容。

13.8.3.3.4　未加盖发票专用章的发票

《国家税务总局关于修改〈中华人民共和国发票管理办法实施细则〉的决定》(国家税务总局令第37号)第二十八条规定:

单位和个人在开具发票时，必须做到按照号码顺序填开，填写项目齐全，内容真实，字迹清楚，全部联次一次打印，内容完全一致，并在发票联和抵扣联加盖发票专用章。

13.8.3.3.5 发生销货退回或销售折让未在收回原发票注明“作废”字样

《中华人民共和国发票管理办法实施细则》(2018年6月15日修正版)第二十七条规定:

开具发票后,如发生销货退回需开红字发票的,必须收回原发票并注明“作废”字样或取得对方有效证明。

开具发票后,如发生销售折让的,必须在收回原发票并注明“作废”字样后重新开具销售发票或取得对方有效证明后开具红字发票。

13.8.3.3.6 销售不动产未按规定要求填开的发票

《国家税务总局关于全面推开营业税改征增值税试点有关税收征收管理事项的公告》(国家税务总局公告2016年第23号)第四条第(四)项规定:

销售不动产,纳税人自行开具或者税务机关代开增值税发票时,应在发票“货物或应税劳务、服务名称”栏填写不动产名称及房屋产权证书号码(无房屋产权证书的可不填写),“单位”栏填写面积单位,备注栏注明不动产的详细地址。

13.8.3.3.7 出租不动产未在备注栏注明规定信息的发票

《国家税务总局关于全面推开营业税改征增值税试点有关税收征收管理事项的公告》(国家税务总局公告2016年第23号)第四条第(五)项规定:

出租不动产,纳税人自行开具或者税务机关代开增值税发票时,应在备注栏注明不动产的详细地址。

13.8.4 已开具的发票要妥善保管

开具发票的单位和个人应当按照税务机关的规定存放和保管发票，不得擅自损毁。已经开具的发票存根联和发票登记簿，应当保存5年。保存期满，报经税务机关查验后销毁。

13.8.5 虚开增值税发票要承担高额罚款

13.8.5.1 处以一万元以下罚款的情形

有下列情形之一的，由税务机关责令改正，可以处1万元以下的罚款；有违法所得的予以没收：

（1）应当开具而未开具发票，或者未按照规定的时限、顺序、栏目，全部联次一次性开具发票，或者未加盖发票专用章的；

（2）使用税控装置开具发票，未按期向主管税务机关报送开具发票的数据的；

（3）使用非税控电子器具开具发票，未将非税控电子器具使用的软件程序说明资料报主管税务机关备案，或者未按照规定保存、报送开具发票的数据的；

（4）拆本使用发票的；

（5）扩大发票使用范围的；

（6）以其他凭证代替发票使用的；

（7）跨规定区域开具发票的；

（8）未按照规定缴销发票的；

（9）未按照规定存放和保管发票的。

13.8.5.2 处以一万元以上罚款的情形

有下列情形之一的，由税务机关处1万元以上5万元以下的罚款；情节严重的，处5万元以上50万元以下的罚款；有违法所得的予以没收：

（1）转借、转让、介绍他人转让发票、发票监制章和发票防伪专用品的；

（2）知道或者应当知道是私自印制、伪造、变造、非法取得或者废止的发票而受让、开具、存放、携带、邮寄、运输的。

第十四章

应收应付账款

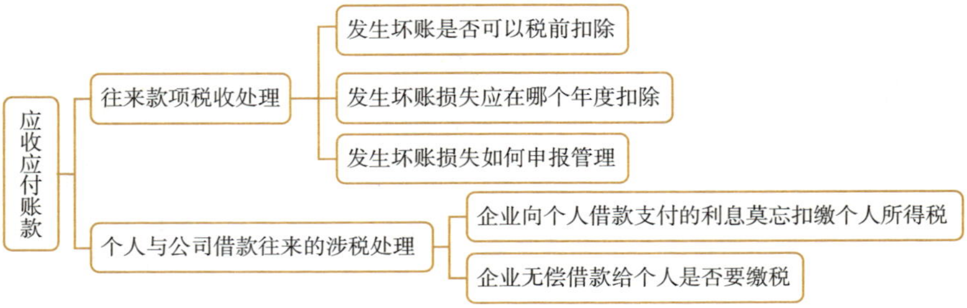

图 14-1　应收应付账款相关内容思维导图

14.1　往来款项税收处理

14.1.1　发生坏账是否可以税前扣除

（1）企业在生产经营中可能会遇到应收账款无法收回的情况，企业符合下列条件之一，可以将无法收回的金额作为坏账损失在计算应纳税所得额时扣除：

①债务人依法宣告破产、关闭、解散、被撤销，或者被依法注销、吊销营业执照，其清算财产不足清偿的；

②债务人死亡，或者依法被宣告失踪、死亡，其财产或者遗产不足清偿的；

③债务人逾期3年以上未清偿，且有确凿证据证明已无力清偿债务的；

④与债务人达成债务重组协议或法院批准破产重整计划后，无法追

偿的；

⑤因自然灾害、战争等不可抗力导致无法收回的；

⑥国务院财政、税务主管部门规定的其他条件。

（2）企业应收及预付款项坏账损失应依据以下相关证据材料确认：

①相关事项合同、协议或说明；

②属于债务人破产清算的，应有人民法院的破产、清算公告；

③属于诉讼案件的，应出具人民法院的判决书或裁决书或仲裁机构的仲裁书，或者被法院裁定终（中）止执行的法律文书；

④属于债务人停止营业的，应有工商部门注销、吊销营业执照证明；

⑤属于债务人死亡、失踪的，应有公安机关等有关部门对债务人个人的死亡、失踪证明；

⑥属于债务重组的，应有债务重组协议及其债务人重组收益纳税情况说明；

⑦属于自然灾害、战争等不可抗力而无法收回的，应有债务人受灾情况说明以及放弃债权申明。

（3）企业逾期3年以上的应收款项在会计上已作为损失处理的，可以作为坏账损失税前扣除，但应说明情况，并出具专项报告。企业逾期1年以上，单笔数额不超过5万元或者不超过企业年度收入总额0.1‰的应收款项，会计上已经作为损失处理的，可以作为坏账损失税前扣除，但应说明情况，并出具专项报告。

资产损失的会计处理是税前扣除的前置条件，如果实际资产损失已发生但未作会计处理的，不允许税前扣除。

下列股权和债券不得作为损失在税前扣除：

①债务人或者担保人有经济偿还能力，未按期偿还的企业债权；

②违反法律、法规的规定，以各种形式、借口逃废或悬空的企业债权；

③行政干预逃废或悬空的企业债权；

④企业未向债务人和担保人追偿债权；

⑤企业发生非经营活动的债权；

⑥其他不应该核销的企业债权的股权。

14.1.2 发生坏账损失应在哪个年度扣除

企业以前年度发生的资产损失未能在当年税前扣除的，可以按照规定向税务机关说明并进行专项申报扣除。其中，属于实际资产损失（是指企业在实际处置、转让上述资产过程中发生的合理损失），准予追补至该项损失发生年度扣除，其追补确认期限一般不得超过5年。属于法定资产损失（企业虽未实际处置、转让上述资产，但符合《通知》和本办法规定条件计算确认的损失），应在申报年度扣除。

企业发生的应收及预付款项坏账损失属于法定资产损失，应当在企业向主管税务机关提供证据资料证明该项资产已符合法定资产损失确认条件，且会计上已作损失处理的年度申报扣除。

14.1.3 发生坏账损失如何申报管理

2017年以后企业向税务机关申报扣除损失，仅需填报企业所得税年度申报表“资产损失税前扣除及纳税调整明细表”，不再报送资产损失相关资料，相关资料由企业留存备查。

14.2 个人与公司借款往来的涉税处理

14.2.1 企业向个人借款支付的利息莫忘扣缴个人所得税

根据《个人所得税法》第九条，“个人所得税以所得人为纳税人，以支付所得的单位或者个人为扣缴义务人”；第十二条，“纳税人取得利息、股息、红利所得，财产租赁所得，财产转让所得和偶然所得，按月或者按次计算个人所得税，有扣缴义务人的，由扣缴义务人按月或者按次代扣代缴税款”；根据《中华人民共和国税收征收管理法》第四条，“纳税人、扣缴义务人必须依照法律、行政法规的规定缴纳税款、代扣代缴、代收代缴税款”。

由此可知，向个人支付利息所得的企业同时还承担着个人所得税代扣代缴义务，如被企业所忽视，会面临极大的税务风险。

14.2.2 企业无偿借款给个人是否要缴税

企业将资金无偿借给股东、员工等个人的行为，涉及增值税、企业所得税、个人所得税、城市维护建设税、教育费附加、地方教育附加。

（1）增值税。

依据《财政部 国家税务总局关于全面推开营业税改征增值税试点的通知》（财税〔2016〕36号）附件1《营业税改征增值税试点实施办法》第十四条，下列情形视同销售服务、无形资产或者不动产：（一）单位或者个体工商户向其他单位或者个人无偿提供服务，但用于公益事业或者以社会公众为对象的除外。

依据上述规定，企业无偿借款给个人，应视同销售，按贷款服务缴纳增值税，同时应缴纳附加税费。

（2）企业所得税。

如果企业将资金无偿借给个人股东及其家庭成员或企业其他人员以外的个人，根据《中华人民共和国企业所得税法实施条例》第二十五条规定，企业发生非货币性资产交换，以及将货物、财产、劳务用于捐赠、偿债、赞助、集资、广告、样品、职工福利或者利润分配等用途的，应当视同销售货物、转让财产或者提供劳务，但国务院财政、税务主管部门另有规定的除外。根据上述文件规定，不需要视同销售缴纳企业所得税。

需要注意的是，按照《企业所得税法》及其实施条例的规定，企业与其关联方之间的业务往来，不符合独立交易原则而减少企业或者其关联方应纳税收入或者所得额的，税务机关有权按照合理方法调整。也就是说，企业无偿借款给个人股东，税务机关是有权进行纳税调整的。

（3）个人所得税。

①企业将资金无偿借给个人股东的，依据《财政部 国家税务总局关于规范个人投资者个人所得税征收管理的通知》（财税〔2008〕83号）文件第二条规定，纳税年度内个人投资者从其投资的企业（个人独资企业、合伙企业除外）借款，在该纳税年度终了后既不归还，又未用于企业生产经营的，其未归还的借款可视为企业对个人投资者的红利分配，依照“利息、股息、红利所得”项目计征个人所得税。

②企业将资金无偿借给企业员工个人的，依据《财政部 国家税务总局关于企业为个人购买房屋或其他财产征收个人所得税问题的批复》（财税〔2008〕83号）文件规定，符合以下情形的房屋或其他财产，不论所有权人是否将财产无偿或有偿交付企业使用，其实质均为企业对个人进行实物性质的分配，应依法计征个人所得税：企业投资者个人、投资者家庭成员或企业其他人员向企业借款用于购买房屋及其他财产，将所有权登记为投资者、投资者家庭成员或企业其他人员，且借款年度终了后未归还借款的。因此，对于企业员工向企业无偿借用资金符合上述情况的，按照“工资、薪金所得”项目计征个人所得税。

第 五 篇

税收优惠

第十五章

小微企业税收优惠

图 15-1　小微企业税收优惠相关内容思维导图

15.1 增值税优惠

15.1.1 符合条件的增值税小规模纳税人免征增值税

自2023年1月1日至2023年12月31日，对月销售额10万元以下（含本数，以1个季度为1个纳税期的，季度销售额未超过30万元）的增值税小规模纳税人，免征增值税。

15.1.2 增值税小规模纳税人阶段性免征增值税

自2023年1月1日至2027年12月31日，增值税小规模纳税人适用3%征收率的应税销售收入，减按1%征收率征收增值税；适用3%预征率的预缴增值税项目，减按1%预征率预缴增值税。

15.1.3 金融机构小微企业贷款利息收入免征增值税

2027年12月31日前，对金融机构向小型企业、微型企业和个体工商户发放小额贷款取得的利息收入，免征增值税。

15.1.4 对生产、生活性服务业纳税人分别实施5%、10%增值税加计抵减

自2023年1月1日至2023年12月31日，生产性服务业纳税人按照当期可抵扣进项税额加计5%抵减应纳税额；生活性服务业纳税人按照当期可抵扣进项税额加计10%抵减应纳税额。

15.1.5 对先进制造业企业实施5%增值税加计抵减

自2023年1月1日至2027年12月31日，允许先进制造业企业按照当期可抵扣进项税额加计5%抵减应纳增值税税额。

先进制造业企业是指高新技术企业（含所属的非法人分支机构）中的制造业一般纳税人，高新技术企业是指按照《科技部 财政部 国家税务总局关于修订印发〈高新技术企业认定管理办法〉的通知》（国科发火〔2016〕32号）规定认定的高新技术企业。先进制造业企业具体名单，由各省、自治区、直辖市、计划单列市工业和信息化部门会同同级科技、财政、税务部门确定。

15.1.6 降低销售二手车增值税征收率

2020年5月1日至2023年12月31日，从事二手车经销的纳税人销售其收购的二手车，由原按照简易办法依3%征收率减按2%征收增值税，改为减按0.5%征收增值税。

15.1.7 农户、小微企业和个体工商户融资担保增值税政策

纳税人为农户、小型企业、微型企业及个体工商户借款、发行债券提供融资担保取得的担保费收入，以及为上述融资担保（以下简称“原担保”）提供再担保取得的再担保费收入，免征增值税。再担保合同对应多个原担保合同的，原担保合同应全部适用免征增值税政策。

15.2 小型微利企业所得税优惠

2023年1月1日至2027年12月31日，对小型微利企业年应纳税所得

额不超过100万元的部分，减按25%计入应纳税所得额，按20%的税率缴纳企业所得税。小型微利企业是指从事国家非限制和禁止行业，且同时符合年度应纳税所得额不超过300万元、从业人数不超过300人、资产总额不超过5 000万元三个条件的企业。

15.3 其他优惠

15.3.1 减征地方“六税两费”税收优惠

自2022年1月1日至2027年12月31日，对增值税小规模纳税人、小型微利企业和个体工商户减半征收资源税（不含水资源税）、城市维护建设税、房产税、城镇土地使用税、印花税（不含证券交易印花税）、耕地占用税和教育费附加、地方教育附加。

增值税小规模纳税人、小型微利企业和个体工商户已依法享受资源税、城市维护建设税、房产税、城镇土地使用税、印花税、耕地占用税、教育费附加、地方教育附加其他优惠政策的，可叠加享受此项优惠政策。

15.3.2 研发费用税前加计扣除100%

自2023年1月1日起，除烟草制造业、住宿和餐饮业、批发和零售业、房地产业、租赁和商务服务业、娱乐业以及财政部和税务总局规定的其他行业外，企业开展研发活动中实际发生的研发费用，未形成无形资产计入当期损益的，在按规定据实扣除的基础上，再按照实际发生额的100%在税前加计扣除；形成无形资产的，按照无形资产成本的200%在税前摊销。

15.3.3 符合条件的缴纳义务人免征有关政府性基金

按月纳税的月销售额不超过10万元，以及按季度纳税的季度销售额不超过30万元的缴纳义务人免征教育费附加、地方教育附加、水利建设基金。

15.3.4 符合条件的缴纳义务人减征文化事业建设费

自2019年7月1日至2024年12月31日，对归属中央收入的文化事业建设费，按照缴纳义务人应缴费额的50%减征；对归属地方收入的文化事业建设费，各省（区、市）财政、党委宣传部门可以结合当地经济发展水平、宣传思想文化事业发展等因素，在应缴费额50%的幅度内减征。

15.3.5 符合条件的增值税小规模纳税人免征文化事业建设费

增值税小规模纳税人中月销售额不超过2万元（按季纳税6万元）的企业和非企业性单位提供的应税服务，免征文化事业建设费。

15.3.6 养老、托育、家政等服务机构优惠

2019年6月1日至2025年12月31日，提供社区养老、托育、家政服务的机构，取得的收入免征增值税，在计算企业所得税应纳税所得额时，减按90%计入收入总额；承受房屋、土地提供养老、托育、家政服务的房产、土地免征土地闲置费；确因地质条件等原因无法修建防空地下室的，免征防空地下室易地建设费；自有或通过承租、无偿使用等方式取得并用于提供社区养老、托育、家政服务的房产、土地，免征房产税、城镇土地使用税。

15.3.7 物流企业大宗商品仓储设施用地城镇土地使用税优惠

2023年1月1日至2027年12月31日，对物流企业自有（包括自用和出租）或承租的大宗商品仓储设施用地，减按所属土地等级适用税额标准的50%计征城镇土地使用税。

第十六章

重点群体创业就业税费政策

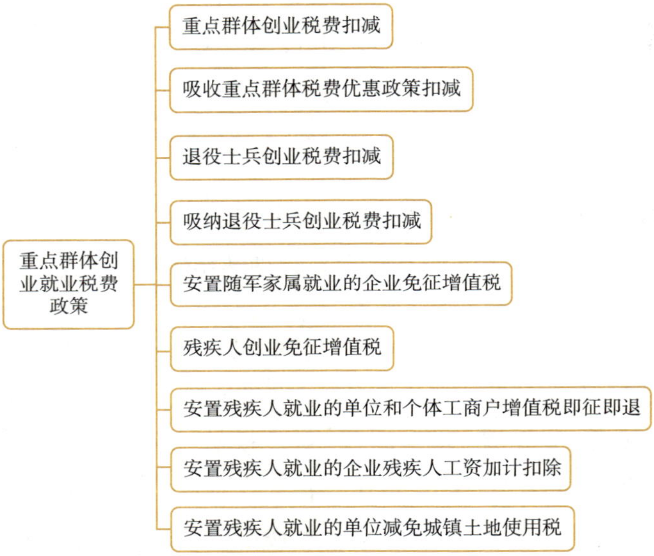

图 16–1　重点群体创业就业税费政策思维导图

16.1　重点群体创业税费扣减

自2023年1月1日至2027年12月31日，脱贫人口（含防止返贫监测对象，下同）、持“就业创业证”（注明“自主创业税收政策”或“毕业年度内自主创业税收政策”）或“就业失业登记证”（注明“自主创业税收政策”）的人员，从事个体经营的，自办理个体工商户登记当月起，在3年（36个月，下同）内按每户每年20 000元为限额依次扣减其当年实际应缴纳的增值税、城市维护建设税、教育费附加、地方教育附加和个人所得税。限额标准最高可上浮20%，各省、自治区、直辖市人民政府可根据本地区实际情况在此幅度内确定具体限额标准。纳税人年度应缴纳税款小于上述扣减限额的，减免税额以其实际缴纳的税款为限；大于上述扣减限额的，以上述扣减限额为限。

建档立卡贫困人口、持“就业创业证”（注明“自主创业税收政策”或“毕业年度内自主创业税收政策”）或“就业失业登记证”（注明“自主创业税收政策”）的人员，具体包括：

（1）纳入全国防止返贫监测和衔接推进乡村振兴信息系统的脱贫人口；

（2）在人力资源社会保障部门公共就业服务机构登记失业半年以上的人员；

（3）零就业家庭、享受城市居民最低生活保障家庭劳动年龄内的登记失业人员；

（4）毕业年度内高校毕业生。高校毕业生是指实施高等学历教育的普通高等学校、成人高等学校应届毕业的学生；毕业年度是指毕业所在自然年，即1月1日至12月31日。

16.2　吸收重点群体税费优惠政策扣减

自2023年1月1日至2027年12月31日，企业招用脱贫人口，以及在人力资源和社会保障部门公共就业服务机构登记失业半年以上且持“就业创业证”或“就业失业登记证”（注明“企业吸纳税收政策”）的人员，与其签订1年以上期限劳动合同并依法缴纳社会保险费的，自签订劳动合同并缴纳社会保险当月起，在3年内按实际招用人数予以定额依次扣减增值税、城市维护建设税、教育费附加、地方教育附加和企业所得税优惠。定额标准为每人每年6 000元，最高可上浮30%，各省、自治区、直辖市人民政府可根据本地区实际情况在此幅度内确定具体定额标准。城市维护建设税、教育费附加、地方教育附加的计税依据是享受本项税收优惠政策前的增值税应纳税额。

按上述标准计算的税收扣减额应在企业当年实际应缴纳的增值税、城市维护建设税、教育费附加、地方教育附加和企业所得税税额中扣减，当年扣减不完的，不得结转下年使用。

16.3 退役士兵创业税费扣减

自2023年1月1日至2027年12月31日，自主就业退役士兵从事个体经营的，自办理个体工商户登记当月起，在3年（36个月，下同）内按每户每年20 000元为限额依次扣减其当年实际应缴纳的增值税、城市维护建设税、教育费附加、地方教育附加和个人所得税。限额标准最高可上浮20%，各省、自治区、直辖市人民政府可根据本地区实际情况在此幅度内确定具体限额标准。

纳税人年度应缴纳税款小于上述扣减限额的，减免税额以其实际缴纳的税款为限；大于上述扣减限额的，以上述扣减限额为限。纳税人的实际经营期不足1年的，应当按月换算其减免税限额。换算公式为：减免税限额=年度减免税限额 ÷ 12 × 实际经营月数。城市维护建设税、教育费附加、地方教育附加的计税依据是享受本项税收优惠政策前的增值税应纳税额。

16.4 吸纳退役士兵创业税费扣减

自2023年1月1日至2027年12月31日，企业招用自主就业退役士兵，与其签订1年以上期限劳动合同并依法缴纳社会保险费的，自签订劳动合同并缴纳社会保险当月起，在3年内按实际招用人数予以定额依次扣减增值税、城市维护建设税、教育费附加、地方教育附加和企业所得税优惠。定额标准为每人每年6 000元，最高可上浮50%，各省、自治区、直辖市人民政府可根据本地区实际情况在此幅度内确定具体定额标准。

企业按招用人数和签订的劳动合同时间核算企业减免税总额，在核算减免税总额内每月依次扣减增值税、城市维护建设税、教育费附加和地方教育附加。企业实际应缴纳的增值税、城市维护建设税、教育费附加和地方教育附加小于核算减免税总额的，以实际应缴纳的增值税、城市维护建设税、教育费附加和地方教育附加为限；实际应缴纳的增值税、城市维护建设税、教育费附加和地方教育附加大于核算减免税总额的，以核算减免税总额为限。

纳税年度终了，如果企业实际减免的增值税、城市维护建设税、教育费附加和地方教育附加小于核算减免税总额，企业在企业所得税汇算清缴时以差额部分扣减企业所得税。当年扣减不完的，不再结转以后年度扣减。

自主就业退役士兵在企业工作不满1年的，应当按月换算减免税限额。计算公式为：企业核算减免税总额 $=\sum$ 每名自主就业退役士兵本年度在本单位工作月份 $\div 12\times$ 具体定额标准。

城市维护建设税、教育费附加、地方教育附加的计税依据是享受本项税收优惠政策前的增值税应纳税额。

16.5 安置随军家属就业的企业免征增值税

为安置随军家属就业而新开办的企业，自领取税务登记证之日起，其提供的应税服务3年内免征增值税。

安置的随军家属必须占企业总人数的60%（含）以上，并有军（含）以上政治和后勤机关出具的证明。

16.6 残疾人创业免征增值税

残疾人个人提供的加工、修理修配劳务，为社会提供的应税服务，免征增值税。

残疾人，是指在法定劳动年龄内，持有“中华人民共和国残疾人证”或者“中华人民共和国残疾军人证（1至8级）”的自然人，包括具有劳动条件和劳动意愿的精神残疾人。

16.7 安置残疾人就业的单位和个体工商户增值税即征即退

对安置残疾人的单位和个体工商户（以下简称“纳税人”），实行由税务机关按纳税人安置残疾人的人数，限额即征即退增值税。每月可退还的增值税具体限额，由县级以上税务机关根据纳税人所在区县（含县级市、旗）适用的经省（含自治区、直辖市、计划单列市）人民政府批准的月最低工资标准的4倍确定。

一个纳税期已缴增值税额不足退还的，可在本纳税年度内以前纳税期已缴增值税扣除已退增值税的余额中退还，仍不足退还的可结转本纳税年度内以后纳税期退还，但不得结转以后年度退还。纳税期限不为按月的，只能对其符合条件的月份退还增值税。

该政策的具体享受条件如下：

（1）纳税人（除盲人按摩机构外）月安置的残疾人占在职职工人数的比例不低于25%（含25%），并且安置的残疾人人数不少于10人（含10

人）；盲人按摩机构月安置的残疾人占在职职工人数的比例不低于25%（含25%），并且安置的残疾人人数不少于5人（含5人）。

（2）依法与安置的每位残疾人签订了1年以上（含1年）的劳动合同或服务协议。

（3）为安置的每位残疾人按月足额缴纳了基本养老保险、基本医疗保险、失业保险、工伤保险和生育保险等社会保险。

（4）通过银行等金融机构向安置的每位残疾人，按月支付了不低于纳税人所在区县适用的经省人民政府批准的月最低工资标准的工资。

（5）纳税人纳税信用等级为税务机关评定的C级或D级的，不得享受此项税收优惠政策。

（6）如果既适用促进残疾人就业增值税优惠政策，又适用重点群体、退役士兵、随军家属、军转干部等支持就业的增值税优惠政策的，纳税人可自行选择适用的优惠政策，但不能累加执行。一经选定，36个月内不得变更。

（7）此项税收优惠政策仅适用于生产销售货物，提供加工、修理修配劳务，以及提供营改增现代服务和生活服务税目（不含文化体育服务和娱乐服务）范围的服务取得的收入之和，占其增值税收入的比例达到50%的纳税人，但不适用于上述纳税人直接销售外购货物（包括商品批发和零售）以及销售委托加工的货物取得的收入。

16.8 安置残疾人就业的企业残疾人工资加计扣除

企业安置残疾人员的，在按照支付给残疾职工工资据实扣除的基础上，可以在计算应纳税所得额时按照支付给残疾职工工资的100%加计扣除。

16.9 安置残疾人就业的单位减免城镇土地使用税

对在一个纳税年度内月平均实际安置残疾人就业人数占单位在职职工总数的比例高于25%（含25%）且实际安置残疾人人数高于10人（含10人）的单位，可减征或免征该年度城镇土地使用税。具体减免税比例及管理办法由省、自治区、直辖市财税主管部门确定。

第十七章

创新发展的税收优惠

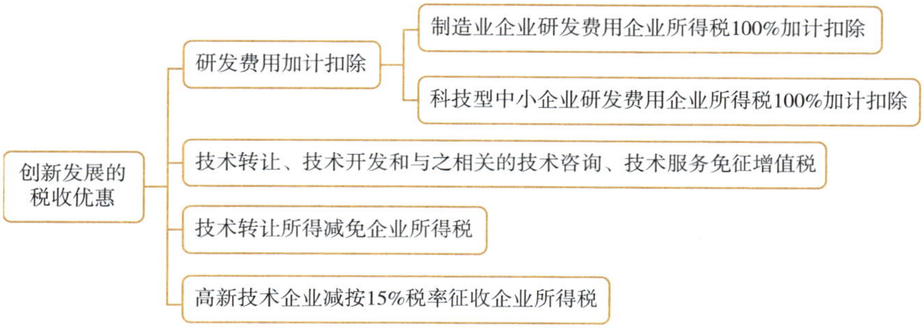

图 17–1 创新发展的税收优惠相关内容思维导图

17.1 研发费用加计扣除

（1）2018年1月1日至2023年12月31日期间，企业开展研发活动中实际发生的研发费用，未形成无形资产计入当期损益的，在按规定据实扣除的基础上，按照实际发生额的75%，在税前加计扣除。

（2）2018年1月1日至2023年12月31日期间，企业开展研发活动中实际发生的研发费用形成无形资产的，按照无形资产成本的175%在税前摊销。

以上政策的享受条件是：

（1）企业应按照财务会计制度要求，对研发支出进行会计处理；同时，对享受加计扣除的研发费用按研发项目设置辅助账，准确归集核算当年可加计扣除的各项研发费用实际发生额。企业在一个纳税年度内进行多项研发活动的，应按照不同研发项目分别归集可加计扣除的研发费用。

（2）企业应对研发费用和生产经营费用分别核算，准确、合理归集各项费用支出，对划分不清的，不得实行加计扣除。

（3）企业委托外部机构或个人进行研发活动所发生的费用，按照费用实际发生额的80%计入委托方研发费用并计算加计扣除。无论委托方是否享受研发费用税前加计扣除政策，受托方均不得加计扣除。

委托外部研究开发费用实际发生额应按照独立交易原则确定。委托方与受托方存在关联关系的，受托方应向委托方提供研发项目费用支出明细情况。

（1）企业共同合作开发的项目，由合作各方就自身实际承担的研发费用分别计算加计扣除。

（2）企业集团根据生产经营和科技开发的实际情况，对技术要求高、投资数额大，需要集中研发的项目，其实际发生的研发费用，可以按照权利和义务相一致、费用支出和收益分享相配比的原则，合理确定研发费用的分摊方法，在受益成员企业间进行分摊，由相关成员企业分别计算加计扣除。

（3）企业为获得创新性、创意性、突破性的产品进行创意设计活动而发生的相关费用，可按照规定进行税前加计扣除。

17.1.1 制造业企业研发费用企业所得税100%加计扣除

自2021年1月1日起，制造业企业开展研发活动中实际发生的研发费用，未形成无形资产计入当期损益的，在按规定据实扣除的基础上，自2021年1月1日起，再按照实际发生额的100%在税前加计扣除；形成无形资产的，自2021年1月1日起，按照无形资产成本的200%在税前摊销。

17.1.2 科技型中小企业研发费用企业所得税100%加计扣除

科技型中小企业开展研发活动中实际发生的研发费用，未形成无形资产计入当期损益的，在按规定据实扣除的基础上，自2022年1月1日起，再按照实际发生额的100%在税前加计扣除；形成无形资产的，自2022年1月1日起，按照无形资产成本的200%在税前摊销。

17.2 技术转让、技术开发和与之相关的技术咨询、技术服务免征增值税

纳税人提供技术转让、技术开发和与之相关的技术咨询、技术服务免征增值税。

（1）技术转让、技术开发，是指《销售服务、无形资产、不动产注释》中“转让技术”“研发服务”范围内的业务活动。技术咨询，是指就特定技术项目提供可行性论证、技术预测、专题技术调查、分析评价报告等业务活动。

（2）与技术转让、技术开发相关的技术咨询、技术服务，是指转让方（或者受托方）根据技术转让或者开发合同的规定，为帮助受让方（或者委托方）掌握所转让（或者委托开发）的技术，而提供的技术咨询、技术服务业务，且这部分技术咨询、技术服务的价款与技术转让或者技术开发的价款应当在同一张发票上开具。

17.3 技术转让所得减免企业所得税

一个纳税年度内，居民企业技术转让所得不超过500万元的部分，免征企业所得税；超过500万元的部分，减半征收企业所得税。

享受条件如下：

（1）享受优惠的技术转让主体是《企业所得税法》规定的居民企业。

（2）技术转让的范围，包括专利（含国防专利）、计算机软件著作权、

集成电路布图设计专有权、植物新品种权、生物医药新品种，以及财政部和国家税务总局确定的其他技术。其中，专利是指法律授予独占权的发明、实用新型以及非简单改变产品图案和形状的外观设计。

（3）技术转让，是指居民企业转让其拥有上述范围内技术的所有权，5年以上（含5年）全球独占许可使用权。

自2015年10月1日起，全国范围内的居民企业转让5年以上非独占许可使用权取得的技术转让所得，纳入享受企业所得税优惠的技术转让所得范围。

企业转让符合条件的5年以上非独占许可使用权的技术，限于其拥有所有权的技术。技术所有权的权属由国务院行政主管部门确定。其中，专利由国家知识产权局确定权属；国防专利由总装备部确定权属；计算机软件著作权由国家版权局确定权属；集成电路布图设计专有权由国家知识产权局确定权属；植物新品种权由农业农村部确定权属；生物医药新品种由国家市场监督管理总局确定权属。

（4）技术转让应签订技术转让合同。其中，境内的技术转让须经省级以上（含省级）科技部门认定登记，跨境的技术转让须经省级以上（含省级）商务部门认定登记，涉及财政经费支持产生技术的转让，须省级以上（含省级）科技部门审批。

17.4 高新技术企业减按15%税率征收企业所得税

国家重点扶持的高新技术企业减按15%税率征收企业所得税。

享受条件如下：

（1）高新技术企业是指在《国家重点支持的高新技术领域》内，持续进行研究开发与技术成果转化，形成企业核心自主知识产权，并以此为基础开展经营活动，在中国境内（不包括港、澳、台地区）注册的居民企业。

（2）高新技术企业要经过各省（自治区、直辖市、计划单列市）科技行政管理部门同本级财政、税务部门组成的高新技术企业认定管理机构的认定。

（3）认定为高新技术企业须同时满足以下条件：

①企业申请认定时须注册成立一年以上。

②企业通过自主研发、受让、受赠、并购等方式，获得对其主要产品（服务）在技术上发挥核心支持作用的知识产权的所有权。

③企业主要产品（服务）发挥核心支持作用的技术属于《国家重点支持的高新技术领域》规定的范围。

④企业从事研发和相关技术创新活动的科技人员占企业当年职工总数的比例不低于10%。

⑤企业近三个会计年度（实际经营期不满三年的按实际经营时间计算）的研究开发费用总额占同期销售收入总额的比例符合相应要求。

⑥近一年高新技术产品（服务）收入占企业同期总收入的比例不低于60%。

⑦企业创新能力评价应达到相应要求。

⑧企业申请认定前一年内未发生重大安全、重大质量事故或严重环境违法行为。

第十八章

支持绿色发展税收优惠政策

- 支持绿色发展税收优惠政策
  - 购置用于环境保护专用设备的投资额按一定比例实行企业所得税税额抵免
  - 企业厂区以外的公共绿化用地免征城镇土地使用
  - 购置用于节能节水专用设备的投资额按一定比例实行企业所得税税额抵免
  - 资源综合利用产品及劳务增值税即征即退
  - 综合利用资源生产产品取得的收入在计算应纳税所得额时减计收入

图 18-1　支持绿色发展税收优惠政策相关内容思维导图

18.1　购置用于环境保护专用设备的投资额按一定比例实行企业所得税税额抵免

企业购置并实际使用《环境保护专用设备企业所得税优惠目录》规定的环境保护专用设备的，该专用设备的投资额的10%可以从企业当年的应纳税额中抵免；当年不足抵免的，可以在以后5个纳税年度结转抵免。

实际购置并自身实际投入使用《环境保护专用设备企业所得税优惠目录》的专用设备。企业购置上述专用设备在5年内转让、出租的，应当停止享受企业所得税优惠，并补缴已经抵免的企业所得税税款。

18.2 企业厂区以外的公共绿化用地免征城镇土地使用

对企业厂区（包括生产、办公及生活区）以外的公共绿化用地和向社会开放的公园用地，暂免征收土地使用税。

18.3 购置用于节能节水专用设备的投资额按一定比例实行企业所得税税额抵免

企业购置并实际使用《节能节水专用设备企业所得税优惠目录》规定的节能节水专用设备的，该专用设备的投资额的10%可以从企业当年的应纳税额中抵免；当年不足抵免的，可以在以后5个纳税年度结转抵免。

18.4 资源综合利用产品及劳务增值税即征即退

自2022年3月1日起，增值税一般纳税人销售自产的资源综合利用产品和提供资源综合利用劳务，可享受增值税即征即退政策。

具体享受条件为：

（1）综合利用的资源名称、综合利用产品和劳务名称、技术标准和相关条件、退税比例等按照《资源综合利用产品和劳务增值税优惠目录（2022年版）》（以下简称《目录》）的相关规定执行。

（2）纳税人从事《目录》所列的资源综合利用项目，其申请享受规定的增值税即征即退政策时，应同时符合下列条件：纳税人在境内收购的再生资源，应按规定从销售方取得增值税发票；适用免税政策的，应按规定从销售方取得增值税普通发票。销售方为依法依规无法申领发票的单位或者从事小额零星经营业务的自然人，应取得销售方开具的收款凭证及收购方内部凭证，或者税务机关代开的发票。本款所称小额零星经营业务是指自然人从事应税项目经营业务的销售额不超过增值税按次起征点的业务。

①纳税人从境外收购的再生资源，应按规定取得海关进口增值税专用缴款书，或者从销售方取得具有发票性质的收款凭证、相关税费缴纳凭证。

②纳税人应建立再生资源收购台账，留存备查。台账内容包括：再生资源供货方单位名称或个人姓名及身份证号、再生资源名称、数量、价格、结算方式、是否取得增值税发票或符合规定的凭证等。纳税人现有账册、系统能够包括上述内容的，无须单独建立台账。

③销售综合利用产品和劳务，不属于发展改革委《产业结构调整指导目录》中的淘汰类、限制类项目。

④销售综合利用产品和劳务，不属于生态环境部《环境保护综合名录》中的“高污染、高环境风险”产品或重污染工艺。“高污染、高环境风险”产品，是指在《环境保护综合名录》中标注特性为“GHW/GHF”的产品，但纳税人生产销售的资源综合利用产品满足“GHW/GHF”例外条款规定的技术和条件的除外。

⑤综合利用的资源，属于生态环境部《国家危险废物名录》列明的危险废物的，应当取得省级或市级生态环境部门颁发的“危险废物经营许可证”，且许可经营范围包括该危险废物的利用。

⑥纳税信用级别不为C级或D级。

⑦纳税人申请享受规定的即征即退政策时，申请退税税款所属期前6个月（含所属期当期）不得发生下列情形：

a.因违反生态环境保护的法律法规受到行政处罚（警告、通报批评或单次10万元以下罚款、没收违法所得、没收非法财物除外；单次10万元以下含本数，下同）。

b.因违反税收法律法规被税务机关处罚（单次10万元以下罚款除外），

或发生骗取出口退税、虚开发票的情形。

（3）《财政部 国家税务总局关于印发〈资源综合利用产品和劳务增值税优惠目录〉的通知》（财税〔2015〕78号）、《财政部 税务总局关于资源综合利用增值税政策的公告》（2019年第90号）中“技术标准和相关条件”有关规定可继续执行至2022年12月31日止。

18.5 综合利用资源生产产品取得的收入在计算应纳税所得额时减计收入

企业以《资源综合利用企业所得税优惠目录》规定的资源作为主要原材料，生产国家非限制和禁止并符合国家和行业相关标准的产品取得的收入，减按90%计入收入总额。

具体享受条件是：

（1）以《资源综合利用企业所得税优惠目录》规定的资源作为主要原材料。

（2）原材料占生产产品材料的比例不得低于《资源综合利用企业所得税优惠目录》规定的标准。

（3）生产国家非限制和禁止并符合国家和行业相关标准的产品。

第 六 篇

注销清算

第十九章

清算注销

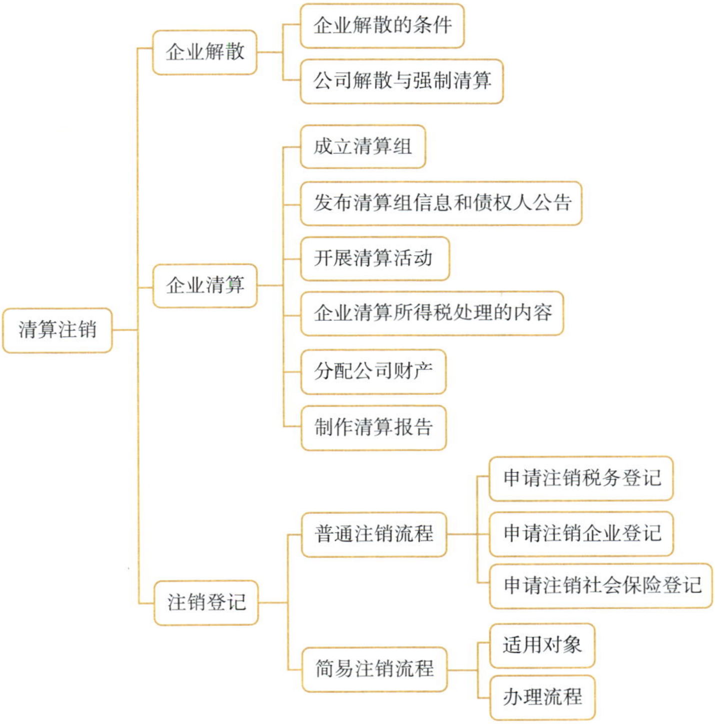

图 19-1 清算注销相关内容思维导图

通常情况下，企业终止经营活动退出市场，需要经历决议解散、清算分配和注销登记三个主要过程。以公司为例，按照《公司法》规定，公司在退出市场正式终止前，须依法宣告解散、成立清算组进行清算，清理公司财产、清缴税款、清理债权债务，支付职工工资、社会保险费用等，待公司清算结束后，应制作清算报告并办理注销公司登记，公告公司终止。

19.1　企业解散

企业解散是企业因出现法定解散事由时，停止其经营活动，并开始进入清算程序直至终止法人资格的法律行为。

19.1.1　企业解散的条件

19.1.1.1　企业一般解散的情形

（1）公司章程规定的营业期限届满或者公司章程规定的其他解散事由出现；

（2）股东会或者股东大会决议解散；

（3）因公司合并或者分立需要解散；

（4）依法被吊销营业执照、责令关闭或者被撤销。

19.1.1.2　企业司法解散的情形

（1）公司经营管理发生严重困难，继续存续会使股东利益受到重大损失；

（2）其他途径不能解决该问题；

（3）由持有公司全部股东表决权10%以上的股东申请。

该情形是现行公司法所规定的当公司陷入治理僵局，出现所谓“公司僵局”时，法律赋予股东的强制司法解散请求权。具体而言，可以申请解散公司的理由有：

（1）公司持续2年以上无法召开股东会或者股东大会，公司经营管理发生严重困难的；

（2）股东表决时无法达到法定或者公司章程规定的比例，持续2年以上不能做出有效的股东会或者股东大会决议，公司经营管理发生严重困难的；

（3）公司董事长期冲突，且无法通过股东会或者股东大会解决，公司经营管理发生严重困难的；

（4）经营管理发生其他严重困难，公司继续存续会使股东利益受到重大损失的情形。

19.1.2 公司解散与强制清算

19.1.2.1 公司的解散与清算的区别

公司解散与公司清算的联系表现为：公司解散，只有经过清算程序，清理债权债务、处置剩余财产，并注销登记才最终消灭其法律人格。公司解散仅仅是缩小了公司的民事权利能力的范围，进入清算程序后，公司存续但不得开展与清算无关的经营活动。

19.1.2.2 公司解散与清算能否一同起诉

如公司解散之诉与公司强制清算申请一并提出，应当中止公司强制清算，先行审理公司解散之诉。

根据《最高人民法院关于适用〈中华人民共和国公司法〉若干问题的规定（二）》第七条的规定：公司应当依照公司法第一百八十三条的规定，在解散事由出现之日起十五日内成立清算组，开始自行清算。有下列情形之一，债权人申请人民法院指定清算组进行清算的，人民法院应予受理：

（1）公司解散逾期不成立清算组进行清算的；

（2）虽然成立清算组但故意拖延清算的；

（3）违法清算可能严重损害债权人或者股东利益的。具有本条第二款所列情形，而债权人未提起清算申请，公司股东申请人民法院指定清算组对公司进行清算的，人民法院应予受理。

【案例19-1】鑫宇公司系一家生产加工企业，于2013年成立，股东为A、B、C、D，A持股50%，B持股20%，C持股20%，D持股

10%。其中A为公司法定代表人，B为公司监事，A、B、C、D都在鑫宇公司工作，分别负责财务、销售、技术等工作。2019年，因公司高管挪用资产，鑫宇公司股东之间产生矛盾，长时间无法达成有效的股东会决议，公司生产经营陷入僵局，后全体股东于2019年底达成解散公司的股东会决议，2020年，因鑫宇公司一直未就公司解散事项达成一致，公司解散程序一直无法进行，B以股东身份向法院提起公司解散之诉。

（1）B是否具备提起公司解散之诉的主体资格？

B作为鑫宇公司的股东，持有20%股份，根据公司法的规定，持有公司全部股东表决权百分之十以上的股东可以向法院申请司法强制解散，故B虽然并非为鑫宇公司的法定代表人，仍然具备提起公司解散诉讼的主体资格。

（2）鑫宇公司是否满足公司解散的条件？

其一，本案中鑫宇公司全体股东已经于2019年底达成了解散公司的股东会决议，属于公司一般解散情形中的股东会或者股东大会决议解散情形，但因全体股东无法就解散程序事项构成一致，故解散程序一直无法进行。

其二，本案中鑫宇公司全体股东之间长期矛盾重重，且股东之间已就高管损害公司利益、股东知情权之诉等产生多起纠纷，公司已经无法达成有效的股东会决议，公司的权力机构运行机制已失灵，形成僵局。且在解散股东会决议后，公司设备、业务已经分配完毕，人员已经全部遣散，公司已经空置厂房，停止生产经营，前述事实均可证明鑫宇公司的经营管理出现了严重困难。

其三，鑫宇公司的继续存续将会致使其他股东利益遭受重大损失。本案中股东A作为鑫宇公司的大股东兼法定代表人，长期与其他股东在公司利润分配、公司资产受到侵占、挪用，股东出资等多方面存在严重分歧，其他股东通过股东知情权、高管损害公司利益之诉等多种方式仍然无法维护自身股东合法利益，且因鑫宇公司权力机构运行机制的失灵，其对鑫宇公司在管理、收益等方面的股东权益难以保障故鑫宇公司的继续存续将会给公司的其他股东造成严重损失。

其四，鑫宇公司经营管理的严重困难通过其他途径已经无法解决，自2019年底至今，其他股东已经通过多种方式寻求救济，包括提起股东知情权之诉、高管损害公司利益之诉，也通过召开股东会决议成立清算组，均未能达成决议。且在多起关联诉讼及公司解散诉讼中，法院也积极组织调解工作，面对其他股东要求鑫宇公司进行审计的工作，股东A一直拒绝，全体股东之间就公司资产及账目的清算一直无法达成一致意见，无法进行调解。故鑫宇公司的生产经营僵局已经无法打破，经营困难通过其他途径已经无法解决。

如上所述，鑫宇公司已经满足了公司一般解散的情形，以及司法强制解散中的经营管理发生其他严重困难，公司继续存续会使股东利益受到重大损失的情形，满足了公司解散的条件。

本案中，因全体股东确于2019年底达成一致的解散鑫宇公司的股东会决议，该书面决议的真实性也得到双方认可，全体股东最终一致同意解散鑫宇公司，法院据此作出了鑫宇公司解散的民事裁定。后鑫宇公司股东依据此裁定向法院提出强制清算申请。

建议各位股东在公司成立之初，提前在公司章程或者其他相关文件中约定股东的退出方式，以避免产生股东僵局后无法解决，进而影响公司日常经营。

19.2 企业清算

公司作出解散决议后，应当进行清算。公司清算的重要内容是清理公司资产，清结各项债务，终结现存的各种法律关系。清算的目的在于保护公司债权人的利益、公司股东的利益以及社会公共利益。除因合并、分立而解散外，公司解散时都应当进行清算。

19.2.1 成立清算组

公司在解散事由出现之日起15日内成立清算组，负责清理公司的财产和债权债务。有限责任公司的清算组由公司股东组成（公司股东为法人的，可指派相关人员参与清算），股份有限公司的清算组由董事或者股东大会确定的人员组成。逾期不成立清算组进行清算的，债权人可以申请人民法院指定有关人员组成清算组进行清算。

19.2.2 发布清算组信息和债权人公告

清算组自成立之日起10日内，由申请人通过国家企业信用信息公示系统公告清算组信息。同时，清算组应当自成立之日起10日内通知债权人，并于60日内依法通过报纸发布债权人公告，也可通过国家企业信用信息公示系统免费向社会发布债权人公告，公告期为45日。

19.2.3 开展清算活动

清算组负责清理公司财产，分别编制资产负债表和财产清单；处理与清算有关的公司未了结的业务；缴纳行政机关、司法机关的罚款和罚金；向海关和税务机关清缴所欠税款以及清算过程中产生的税款并办理相关手续，包括滞纳金、罚款、缴纳减免税货物提前解除海关监管需补缴税款以及提交相关需补办许可证件，办理企业所得税注销清算、办理土地增值税清算、结清出口退（免）税款、缴销发票和税控设备等；存在涉税违法行为的纳税人应当接受处罚缴纳罚款；清理债权、债务；处理公司清偿债务后的剩余财产等。在此重点说明企业所得税清算有关内容。

19.2.4 企业清算所得税处理的内容（见表19-1）

表 19-1 清算处理事项表

步骤	处理对象	处理要求
1	资产	全部资产均应按可变现价值或交易价格，确认资产转让所得或损失
2	债权、债务	确认债权清理、债务清偿的所得或损失
3	费用	改变持续经营核算原则，对预提或待摊性质的费用进行处理
4	亏损	依法弥补亏损，确定清算所得
5	清算所得税	计算并缴纳清算所得税
6	剩余财产发分配	确定可向股东分配的剩余财产、应付股息等

19.2.4.1 企业清算所得

企业应将整个清算期作为一个独立的纳税年度计算清算所得。企业的全部资产可变现价值或交易价格，减除资产的计税基础、清算费用、相关税费，加上债务清偿损益等后的余额，为清算所得。计算公式如下：

清算所得=全部资产可变现价值-资产的计税基础-清算费用-相关税费+债务清偿损益

其中“清算费用”，是指纳税人清算过程中发生的与清算业务有关的费用支出，包括清算组组成人员的报酬，清算财产的管理、变卖及分配所需的评估费、咨询费等费用，清算过程中支付的诉讼费用、仲裁费用及公告费用，以及为维护债权人和股东的合法权益支付的其他费用。

【案例19-2】甲商贸企业2020年7月办理企业所得税清算，甲企业的全部资产可变现价值100万元，上述资产的计税基础为45万元，在清算过程中发生清算费用15万元，发生相关税费支出10万元，发生债务清偿损益5万元。那么，甲商贸企业清算所得=100-45-15-10+5=35万元。

19.2.4.2 企业清算的所得税处理

【案例19-3】假设A企业实际生产经营终止之日为2022年7月1日，办理完毕清算事务之日为2022年7月25日。甲商贸企业进行企业所得税清算时，其自行计算的资产处置损益为82万元，全部负债按计税基础减除其清偿金额后确认的负债清偿所得为8万元，发生清算费用15万元，清算过程中发生的除企业所得税和允许抵扣的增值税以外的各项税金及其附加合计5万元，清算过程中发生的其他支出2万元，按税收规定可在税前弥补的以前纳税年度尚未弥补的亏损额10万元。甲商贸企业适用的企业所得税税率为25%，假设不存在其他事项，则甲商贸企业应纳税所得额=82+8-15-5-2-10=58万元；应纳税额=58×25%=14.5万元。

19.2.5 分配公司财产

清算组在清理公司财产、编制资产负债表和财产清单后，应当制定清算方案，并报股东会、股东大会或者人民法院确认。公司财产在分别支付清算费用、职工的工资、社会保险费用和法定补偿金，缴纳所欠税款，清偿公司债务后的剩余财产，有限责任公司按照股东的出资比例分配，股份有限公司按照股东持有的股份比例分配。清算期间，公司存续，但不得开展与清算无关的经营活动。公司财产在未依照前款规定清偿前，不得分配给股东。

【案例19-4】某公司注销时，账面资产为15 000万元，可变现价值20 000万元；负债8 000万元。公司注册资本4 000万元，A公司和B个人各占50%。清算时支付清算费用100万元，应付款200万元未支付。

19.2.5.1 企业剩余资产

【案例 19-5】接案例 19-4，可以向所有者分配的剩余资产，是指企业全部资产的可变现价值或交易价格减除清算费用，职工的工资、社会保险费用和法定补偿金，结清清算所得税、以前年度欠税等税款，清偿企业债务后的余额。计算公式如下：

可分配的剩余资产 = 全部资产的可变现价值 – 清算费用 – 职工的工资 – 社会保险费用 – 法定补偿金 – 清算所得税 – 以前年度欠税 – 企业债务。

本案例中，企业清算所得 =20 000–15 000+200–100=5 100 万元。

企业剩余资产 =20 000–8 000–100+200–5 100 × 25%=10 825（万元）

19.2.5.2 计算股息所得

【案例 19-6】接上述案例，被清算企业的股东分得的剩余资产的金额，其中相当于被清算企业累计未分配利润和累计盈余公积中按该股东所占股份比例计算应当分得的部分，应确认为股息所得。股息所得 =（原留存收益 + 清算损益）× 持股比例。

本例中，A 公司分回的财产 =10 825 × 50%=5 412.5 万元；

A 公司股息所得 =（10 825–4 000）× 50%=3 412.5 万元，法人股东免征企业所得税。

B 个人分回财产 =10 825 × 50%=5 412.5（万元）

B 个人股息所得 =（10 825–4 000）× 50%=3 412.5 万元。应缴纳个人所得税 =3 412.5 × 20%=682.5 万元。

19.2.5.3 计算股东的资产转让所得或损失

【案例 19-7】接上述案例，剩余资产减除股息所得后的余额，超过或低于股东投资成本的部分，应确认为股东的投资转让所得或损失。

本例中，A公司投资转让所得=5 412.5−3 412.5−2 000=0（元）

B个人股东投资转让所得=5 412.5−3 412.5−2 000=0（元）

19.2.6 制作清算报告

清算组在清算结束后，应制作清算报告，报股东会、股东大会或者人民法院确认，并报送公司登记机关，申请注销公司登记，公告公司终止。

19.3 注销登记

19.3.1 普通注销流程

普通注销流程适用于各类企业。企业在完成清算后，需要分别注销税务登记、企业登记、社会保险登记，涉及海关报关等相关业务的公司，还需要办理海关报关单位备案注销等事宜。

19.3.1.1 申请注销税务登记

纳税人向税务部门申请办理注销时，税务部门进行税务注销预检，检查纳税人是否存在未办结事项。

（1）未办理过涉税事宜的纳税人，主动到税务部门办理清税的，税务部门可根据纳税人提供的营业执照即时出具清税文书。

（2）符合容缺即时办理条件的纳税人，在办理税务注销时，资料齐全的，税务部门即时出具清税文书；若资料不齐，可在作出承诺后，税务部门即时出具清税文书。纳税人应按承诺的时限补齐资料并办结相关事项。具体容缺条件是：

①办理过涉税事宜但未领用发票（含代开发票）、无欠税（滞纳金）及罚款的纳税人，主动到税务部门办理清税的；

②未处于税务检查状态、无欠税（滞纳金）及罚款、已缴销增值税专用发票及税控设备，且符合下列情形之一的纳税人：

a.纳税信用级别为A级和B级的纳税人；

b.控股母公司纳税信用级别为A级的M级纳税人；

c.省级人民政府引进人才或经省级以上行业协会等机构认定的行业领军人才等创办的企业；

d.未纳入纳税信用级别评价的定期定额个体工商户；

e.未达到增值税纳税起征点的纳税人。

（3）不符合承诺制容缺即时办理条件的（或虽符合承诺制容缺即时办理条件但纳税人不愿意承诺的），税务部门向纳税人出具“税务事项通知书”（告知未结事项），纳税人先行办理完毕各项未结事项后，方可申请办理税务注销。

（4）经人民法院裁定宣告破产的企业，管理人持人民法院终结破产程序裁定书申请税务注销的，税务部门即时出具清税文书。

（5）纳税人办理税务注销前，无须向税务机关提出终止“委托扣款协议书”申请。税务机关办结税务注销后，委托扣款协议自动终止。

19.3.1.2 申请注销企业登记

清算组向登记机关提交注销登记申请书、股东会决议、清算报告和清税证明等相关材料申请注销登记。登记机关和税务机关已共享企业清税信息的，企业无须提交纸质清税证明文书；领取了纸质营业执照正副本的，缴回营业执照正副本。国有独资公司申请注销登记，还应当提交国有资产监督管理机构的决定，其中，国务院确定的重要的国有独资公司，还应当提交本级人民政府的批准文件。有分支机构的企业申请注销登记，还应当提交分支机构的注销登记证明。

19.3.1.3 申请注销社会保险登记

企业应当自办理企业注销登记之日起30日内，向原社会保险登记机构提交注销社会保险登记申请和其他有关注销文件，办理注销社会保险登记手续。在办理注销社会保险登记前，应当清缴社会保险费欠费。

申请办理海关报关单位备案注销。涉及海关报关相关业务的企业，可通过国际贸易“单一窗口”（HTTP://www.singlewindow.cn）、“互联网+海关”（HTTP://online.customs.gov.cn）等方式向海关提交报关单位注销申请，也可通过市场监管部门与海关联网的注销“一网”服务平台提交注销申请。对于已在海关备案，存在欠税（含滞纳金）及罚款等其他未办结涉税事项的纳税人，应当在办结海关报关单位备案注销后，向市场监管部门申请注销企业登记。

19.3.2 简易注销流程

19.3.2.1 适用对象

未发生债权债务或已将债权债务清偿完结的市场主体（上市股份有限公司除外）。市场主体在申请简易注销登记时，不应存在未结清清偿费用、职工工资、社会保险费用、法定补偿金、应缴纳税款（滞纳金、罚款）等债权债务。

企业有下列情形之一的，不适用简易注销程序：涉及国家规定实施准入特别管理措施的外商投资企业；被列入企业经营异常名录或严重违法失信企业名单的；存在股权（投资权益）被冻结、出质或动产抵押等情形；有正在被立案调查或采取行政强制、司法协助、被予以行政处罚等情形的；企业所属的非法人分支机构未办理注销登记的；曾被终止简易注销程序的；法律、行政法规或者国务院决定规定在注销登记前需经批准的；不适用企业简易注销登记的其他情形。

企业存在“被列入企业经营异常名录”“存在股权（投资权益）被冻结、出质或动产抵押等情形”“企业所属的非法人分支机构未办理注销登记的”等不适用简易注销登记程序的，无须撤销简易注销公示，待异常状态消失后可再次依程序公示申请简易注销登记。对于承诺书文字、形式填写不规范的，市场监管部门在市场主体补正后予以受理其简易注销申请，无须重新公示。

符合市场监管部门简易注销条件，未办理过涉税事宜，办理过涉税事宜但未领用发票（含代开发票）、无欠税（滞纳金）及罚款且没有其他未办结涉税事项的纳税人，免予到税务部门办理清税证明，可直接向市场监管部门申请简易注销。

19.3.2.2 办理流程

（1）符合适用条件的企业登录注销“一网”服务平台或国家企业信用信息公示系统《简易注销公告》专栏主动向社会公告拟申请简易注销登记及全体投资人承诺等信息，公示期为20日。

（2）公示期内，有关利害关系人及相关政府部门可以通过国家企业信用信息公示系统《简易注销公告》专栏“异议留言”功能提出异议并简要陈述理由。超过公示期，公示系统不再接受异议。

（3）税务部门通过信息共享获取市场监管部门推送的拟申请简易注销登记信息后，应按照规定的程序和要求，查询税务信息系统核实相关涉税情况，对经查询系统显示为以下情形的纳税人，税务部门不提出异议：一是未办理过涉税事宜的纳税人；二是办理过涉税事宜但未领用发票（含代开发票）、无欠税（滞纳金）及罚款且没有其他未办结涉税事项的纳税人；三是查询时已办结缴销发票、结清应纳税款等清税手续的纳税人。

（4）公示期届满后，在公示期内无异议的，企业应当在公示期满之日起20日内向登记机关办理简易注销登记。期满未办理的，登记机关可根据实际情况予以延长时限，宽展期最长不超过30日。企业在公示后，不得从事与注销无关的生产经营活动。